한 권으로 마스터하는 실용회계

종합회계원리

한 권으로 마스터하는 실용회계

종합회계원리

황호찬·박원구 지음

KM 경문사

머리말

대학이나 대학원에서 회계학 수업을 가르치면서 느끼는 점은 경영학, 회계학 지식이 부족한 학생들에게는 출간된 대부분의 회계학 교재가 어렵다는 점이었다. 대부분의 회계학 교과서는 복잡한 회계이론 설명에 많은 지면이 할애되어 있으나, 실생활에 도움이 되는 회계지식의 전달 면에서는 취약한 저서들이 많은 실정이다.

대부분의 대학 졸업자는 사회에 진출한 이후에도 회계자료를 생성하는 일에 종사하기 보다는 회계자료를 이해하고 활용하는 일에 종사하게 되며, 이러한 업무는 복잡한 회계지식은 필요하지 않다. 또한 사회에서 다양한 경제활동에 종사하다 보면 재무분석, 경제성분석, 가치평가 등의 업무가 보다더 보편화 되어 접할 기회가 많다. 이러한 영역은 회계학을 기반으로 한 높은 수준의 전문가 영역이나, 이에 대해 회계 기초와 병행하여 같은 교재에서 알기 쉽게 설명된 교과서도 드물다.

이에 본 교과서는 경영학을 전공하지 않은 학생이나 사회인을 대상으로 이들에게 한권의 회계학 교재로 기초회계이론과 사회활동에 긴요한 고급회계지식을 한꺼번에 마스터하는 것을 목표로 저술되었다. 즉, "한권으로 마스터하는 실용회계" 를 목표로 하였다.

본 저서인 "종합회계원리"의 저술방향은 다음과 같다.

첫째, 경영학을 전공하지 않은 학생과 사회인을 대상으로 회계 기초지식과 실생활에 긴요한 응용지식을 한권으로 집대성하는 것에 목표를 두었다.

둘째, 한권으로 집대성한다는 방침 아래 기본회계이론과 실용회계 이해에 필수적인 회계 기초이론인 재무회계총론 부분은 충실히 기술하였다. 회계계정별 세부 각론 중에서 회계가 본업인 전문가에게만 필요한 난해한 회계지식은 과감히 생략하였다. 또한 2012년부터 본격적으로 시행된 국제회계기준(International Financial Reporting Standards; IFRS)에 준하여 작성토록 노력하였다.

셋째, 소홀히 하기 쉬우나 일상적 경제활동에 필요한 원가회계, 관리회계의 필수 기본사항도 기술하였다.

넷째, 이제는 보편화된 고급회계지식 영역인 경제성분석, 가치평가 부분도 말미에 포함하였다. 우리가 일상적인 사회활동을 하면서 접하게 되는 회계영역인 세무회계, 정부예산회계에 대하여도 언급하였고, 회계정보시스템에 대한 필요한 기초 개념도 기술하였다.

책의 제작을 흔케이 허락하고 출판을 뒷바라지 해주신 경문사 여러분들께 심심한 감사를 드린다. 무엇보다도 집필 과정에서 묵묵히 저자를 뒷바라지한 가족들에게도 감사를 표한다.

만들어진 책이 회계학을 잘 모르는 독자 분들에게 도움이 된다면 저자들은 매우 큰 기쁨을 느낄 수 있을 것 입니다.

2013년 8월

저자 일동

차례

PART I 회계와 기업활동

Chapter 1 회계학의 기초개념

Chapter 2 회계기록의 원리

Chapter 3 회계순환과정과 재무보고

차례

차례

PART Ⅰ

회계와 기업활동

CHAPTER 1

회계학의 기초개념

Synthesis Accounting Principle

회계(accounting)의 역할이 갈수록 중요해지는 이유는 회계가 이해관계자(stakeholders)와 소통을 가능케 하는 주요 수단일 뿐만 아니라, 기업의 주요 의사결정을 위한 정보를 제공하기 때문이다.

기업은 상품을 제조하거나 서비스를 제공하고, 종업원을 고용하며, 세금을 납부하는 등 국가경제에서 중요한 역할을 하고 있다. 특히 기업의 글로벌화가 빠른 속도로 진행되면서 기업활동이 한 국가 내에 머물지 않고 전 세계로 활동영역을 넓히는 등 지속적으로 변하고 있다. 이런 변화는 기업 존재에 커다란 영향을 미치고 있으며, 변화에 적절하게 대처하는 기업만이 지속적으로 성장할 수 있다.

기업이 지속적으로 성장할 수 있느냐는 연속적으로 선택해야 할 의사결정에 많이 좌우되며, 기업에서 의사결정은 기업활동의 결과인 회계정보를 기반으로 하는 경우가 많다. 미래에 발생한 상황을 예측하고 어떤 결정을 내렸느냐에 따라 기업은 성공하기도 하고 실패하기도 한다. 이때 이해관계자와의 관계가 중요하며, 이해관계자와의 소통의 수단으로 회계정보가 많이 이용된다. 이 장에서는 기업이란 무엇인지를 간단히 살펴보고, 기업에서의 회계 역할에 대해 설명하고자 한다.

1.1 회계와 경제활동

1) 기업과 경제활동

회계정보는 기업으로 대표되는 경제주체(economic entity)들의 경제적 사건(economic events)을 기록한 것이다. 고대로부터 경제활동이 있었던 곳에는 회계적 사고가 필요하였으며, 현대 자본주의 사회에서 경제주체로 대변되는 기업들의 활동을 측정하는 수단에서도 회계적 방법이 필요하다.

기업은 이익창출을 목적으로 설립된 조직으로, 원활한 기업운영을 위해서는 다양한 요소들을 필요로 한다. 기업을 운영하기 위해서는 운영 주체인 사람이 필요하고, 자본도 필요하며, 제품을 만들기 위해서는 원료도 구입해야 한다. 이러한 생산요소가 결합되어 제품이 만들어진다. 생산된 제품은 저절로 팔리는 것은 아니다. 고객들이 필요로 하는 제품을 만들고 적절한 마케팅활동을 수행하며, 유통망을 잘 갖춘 제품 즉, 마케팅의 4P 전략을 잘 수행하는 제품들만이 많이 팔릴 수 있을 것이다.

기업활동을 관련된 시장과의 연관 측면에서 설명하면 다음과 같다. 기업은 노동시장에서는 노동력을 구입하고, 자본시장에서 자본을, 그리고 원료 및 생산설비시장에서 제품 생산에 필요한 요소를 구입하며 최종적으로 제품이나 서비스를 만들어낸다. 기업활동을 자세히 설명하면 다음과 같다.

(1) **자본의 조달**: 원활하고 성공적인 기업경영을 위해서는 자본 확보는 필수적이다. 필요 자본은 주주의 투자를 통하여 조달하거나(자기자본), 또는 금융기관으로부터 차입을 통해(타인자본) 조달된다. 기업환경이 고도화됨에 따라 자본시장은 갈수록 복잡해지고 있을 뿐 아니라 이를 뒷받침하기 위한 금융기법도 급속히 발전하고 있다.

(2) **노동력의 확보**: 아무리 충분한 자본이 있다 하여도 유능한 직원을 확보하지 못하면 경영상 어려움에 직면하게 된다. 특히 정보 및 기술이 중요시 되는 현대이므로 유능한 직원의 채용, 교육 및 훈련은 기업 미래를 좌우할 정도로 중요하다.

(3) **생산설비 및 원료 구입**: 조달된 자본으로 기업은 원료와 기타 생산에 필요한 설비를 구입한다. 원료 및 설비의 구입에서부터 경쟁은 시작된다는 점에서 거래처와의 관계가 갈수록 중요해 지고 있다. 특히 기업이 글로벌화 되고 있는 상황에서 공급사슬관리(Supply-chain management)및 가격정책의 수립에는 전문적인 지식을 필요로 한다.

(4) **정보와 기술의 확보**: 기업환경이 빠른 속도록 변하고 있다. 공급자 중심에서 소비자 중심으로 전환되고 있을 뿐만 아니라 제조업 중심에서 서비스업 중심으로의 전환이 그 예이다. 이러한 변화에 적극적으로 대응하기 위해 추가적으로 필요한 요소는 정보와 기술을 들 수 있다. 세계적 선도기업일수록 정보와 기술을 확보하기 위해 많은 투자를 하고 있다.

(5) **제품의 생산과 판매**: 기업활동은 자본과 노동력이 결합하여 제품을 생산한 후 고객에게 판매되어야만 비로소 그 영업활동이 완료되며, 이러한 기업활동은 많은 의미를 내포하고 있다. 기업은 세금을 납부하여 국가경제에 직접적으로 도움이 될 뿐 아니라, 고용 창출, 고객만족, 이자 및 배당금 지급, 기업 내 잉여금 유보 등을 통해 사회 발전에 지대한 공헌을 하고 있다.

2) 회계와 재무제표

회계의 주된 목적은 기업활동을 계량화하여 이해관계자에게 유용한 정보를 제공하는 것이다. 이러한 회계와 관련된 정보를 일정한 규칙에 의해 작성하여 공시하는 보고서를 재무제표(Financial Statements)라 한다.

재무제표에는 특정시점의 기업의 재무상태, 즉 자산과 부채 그리고 자본이 어떻게 구성되어 있는지를 나타내는 재무상태표(Statement of Financial Position), 특정기간 동안의 영업성과를 나타내는 손익계산서(Income Statement), 현금의 흐름을 나타내는 현금흐름표(Statement of Cash Flow), 그리고 자본의 변동을 보여주는 자본변동표(Statement of Change in Equity) 등이 있다.

예를 들어, 자본시장에서 새로운 자본을 조달하거나 차입을 하게 되면 재무상태(자본과 부채)의 변동을 가져올 것이므로 재무상태표와 자본변동표에 표시될 것이다. 마찬가지로 이러한 기업의 활동은 현금을 수반하는 경우가 대부분이므로 현금흐름표에도 나타날 것이다. 이와 같은 거래 외에도 기업을 경영하여 어느 정도 이익이 발생하였는지는 회계정보 이용자에게 매우 중요한 정이다. 이런 요구에 부응하기 위해 일 년 동안 얼마의 제품을 팔았는지(매출), 그 제품을 만들어서 팔기 위해 얼마의 비용이 발생했는지(비용)를 계산한 후, 매출에서 비용을 차감하여 이익을 계산한다. 이런 일련의 과정을 정리하여 보고하는 재무제표가 손익계산서이다.

종합하면, 재무제표란 기업의 여러 활동을 정보이용자 측면에서 일정한 규칙에 의거하여 특정 목적에 따라 기록하고 재분류하고 요약하는 보고서이다. 유의할 점은 위에서 설명한 네 가지 재무제표, 즉 재무상태표, 손익계산서, 자본변동표, 그리고 현금흐름표는 특정 목적에 의해 각각 작성되고 있으나 서로가 연계(articulation)되어 있다는 사실이다. 즉 하나의 재무제표가 잘못 작성되면 다른 재무제표도 영향을 미칠 수 있음을 유의할 필요가 있다.

1.2 이해관계자와 회계

기업과 직간접적으로 관련을 맺고 있는 집단을 이해관계자(stakeholders)라 부른다. 여기에는 주주, 경영자, 투자자, 채권자, 종업원, 거래처, 고객, 정부, 지역사회, 시민단체 등 사회 구성원 거의 모두를 포함하는 매우 광범위한 개념이다(〈그림 1－1〉 참조). 문제는 이들 각각이 특정 기업에 대해 기대하는 혹은 공헌하는 정도가 달라서 이해관계자 사이에 이해의 상충(conflict of interests)이 발생할 수 있다는 것이다.

예를 들어 주주는 이익의 많은 부분이 배당 등을 통해서 주주의 몫이 되기를 기대하고, 경영자는 승진이나 보너스를, 종업원은 더 많은 급여를, 투자자는 더 높은 수익을, 정부는 더 많은 세금을, 고객은 좋은 품질을 싼 가격으로, 채권자는 대여금의 안전한 회수를, 그리고 지역사회는 기업의 사회적 책임과 사회적 공헌을 기대한다. 이처럼 수많은 이해관계자들의 요구가 각각 다를 때 기업이 어떤 입장을 유지해야 하는지는 매

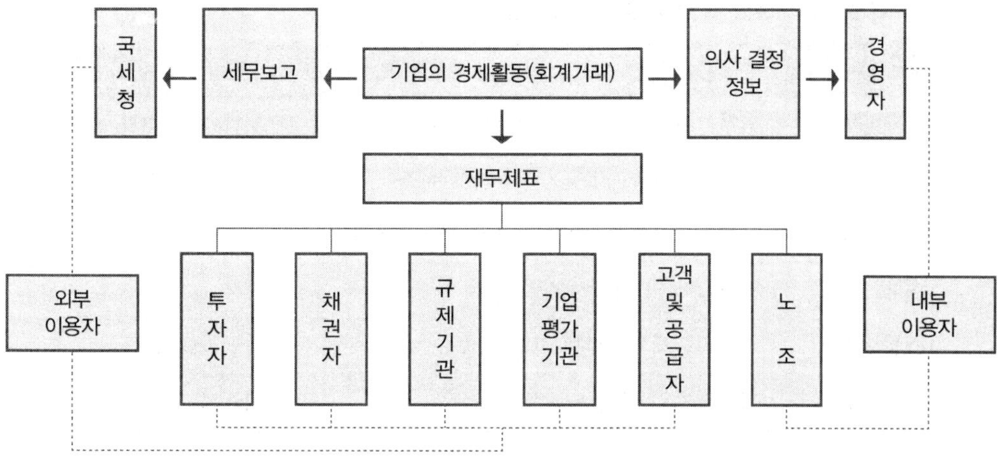

〈그림 1-1〉 이해관계자와 회계정보

우 중요하다. 이때 회계는 중립성 혹은 객관성을 유지하여 이해관계자간의 이해상충을 조정하는 역할을 수행한다. 만약 회계가 특정 이해집단, 예를 들어 소유주의 이익만을 대변하기 위해 분식회계를 시도하면 이익의 불법적 유출로 인해 다른 이해관계자, 나아가 사회 전반에 피해를 입힐 수 있다.

이런 객관성을 유지하여 기업의 실체를 적절하게 보고하기 위해 회계정보는 회계만의 가정(assumptions)과 원칙(principles)을 유지할 필요가 있다. 이렇게 함으로써 정보를 제공하는 주체와 정보를 제공받는 당사자 간의 의사가 소통된다. 회계정보를 일명 기업경영의 언어(business language)라 하는 이유가 여기에 있다. 회계는 기업 내부와 외부, 기업 외부와 외부 사이, 기업 내부 사이 등 이해관계자 간의 상호 의사소통을 도와주며, 이를 가능케 하기 위해서는 회계원칙을 준수하여 상호 오해가 없도록 해야 한다.

한편, 앞에서 언급한 바와 같이 각각의 이해관계자는 원하는 회계정보가 각각 다를 수 있다. 이러한 요구에 따라 회계정보도 다르게 제공된다(〈표 1-1〉 참조). 이 중 특히 재무회계는 기업 외부 이용자(투자자, 채권자 등)의 의사결정을 위해 제공되는 회계정보로 가장 중심이 될 뿐 아니라 가장 많이 이용되는 정보 중의 하나이다.

〈표 1-1〉 회계정보의 주요 목적 및 정보이용자별 분류

구분	주요목적	주요 정보이용자
재무회계	외부 이용자에게 기업 정보를 제공	투자자, 채권자 등
관리회계	내부 이용자의 의사결정 수단을 제공	경영자, 직원 등
세무회계	국세청 등 관련단체의 요구에 의한 정보 제공	국세청 등
정부회계	정부 조직의 회계정보를 제공	정부
비영리회계	비영리단체의 회계정보를 제공	비영리단체
회계감사	회계정보의 적정성을 검토함	CPA, 투자자 등

1.3 회계와 외부감사제도

기업환경이 급속하게 변함에 따라 회계정보 이용자의 요구사항도 변하고 있다. 초기의 회계정보 이용자는 주로 소유주 또는 주주였다. 이들의 주요 관심사는 기업에 투자한 자본의 안전성이었으며, 자산의 운영을 맡은 전문경영인의 주요 책임은 그 결과를 주주에게 보고하는 것이었다. 이런 목적에 따라 회계정보는 주로 재무상태표에 집중되었다. 즉 소유주로부터 위탁된 자본이 어떻게 사용하고 있는지를 나타나기 위해 자산과 부채 그리고 자본으로 구성된 재무상태표가 재무보고의 주요 내용을 이루었다.

한편, 소유주는 전문경영자의 모든 경영관련 행위를 완벽하게 알 수 없으므로 소유주를 대신하여 기업의 운영 상태를 확인할 제3자의 필요성이 대두되었다. 기본적으로 공인회계사 제도는 이러한 필요를 충족하기 위함이다. 즉 공인회계사의 주요책무는 제3자라는 독립적인 입장에서 회계정보의 적절성에 대한 의견을 표명하는 것이다.

공인회계사는 기업의 경영자가 작성한 재무제표에 대한 회계감사를 실시하여 그에 대한 의견을 표명한다. 「주식회사의 외부감사에 관한 법률」에 따라 자산총액이 100억 원 이상의 주식회사는 반드시 회계감사를 받아야 한다. 공인회계사의 책임은 경영자가 작성한 재무제표가 '일반적으로 인정된 회계원칙(GAAP: Generally Accepted

Accounting Principles)'에 따라 작성되었는지를 검토하는 것으로, 공인회계사는 회계감사기준에 따라 감사를 실시하여 재무제표의 적정성에 대해 의견을 표명한다. 회계감사 의견은 크게 네 가지로 구분된다.

(1) 적정의견(unqualified opinion). 가장 기본이 되는 감사의견으로, 감사범위에 대한 아무런 제한이 없었고, 회계감사기준에 따라 감사를 실시한 결과 재무제표가 기업회계기준에 따라 적정하게 작성되었음을 표시하는 의견이다. 여기서 주의할 점은 적정의견을 받았다 하여 '좋은 회사'라거나 '앞으로 이익이 날 회사'라는 것을 의미하는 것은 아니라는 점이다. 적정의견은 단순히 해당 기업의 재무제표가 일반적으로 인정된 회계원칙에 의해 작성되었다는 의미이며, 실제로 해당 기업은 손실이 날 수도 있다.

(2) 한정의견(qualified opinion). 한정의견은 적정의견과 달리 감사의 범위에 제한이 있어 재무제표의 적정성에 중요한 영향을 미치거나, 기업 경영자와 중요한 의견의 불일치가 있을 경우에 표명하는 의견이다. 여기에서 '중요하다'라는 의미는 한 두 항목에 국한되기 보다는 재무제표 전반에 걸쳐서 미치는 영향이 중요하다는 뜻이다.

(3) 부적정의견(adverse opinion). 한정의견과 동일한 상황이나 미치는 영향이 '특히' 중요한 경우에 표명하는 의견이다. 한정의견 혹은 부적정의견을 결정하는 기준은 전반 재무제표에 미치는 영향을 고려하여 판단한다.

(4) 의견거절(disclaimer of opinion). 이 경우는 회계감사인의 독립성이 결여되어 있어서 처음부터 해당 기업의 회계감사를 실시해서는 안 될 때 제시하는 의견이며, 감사범위의 제한 역시 '특히' 중요한 경우에 표명하는 감사의견이다. 부적정의견은 회계감사를 실시하였으나 의견의 불일치에 의한 영향이 매우 큰 경우이나, 의견거절은 처음부터 의견자체를 표명할 만한 조건이 충족되지 않는 경우이다.

한편, 현대에 들어오면서 기존 재무상태표와 더불어 손익계산서의 중요성이 부각되었다. 이러한 이유로는 투자자들이 요구하는 정보가 어떤 형태로든지 재무제표에 반영되어야 하기 때문이다. 투자자들은 자산과 부채 그리고 자본에 대한 정보도 필요로 하지만, 특정기간의 영업성과 정보를 추가적으로 필요로 한다. 즉 투자여부를 결정하기 위해서 기업의 수익성 등 손익계산서의 정보가 필요한 것이다.

또한 IMF 금융위기를 즈음하여 현금흐름표의 중요성이 대두되었다. 회계의 작성원칙은 발생주의와 현금주의로 대별할 수 있는데, 발생주의는 현금의 수취 및 지급과 상관없이 거래의 실체를 강조하는 원칙이고, 현금주의는 현금의 수취와 지급을 중요한 기준으로 삼는 원칙이다. 예를 들어 어떤 기업이 특정상품을 외상으로 판매하였다면 발생주의는 이를 매출로 기록하지만 현금주의에 의하면 아직 현금을 수취하지 않았으므로 매출의 요건이 충족되지 않는다. 현금수취보다는 거래의 실체가 기업의 상황을 더욱 정확하게 반영할 수 있다는 회계가정에 따라 일반적으로 현금주의보다는 발생주의 원칙을 선호하고 있다. 이러한 이유 때문에 발생주의에 의거한 손익계산서 상에는 이익으로 보고되었지만, 현실적으로는 유동성이 부족하여 도산하게 되는 소위 흑자도산의 경우가 발생할 수 있다. 이처럼 발생주의에 의한 회계 이외에 현금주의에 의한 회계정보가 필요함에 따라 현금흐름표의 중요성이 대두되었다.

이처럼 기업 대내외적으로 여러 이해관계자들은 서로 다른 회계정보를 필요로 하지만 무엇보다도 가장 기본이 되는 전제는 제공되는 정보를 신뢰할 수 있어야 한다는 점이다. 즉 신뢰할 수 있는 정보에 의해 의사결정을 내릴 때에야 비로소 올바른 결정을 내릴 수 있을 것이다. 이를 위해 기업은 자의적으로 재무제표를 작성하는 대신 일정한 기준에 의해 재무제표를 작성해야 할 것이며, 이러한 기준을 '일반적으로 인정된 회계원칙(GAAP: Generally Accepted Accounting Principles)'이라 한다. 세계경제가 하나로 통합되는 최근 추세에 부응하기 위하여 국제회계기준위원회(IASC)는 국제 회계원칙(IFRS)을 제정한 바가 있으며 국내에서도 이를 수용하기 위해 한국회계기준위원회(KASB) 주관 K-IFRS를 제정한 바가 있다. 따라서 본 책자는 특별한 사유가 없는 한 K-IFRS의 기준에 따라 설명할 것이다.

예제

1. 일반적으로 인정된 회계원칙(GAAP)과 외부감사와 관련된 설명으로 적절하지 않는 것은?

① 회계가 이루어지는 사회적 · 경제적 제도의 중요한 축을 구성한다.

② 외부감사를 수행하는 감사인으로서 대표적인 형태는 공인회계사로 구성된 회계법인이다.

③ '일반적으로 인정'되는 회계원칙이란 회계원칙에 의해 영향을 받는 집단이나 회계전문가에 의해 '수용'을 전제로 한다는 의미에서 법률과 구분된다.

④ 기업의 감사위원회나 사외이사도 외부감사의 기능을 수행한다.

답 ④

2. 다음 회계의 개념 및 목적에 관한 설명 중에서 타당한 것은?

① 회계는 기업 이외의 경제단위가 행한 경영활동을 측정하여 보고하는 도구나 측정치로 사용되지 않는다.

② 경영자와 투자자 및 외부감사인이 가장 대표적인 기업의 외부이해관계자들이다.

③ 기업의 이해관계자는 경영자에 대하여 수탁책임을 가지고 있으며 회계로 이를 측정하고 보고한다.

④ 회계는 기업 이해관계자들의 의사결정에 유용한 정보를 제공하는 것을 제일 목표로 한다.

답 ④

3. 회계정보가 유용한 정보로 사용되기 위하여 지녀야 할 기본적인 특성 중에서 회계담당자의 주관이 개입되어 재무제표의 신뢰성에도 영향을 줄 수 있는 것은?

① 계속성　　② 중요성

③ 완전공시　　④ 이해가능성

답 ②

4. 감사인 자신이 감사대상회사와 매우 심각하게 독립성이 결여되어 있다면 어떤 감사의견을 표명하게 되는가?

① 적정의견　　② 의견거절

③ 부적정의견　　④ 한정의견

답 ②

연습문제

1. 회계정보를 이용한 기업의 다양한 이해관계자별 의사결정내용을 설명하라.

2. 회계정보의 전통적 기능인 수탁책임보고에 대해 설명하라.

3. 회계정보의 외부감사제도에 대해 설명하라.

4. 일반적으로 인정된 회계원칙은 무엇인가?

5. 재무제표와 재무보고의 근간을 이루는 네 가지 기본 재무제표에 대해 간단히 설명하라.

6. **회계정보의 기능**

다음 중 회계정보의 기능에 대한 설명으로 타당하지 않은 것은? (CPA 2010 기출)

① 회계정보는 자본시장에서 정보비대칭으로 인해 존재하는 역선택의 문제를 완화하여 자본이 투자자로부터 기업에게로 원활히 공급될 수 있도록 하는 데 도움을 준다.
② 회계정보는 경제실체간 자원의 이동에 관한 의사결정에는 직접적인 경제적 영향을 미치지는 못하지만 경제실체 내에서의 자원의 이동에 관한 의사결정에는 도움을 준다.
③ 회계정보는 자본시장에서 발생할 수 있는 대리인의 기회주의적인 행위인 도덕적 해이라는 문제를 해결하는 데 도움을 준다.
④ 회계정보는 자본주의 시장경제체제에서 희소한 경제적 자원이 자본시장을 통해 효율적으로 배분되도록 하는 데 도움을 준다.
⑤ 회계정보는 정부가 효율적이고 적절한 자원배분을 위한 정책을 수립하는 데 도움을 준다.

CHAPTER 2

회계기록의 원리

2.1 회계 거래

2.2 회계 등식

2.3 회계 순환과정

Synthesis Accounting Principle

회계는 기업의 언어라 불린다. 언어는 상호 간의 의사소통을 위한 수단이지만 올바른 정보가 소통되기 위해서는 공유된 가치(shared value)를 전제로 한다. 즉 정보를 제공하는 측과 제공받는 측의 가치체계가 같아야 소통이 가능하다는 의미이다. 예를 들어 정보를 제공하는 측은 아날로그 방식으로 전달하나 정보를 받는 쪽은 디지털 시스템이라면 상호 의사소통은 불가능할 것이다.
회계도 마찬가지이다. 회계정보를 제공할 때에 일정한 규칙에 의해 전달할 때에만 상대방은 오해 없이 그 내용을 정확하게 이해할 수 있다. 이러한 목적에 따라 '일반적으로 인정된 회계원칙'이 그 역할을 수행하며 이에 근거하여 재무제표가 작성된다. 이 장에서는 회계거래로 성립되기 위해서는 어떤 조건을 충족해야 하는지, 이런 조건을 충족하였다면 어떻게 기록하여 회계정보를 전달할 수 있는지에 대해서 설명한다.

2.1 회계 거래

기업을 운영하다보면 수많은 거래가 발생한다. 기업 간 합병(M&A), 신사업에 투자, 직원의 채용, 원재료의 구입, 상품의 판매, 반품 등 하루에도 여러 가지 기업 활동이 수행된다. 그러나 이 모든 활동을 회계장부에 기록할 수는 없다. 즉 일정한 조건을 갖춘 활동만 회계거래로 인식(recognition)되며, 이를 화폐액으로 환산하는 소위 측정(measurement)과정을 거쳐야 비로소 회계장부에 기록되어 재무제표로 보고된다. 이처럼 일반 거래와 달리 회계정보의 요건을 갖춘 거래를 회계거래라 한다.

회계거래가 되기 위해서는 첫째, 경제적 사건이어야 한다. 기업 활동에는 경제행위 외에도 수많은 거래가 발생한다. 예를 들어, 특정기업이 지역주민을 위해 봉사활동을 하는 경우 사회적 책임이라는 중요한 기업 활동의 일환이지만 기업의 이익 창출을 위한 경제적 사건으로 보기가 어렵다. 이런 경우는 회계기록의 요건을 충족하지 못한다.

둘째, 경제적 사건임과 동시에 좀더 구체적으로 기업의 재무상태에 영향을 주는 것이어야 한다. 예를 들어, 구매자로부터 주문을 받은 경우를 가정해보자. 분명히 경제적 사건이기는 하지만 아직 재무상태(즉 자산, 부채 혹은 자본)에 영향을 줄 회계거래는 발생하지 않았기 때문에 회계장부에 기록할 수가 없다.

셋째, 화폐단위로 표시할 수 있어야 한다. 예를 들어, 향후 5년 간의 비전을 발표하는 경우, 기업의 중요한 경제적 사건임에도 불구하고 회계거래로 볼 수 없는 이유는 그 효과를 정확하게 화폐단위로 측정할 수 없기 때문이다.

이와 같이 회계거래 및 기록은 화폐라는 공통분모로 표시되는 장점이 있으나 동시에 비경제적 사건 혹은 화폐액으로 표시될 수 없는 경제적 사건은 회계거래로 기록하지 못한다는 한계점이 있으므로 재무제표를 이용할 때에는 이 점을 유의해야 한다. 즉 재무제표가 기업의 모든 것을 포함하고 있다기보다는 제한적인 정보만을 제공하고 있다는 점을 감안해야 할 것이다.

2.2 회계 등식

회계거래를 기록하는 방법에는 단식부기와 복식부기 두 종류가 있다. 단식부기란 회계거래가 발생하였을 때에 한 계정(account)에만 영향을 주는 것으로 가정하고, 현금출납장을 중심으로 기록하는 방법이다. 주로 비영리단체나 소규모 기업에서 사용하며, 사용하기에는 간편하지만 오류가 발생할 때 검증할 수 있는 기능이 미흡하다. 한편 복식부기는 한 회계거래에 대해 최소한 두 개 이상의 계정에 기록하는 방법으로 대부분의 기업들이 복식부기 제도를 채택하고 있으므로 이 책에서도 이에 따라 설명하고자 한다.

1) 재무상태표 등식

회계거래의 기록은 재무상태표등식(또는 회계등식)에 기초하고 있다. 모든 회계거래는 세 가지 기본적인 항목, 즉 자산, 부채 및 자본 중 하나로 분류할 수 있으며 이들 사이의 관계는 다음 식으로 나타낼 수 있다.

$$자산 = 부채 + 자본$$

예를 들어 (주)한아름이 처음으로 기업을 설립했다고 가정해보자. 주주들이 투자액을 모아 자본금 1,000원으로 시작하였으며 자금이 부족하여 은행으로부터 500원을 차입하였다. 회사는 주주와 채권자에게서 조달한 1,500원으로 1,000원짜리 건물을 구입하였다. 그렇다면 현재 자산에는 현금 500원과 건물 1,000원, 그리고 부채는 500원, 자본은 1000원이다. 이를 위 식에 대입해보면,

$$자산(현금(500) + 건물(1{,}000)) = 부채(500) + 자본(1{,}000)$$

으로 표시될 것이다.

이때 주의할 점은 특정 거래 전이나 거래 후나 언제든지 등호(=)가 성립해야 한다는 점이다. 즉 왼쪽 금액은 증가했는데 오른쪽 금액이 변동되지 않는 경우란 없다. 예

를 들어, 현금 200원으로 차입금을 상환하고 현금 100원으로 소모품을 구입했다고 가정하자. 거래 후의 공식 내용은 다음과 같다.

자산				부채		자본
현금	소모품	건물		차입금		
200 +	100 +	1,000	=	300	+	1,000

위 예에서 보는 바와 같이 소모품을 구입하거나 차입금을 상환하는 것과는 상관없이 회계등식의 왼쪽 합계액과 오른쪽 합계액은 항상 일치한다.

2) 손익계산서 공식

손익계산서는 일정기간 동안 기업의 영업성과를 보여주는 것이다. 즉 얼마나 이익이 발생했는지를 보여주는 보고서이다. 손익계산서 공식은 다음과 같다.

$$\text{수익} - \text{비용} = \text{당기순이익}$$

이 공식에 의하면 제품을 제조하여 외부 소비자에게 판매한 금액(수익)에서 이 제품을 만들기 위해 들어간 모든 비용을 차감하면 당기순이익이 된다. 예를 들어 제품을 제조하기 위해 들어간 총 비용(재료비, 인건비, 임차료 등)은 300원이며, 이를 450원에 소비자에게 판매했다고 가정하자. 그렇다면 (주)한아름의 당기순이익은 150원이다.

$$\text{수익}(450) - \text{비용}(300) = \text{당기순이익}(150).$$

3) 거래의 분석

앞에서 재무상태표는 특정시점의 재무상태를, 손익계산서는 기업의 영업성과를 나타내는 보고서임을 설명하였다. 두 재무제표는 비록 작성 목적이 각각 다르지만 서로

긴밀하게 연관되어 있다. 이를 구체적으로 설명하면 재무상태표 상의 자본은 크게 두 항목으로 구성되어 있다. 하나는 처음 주주들이 회사를 설립할 때에 납입한 납입자본금과 그 이후 사업을 운영하여 발생한 이익잉여금이다. 납입자본금은 자주 변동하지 않고 특별한 상황(주식의 추가발행 등)에만 변동함에 비해, 이익잉여금은 매년 영업결과를 반영하여 변동한다. 여기에서 이익잉여금은 손익계산의 최종 결과인 당기순이익이 가장 중요한 구성요소이다. 즉 사업이 잘되어 이익이 발생하면 손익계산서에 보고됨과 동시에 동 금액이 재무상태표의 자본항목인 이익잉여금으로 표시된다.

결과적으로 회계거래를 인식하여 기록하는 과정은 우선 해당 거래가 자산(asset), 부채(liability), 자본(owner's equity), 수익(revenue), 비용(expenses) 등 다섯 항목 중 어느 것에 해당하는지를 분류하는 것이다. 이 후에 자산, 부채, 자본항목은 재무상태표에 수익, 비용항목은 손익계산서에 기록될 것이다.

회계거래가 회계등식에 미치는 영향을 구체적으로 이해하기 위하여 다음 거래를 예로 들어보자.

① 201×년 1월 2일에 기술경영자문용역을 주요영업으로 하는 (주)하늘컨설팅이 설립되었다. 이 회사는 액면가가 주당 5,000원인 보통주식 100주를 발행하였으며, 주주로부터 현금 500,000원을 전액 수령하였다.

위 거래는 소유주가 현금을 출자하였고, (주)하늘컨설팅은 보통주를 발행하여 주주에게 교부한 거래이다. 우선 회계거래가 성립하는지를 판단한 다음 어떤 항목에 영향을 미치는지를 분석해야 한다. 현금 500,000원이 입금되었으므로 현금이라는 자산 계정이 증가하였으며, 다른 한편으로 동액만큼 납입자본금이 증가하였다. 여기서 의미하는 자본금의 증가란 주주에게 지분만큼의 권한을 부여한 것이며 그 증거로 주식이라는 증서를 발행하여 주주에게 교부한다. 만약 이 기업이 주식시장에 상장되었다면 주식은 소유주의 자유의사에 따라 매매가 가능할 것이다.

위 거래를 회계등식에 맞게 정리하면 현금이라는 자산이 500,000원 증가하고 보통주자본금이라는 자본이 500,000원 증가한다.

	자산	=	부채	+	자본
	(현금)				보통주자본금
거래 전	0				0
거래의 영향	+500,000				+500,000
거래 후	500,000				500,000

② 1월 5일 (주)하늘컨설팅은 400,000원어치의 사무비품을 현금으로 구입하였다. 이 회계거래 결과 사무비품이라는 자산이 동 금액만큼 증가하였고 대신 현금이라는 자산은 동 금액만큼 감소하였다. 이를 회계등식에 맞게 정리하면 다음과 같다.

	자산		=	부채	+	자본
	현금	사무비품				보통주자본금
거래 전	500,000					
거래	−400,000	+400,000				
거래 후	100,000	400,000				500,000

③ 1월 9일 (주)하늘컨설팅은 27,000원어치의 소모품을 3개월 후에 지급하기로 하고 외상으로 구입하였다. 이 거래를 표시하면 다음과 같다.

	자산			=	부채	+	자본
	현금	사무비품	소모품		미지급금		보통주자본금
거래 전	100,000	400,000					500,000
거래			+27,000		+27,000		
거래 후	100,000	400,000	27,000		27,000		500,000

④ (주)하늘컨설팅은 1월 15일부터 1월 25일까지 기술경영 자문업무를 수행하여 발

생한 수익금 총액은 150,000원이며 1월 25일 전액을 현금으로 수령하였다. 이를 정리하면 다음과 같다.

	자산			=	부채	+	자본	
	현금	사무비품	소모품		미지급금		보통주자본금	이익잉여금 (자문료수익)
거래 전	100,000	400,000	27,000		27,000		500,000	
거래	+150,000							+150,000
거래 후	250,000	400,000	27,000		27,000		500,000	150,000

⑤ 1월 31일에 1월중 비용을 정산하여 모두 현금으로 지급하였으며 그 내용은 다음과 같다.

인건비	42,500
임차료	16,000
수도광열비	9,000
잡비	5,500
(합계)	(73,000)

이를 반영하여 정리하면 다음과 같다.

	자산	부채	자본					
			납입	이익잉여금				
			자본금	자문료 수익	인건비	임차료	수도광열비	잡비
거래 전	677,000	27,000	500,000	150,000				
거래	−73,000(현금)				−42,500	−16,000	−9,000	−5,500
거래 후	604,000	27,000	500,000	150,000	−42,500	−16,000	−9,000	−5,500

⑥ 1월 31일 소모품 계정을 살펴보니 11,000원어치의 소모품이 남아 있었다. 즉 1월중 사용한 소모품 금액은 16,000원(27,000−11,000)이다. 이를 반영하면 다음과 같다.

	자산	부채	자본						
			납입	이익잉여금					
			자본금	자문료 수익	인건비	임차료	수도광열비	잡비	소모품비
거래 전	604,000	27,000	500,000	150,000	−42,500	−16,000	−9,000	−5,500	
거래	−16,000 (소모품)								−16,000
거래 후	588,000	27,000	500,000	150,000	−42,500	−16,000	−9,000	−5,500	−16,000

지금까지의 거래를 종합하면 다음과 같다.

- 자산총액 = 현금(177,000)+사무비품(400,000)+소모품(11,000)=588,000
- 부채총액 = 미지급금(27,000)=27,000
- 자본 = 납입자본금(500,000)+자문료수익(150,000)−인건비(42,500)−임차료(16,000)
  −수도광열비(9,000)−잡비(5,500)−소모품비(16,000)
  = 납입자본금(500,000)+(수익−비용)(61,000)=561,000
- 자산(588,000) = 부채 (27,000)+자본(561,000)

지금까지 모든 회계거래는 자산, 부채 및 자본으로 구분하여 기록할 수 있음을 설명하였다. 단, 수익과 비용에 관련된 거래를 모두 이익잉여금으로 기록하기에는 거래가 많을 뿐 아니라 비효율적이다. 따라서 수익과 비용을 별도 항목으로 설정하여 기록한 후 결산시 이를 종합하여 이익잉여금 계정으로 대체한다.

2.3 회계 순환과정

회계의 전 과정은 시스템으로 이루어진다. 즉 회계거래의 기록이라는 입력(input)이 있고, 이를 분류하고 요약하는 등 정보 처리(process)를 거친 후, 재무보고서를 작성(output)한다. 이런 일련의 과정을 회계순환과정(accounting cycle)이라 한다. 회계의 순환이라 불리는 이유는 매 회계거래마다 동일한 절차 즉 '기록 - 분류 - 요약 - 보고'라는 과정이 되풀이되기 때문이다. 이를 회계 용어로 바꾸어 보면 분개장에 '분개 - 원장에 전기 - 시산표 작성 - 재무제표의 작성'으로 설명할 수 있다. 이제부터 이와 같은 과정을 구체적으로 설명한다.

1) 분개

회계거래를 기록하기 위해서는 앞에서 언급한 바와 같이 각각의 거래가 자산, 부채, 자본, 수익 및 비용 중 어디에 해당하는지 먼저 대상을 결정해야 한다. 그러나 자산이나 부채 등의 용어는 매우 광범위하여서 이를 좀더 구체적으로 세분할 필요가 있는데 이를 계정(account)이라 한다. 계정은 마치 회계원리 수업을 듣고 있는 수강생 한 사람 한 사람의 이름과 같다. 이런 계정의 장부를 원장(ledger), 원장의 전체를 총계정원장(general ledger)이라 부르며 마치 수강생 데이터 파일과 같다.

회계거래도 마찬가지다. 매 거래마다 정확한 이름(계정)을 찾아 그 이름으로 거래를 기록하는 행위를 분개(journal entry)한다고 한다. 또한 분개를 하는 장부를 분개장(journal)이라고 한다. 최근에는 전산시스템이 발달하여 입력은 바코드 등으로 직접 이루어지는 경우가 많아 분개장 자체에 대한 실익이 그리 크지 않다. 한편, 복식부기에 의한 분개는 차변(왼쪽, debit)과 대변(오른쪽, credit)으로 나누어 실시한다. 차변과 대변이라는 용어는 관습상 사용하는 용어이며 특별한 의미가 없다. 사실 차변 혹은 대변을 구분하는 것은 때로는 혼란스러운 것으로 계정의 '왼쪽' 혹은 '오른쪽'으로 구분해도 분개하는 데에는 전혀 지장이 없다.

2) 계정의 분류

앞에서 모든 회계거래는 자산, 부채, 자본, 수익 및 비용 등 다섯 항목으로 나누어 분개한다고 하였다. 여기서 자산(asset)이란 미래에 경제적 효익(future economic benefits)을 가져다주는 자원을 의미한다. 이에는 현금, 건물 등 유형의 자산도 있으며, 상표권 등 실체가 보이지 않는 무형자산도 있다. 이러한 자산은 향후 기업의 수익을 창출하는 데 유용하게 활용될 자원이다.

이에 비해 부채(liability)는 향후 기업이 제3자에게 현금이나 서비스 등을 통해 갚아야 할 의무를 지칭한다. 대표적으로 은행에서 자금을 빌린 차입금, 거래처로부터 외상으로 물건을 구입한 결과 향후 갚아야 할 매입채무 등이 이에 속한다.

한편 자본(owner's equity)은 납입자본금과 이익잉여금 그리고 기타로 구성되었다. 한편, 앞의 회계등식 즉 '자산 = 부채 + 자본'을 다시 고쳐 쓰면 '자본 = 자산 − 부채'로 표시된다. 즉 자본은 자산에서 부채를 차감한 금액이다. 이러한 특성 때문에 자본을 순자산(net worth) 혹은 잔여지분(residual equity)라 부르기도 한다. 즉 주주 몫인 자본은, 자산 금액이 확정되고 갚아야 할 부채 금액이 확정된 후에나 결정되는 금액이며, 자산이 부채보다 많은 때는 정(+)의 자본이, 그 반대면 부(−)의 자본이 된다.

수익(revenue)은 기업의 경제적 가치를 증가시키는 것으로 예를 들어 고객에게 제품을 판매할 때 이익잉여금의 증가를 통해서 인식된다. 마지막으로 비용(expenses)은 기업의 경제적 가치를 감소시키는 것으로 예를 들어 재료비, 인건비 등이며 이익잉여금의 감소를 가져온다.

3) 분개의 실행

회계거래를 확인하고 대상의 분류를 마쳤으면 계정의 왼쪽과 오른쪽에 적절히 기록해야 한다. 다음 T 형식의 분류는 분개를 이해하는 데 도움이 된다. 이러한 분류는 차후 설명할 시산표의 분류와 일치한다.

차변(왼쪽)	대변(오른쪽)
자산	부채
	자본
비용	수익

자산을 차변(왼쪽)에 그리고 부채와 자본을 대변(오른쪽)에 분류하는 것은 회계 관행상 이렇게 약속한 것이며 특별한 의미가 없다. 그렇지만 오랫동안의 관행이기 때문에 이를 반드시 지켜야 하며 임의로 그 방향을 바꾸어서는 안 된다. 수익이 오른쪽에, 비용이 왼쪽에 기록되는 이유는 수익은 자본계정의 이익잉여금의 증가를 초래하므로 자본과 같은 오른쪽에 기입하며, 비용은 이익잉여금의 감소를 초래하므로 자본과 반대방향인 왼쪽에 기입하는 것이다.

위와 같이 다섯 항목의 방향을 익힌 후, 각 계정의 증가와 감소를 어떻게 기록하는지를 이해해야 분개를 정확하게 실행할 수 있다. 우선 자산을 예로 들어보자. 위 그림에서 볼 수 있는 것처럼 자산은 왼쪽에 위치해 있다. 이에 기초하여 자산의 증가는 왼쪽에, 감소는 오른쪽에 기입한다. 마찬가지로 비용 역시 왼쪽에 위치해 있으므로 비용의 증가는 왼쪽에 기입한다. 때로 비용을 오른쪽에 기입하는 경우도 있으나 이는 기존에 기록한 비용을 수정 혹은 취소하는 경우이며, 회계 기간 중 비용이 감소하는 경우는 없다. 이 둘을 T자 형식을 이용하여 표시하면 다음과 같다.

자산	
증가	감소

비용	
증가	감소

동일한 원리에 의해 부채, 자본 및 수익도 표시할 수 있다. 이 세 가지 항목은 모두 오른쪽에 분류되는 항목들이다. 이에 따라 오른쪽에는 증가를, 왼쪽에는 감소를 기록한다.

부채	
감소	증가

자본	
감소	증가

수익	
감소	증가

(주)하늘컨설팅의 거래를 위 방식에 따라 분개해보고, T-계정에 어떻게 기록되는지 살펴보자.

① 201×년 1월 2일에 기술경영자문용역을 주요영업으로 하는 (주)하늘컨설팅이 설립되었다. 이 회사는 액면가가 주당 5,000원인 보통주식 100주를 발행하였으며, 주주로부터 현금 500,000원을 전액 수령하였다.

이 거래의 결과 자산인 현금이 500,000 증가하고 동시에 자본금 500,000이 증가하였다. 자산의 증가임으로 왼쪽(차변)에, 자본금의 증가이므로 오른쪽(대변)에 기입한다.

(차변) 현금(자산) 500,000 (대변) 자본금(자본) 500,000

현금	
① 500,000	

자본금	
	① 500,000

② 1월 5일 (주)하늘컨설팅은 400,000원어치의 사무비품을 현금으로 구입하였다. 이 회계거래 결과 사무비품이라는 자산이 동 금액만큼 증가하였고 대신 현금이라는 자산은 동 금액만큼 감소하였다. 이를 분개하면 다음과 같다.

(차변) 사무비품(자산) 400,000 (대변) 현금(자산) 400,000

현금	
	② 400,000

사무비품	
② 400,000	

③ 1월 9일 (주)하늘컨설팅은 27,000원어치의 소모품을 3개월 후에 지급하기로 하고 외상으로 구입하였다. 이 거래 결과 소모품이라는 자산이 증가했으므로 왼쪽에 기록하며, 외상으로 구입하였으므로 미지급금이라는 부채의 오른쪽에 기입한다. 이를 분개하면 다음과 같다.

(차변) 소모품(자산) 27,000 (대변) 미지급금(부채) 27,000

소모품	
③ 27,000	

미지급금	
	③ 27,000

④ (주)하늘컨설팅은 1월 15일부터 1월 25일까지 기술경영 자문업무를 수행하여 발생한 수익금 총액은 150,000원이며 1월 25일 전액을 현금으로 수령하였다. 현금이 입금되었으므로 자산의 왼쪽이 증가하며, 자문을 수행하여서 수익이 발생했으므로 자문료수익 계정의 오른쪽 금액이 동액만큼 증가하였다.

(차변) 현금(자산) 150,000 (대변) 자문료수익(수익) 150,000

현금	
④ 150,000	

자문료수익	
	④ 150,000

⑤ 1월 31일에 1월 중 비용을 정산하여 모두 현금으로 지급하였으며 그 내용은 다음과 같다.

인건비	42,500
임차료	16,000
수도광열비	9,000
잡비	5,500
합계	73,000

위의 예는 모든 비용의 발생에 해당하기 때문에 계정의 왼쪽에 기록하며 현금의 감소는 오른쪽에 기록한다.

(차변) 인건비(비용)	42,500	(대변) 현금(자산)	73,000
임차료(비용)	16,000		
수도광열비(비용)	9,000		
잡비(비용)	5,500		

인건비	
⑤ 42,500	

임차료	
⑤ 16,000	

수도광열비	
⑤ 9,000	

잡비	
⑤ 5,5000	

현금	
	⑤ 73,000

⑥ 1월 31일 소모품 계정을 살펴보니 11,000원어치의 소모품이 남아 있었다. 즉 1월 중 사용한 소모품 금액은 16,000원(27,000－11,000)이다. 이를 좀더 자세히 설명하면 처음 27,000원에 구입했을 때는 향후 기업활동 및 수익창출에 기여할 것으로 기대되기 때문에 소모품이라는 자산으로 기록했다. 그러나 1월 한 달 동안 소모품의 일부인 16,000원은 사용되었기 때문에 소모품비라는 비용이 발생하게 되었고, 미사용분 11,000원은 소모품이라는 자산계정에 잔액으로 남아있게 된다. 이를 반영하여 사용된 소모품을 분개처리하면 다음과 같다.

(차변) 소모품비(비용)	16,000	(대변) 소모품(자산)	16,000

소모품비	
⑥ 16,000	

소모품	
	⑥ 16,000

4) 분개장

앞에서 실시한 분개는 분개장에 기록한다. 분개장이란 일자, 거래 순서별로 회계거래를 정리하여 기록하는 장부다. 분개장은 모든 거래를 한 곳에 기록한 곳으로, 거래에 대한 간단한 설명과 더불어 차대변의 금액을 표시한다. 차변과 대변의 합계액은 항상 일치를 해야 하는데 만약 차이가 발생하면 분개장은 그 원인을 찾는 데 도움이 된다.

특히 전산화된 회계시스템에서는 초기 입력단계에서 오류를 방지하는 것이 매우 중요하다. 만약 이 과정에서 오류를 방지하지 못하면 이 후 오류를 발견하기가 더욱 어려워진다.

(주) 하늘컨설팅의 분개장 일부를 예시하면 다음과 같다.

일자	계정과목 및 설명	원면	차변	대변
1월 2일	현금		500,000	
	자본금			500,000
	액면 5,000원 100주 발행			
1월 5일	사무비품		400,000	
	현금			400,000
	사무비품 400,000원을 구입하고 현금으로 지급함			

분개장에 표시된 '원면'이란 원장(ledger)의 번호라는 의미로, 향후 전기할 때 원장의 번호를 적어 분개장과 원장과의 상호 연관을 표시하는 참고 목적이다.

5) 전기

분개장에는 모든 거래를 한눈에 볼 수 있는 장점이 있으나 여러 계정이 섞여 있기 때문에 계정별로 분석하기가 매우 번거롭다. 이런 문제점을 보완하기 위한 절차가 바로 전기(posting)이다. 전기(轉記)는 마치 우체국 직원이 아파트의 동 호수별로 우편함에 우편을 분류하는 것과 유사하다. 즉 103동 201호의 우편물은 모두 같은 우편함에 집어넣어 다른 집의 우편물과 섞이지 않도록 한다. 회계에서의 전기란 분개장에 기록된 각 분개를 계정에 따라 재분류하여 정리하는 것을 의미한다. 이때 각 계정을 원장(ledger)이라 하고(현금, 예금, 재고자산 등) 이러한 원장의 전체 집합체가 총계정원장이다. 앞에서 T－계정 형식으로 분개를 분류하여 기입하였는데 이것이 일종의 전기에 해당한다. 위 거래 중 1월 2일과 1월 5일의 거래를 현금, 자본금 및 사무비품 원장에 전기하면 다음과 같다.

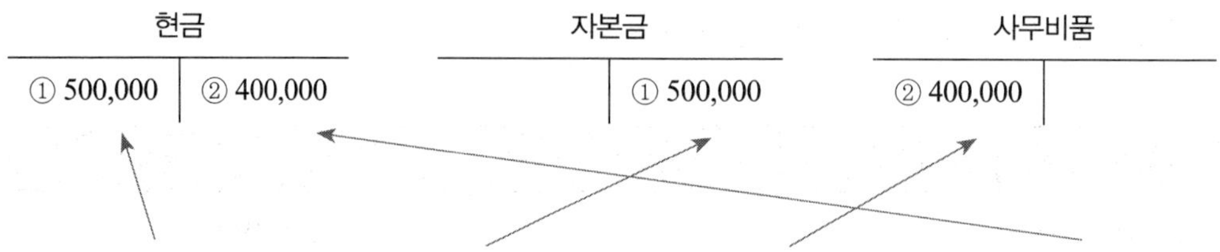

①(차변)현금 500,000 (대변)자본금 500,000 ②(차변)사무비품 400,000 (대변)현금 400,000

분개장에서 원장으로 전기할 때 주의할 점은 분개장의 차변은 원장에서도 차변에, 분개장의 대변 금액은 원장의 대변 란에 기록해야 한다는 점이다. 한편, 매 분개시마다 전기를 할 필요는 없다. 물론 전산화가 된 시스템에서는 분개와 전기가 동시에 이루어질 수 있으나, 매일 재무제표를 작성할 필요가 없는 경우에는 주기적으로 (주 혹은 월 단위 등) 전기하면 될 것이다. 대부분의 전산 시스템은 전기를 할 때에 신중을 기하도록 요구하고 있다. 잦은 수정 처리로 인한 혼란을 방지하기 위해서이다.

6) 시산표의 작성

지금까지 회계순환과정을 살펴보면, '회계거래의 발생 － 분개 － 전기의 과정'을 거쳤다. 전기가 이루어지면 다음 단계는 시산표(trial balance)를 작성하는 것이다. 시산표란 각 원장의 차변 잔액과 대변 잔액을 각각 한 표에 모아서 표시한 것이다. 이런 점에서 시산표는 다음 단계를 위한 보조적인 수단이다. 즉 시산표는 모든 원장이 제대로 기록되었는지 대차변을 비교하여 확인하는 수단이며, 차후 재무제표 작성을 용이하게 한다. 시산표의 차변(왼쪽)에는 자산과 비용, 그리고 대변(오른쪽)에는 부채, 자본 그리고 수익의 금액을 적는다.

시산표

(주) 하늘컨설팅 201×년 ×월 ×일 현재

자산	××××	부채	××××	재무상태표 항목
		자본	××××	
비용	××××	수익	××××	손익계산서 항목
	××××		××××	

만약 왼쪽 합계와 오른쪽 합계가 일치하지 않으면, 분개가 잘못되었거나 원장으로의 전기가 잘못된 경우이다. 시산표의 검토를 거친 후 자산, 부채 그리고 자본은 재무상태표를 작성하는 데 이용되며, 수익과 비용은 손익계산서를 작성하는 데 이용된다. 단, 배당금을 지급한 경우는 이익잉여금의 감소효과가 있는 왼쪽에 기록한다. (주)하늘컨설팅의 1월 시산표는 다음과 같다.

시산표

(주) 하늘컨설팅 201×년 1월 31일

현금	177,000	미지급금	27,000
소모품	11,000	자본금	500,000
사무비품	400,000	자문료수익	150,000
인건비	42,500		
임차료	16,000		
수도광열비	9,000		
잡비	5,500		
소모품비	16,000		
차변 합계	677,000	대변 합계	677,000

예제

1. 다음의 영업활동 중 회계거래로 보기 어려운 것은?
   ① 소모품의 구입　　② 보유중인 건물의 처분
   ③ 창고에 보관중이던 재고자산의 도난　　④ 중요한 계약의 체결

   답 ④

2. 서울(주)는 금년에 920,000원의 순이익을 보고하고, 배당금으로 480,000원을 지급하였다. 기말 이익잉여금이 2,500,000원이면, 기초이익잉여금은 얼마인가?
   ① 2,940,000원　　② 2,060,000원
   ③ 3,900,000원　　④ 1,100,000원

   답 ②

3. 다음 거래 중 계정의 대변(오른편)에 기입해야 할 거래의 유형이 아닌 것은?
   ① 현금으로 배당금을 지급한 경우 배당금 계정
   ② 대여금에 대한 이자를 수취한 경우 금융기관의 이자수익 계정
   ③ 주주들로부터 유상증자 대금을 납입받은 경우 자본금 계정
   ④ 건물임차인으로 부터 집세를 받은 부동산개발회사의 임대료 계정

   답 ①

4. 다음은 (주)우주의 당기 총계정원장상 잔액이다.

건물	650,000원	비품	170,000원
매입채무	200,000	차입금	250,000
매출채권	220,000	자본금	?
급여	200,000	임차료	100,000
매출	450,000	보험료	30,000
미지급금	40,000	현금	90,000
이자비용	30,000	소모품	60,000

상기 자료에 의해 시산표를 T계정 형식으로 작성하고, 당기말 자본금 잔액을 계산하라.

답

차변	금액	대변	금액
현금	90,000원	매입채무	200,000원
매출채권	220,000	미지급금	40,000
소모품	60,000	차입금	250,000
건물	650,000	자본금	610,000
비품	170,000	매출	450,000
급여	200,000		
임차료	100,000		
보험료	30,000		
이자비용	30,000		
	1,550,000		₩1,550,000

시산표 차변의 합계와 대변의 합계가 동일해야 하기 때문에 차변의 합계 1,550,000원을 대변의 합계로 놓고 자본금 잔액을 계산하면 된다.

5. (주)구로는 매월 말에 시산표를 작성하고 있으며, 다음은 20×6년 6월 30일 현재 (주)구로의 시산표와 7월 중 발생한 거래의 내역이다. (주)구로의 결산일은 12월 31일이다.

시 산 표

차변	금액	대변	금액
현금	230,000원	미지급금	40,000원
매출채권	170,000	차입금	200,000
비품	320,000	자본금	450,000
급여	150,000	매출	300,000
광고선전비	70,000		
임차료	50,000		
	990,000원		990,000원

7월 1일 6월 30일에 120,000원에 취득했던 비품을 130,000원에 현금을 수령하고 처분하다.
7월 5일 매출채권 중 150,000원을 현금으로 회수하다.
7월 10일 차입금 중 100,000원을 상환하면서 발생이자 10,000원도 지급하다.
7월 15일 250,000원의 외상매출이 발생하다.
7월 18일 미지급금 30,000원을 현금으로 지급하다.
7월 25일 급여 90,000원을 현금으로 지급하다.
7월 31일 임차료 40,000원과 광고선전비 50,000원을 현금으로 지급하다.

(주)구로에서 7월 중에 발생한 거래를 분개하고 총계정원장에 전기한 후 7월 31일자로 시산표를 작성하라.

답

(1) 거래의 분개

7. 1.	(차)	현 금	130,000	(대)	비 품	120,000
					유형자산처분이익	10,000
7. 5.	(차)	현 금	150,000	(대)	매 출 채 권	150,000
7. 10.	(차)	차 입 금	100,000	(대)	현 금	110,000
		이 자 비 용	10,000			
7. 15.	(차)	매 출 채 권	250,000	(대)	매 출	250,000
7. 18.	(차)	미 지 급 금	30,000	(대)	현 금	30,000
7. 25.	(차)	급 여	90,000	(대)	현 금	90,000
7. 31.	(차)	임 차 료	40,000	(대)	현 금	90,000
		광 고 선 전 비	50,000			

(2) 총계정원장에의 전기

현 금

	전월이월	230,000	7/10	차 입 금 외	110,000
7/1	비 품 외	130,000	7/18	미 지 급 금	30,000
7/5	매 출 채 권	150,000	7/25	급 여	90,000
			7/31	임 차 료 외	90,000
				잔 액	190,000
		510,000			510,000

매출채권

	전월이월	170,000	7/5	현 금	150,000
7/15	매 출	250,000		잔 액	270,000
		420,000			420,000

비 품

	전월이월	320,000	7/1	현 금	120,000
				잔 액	200,000
		320,000			320,000

미지급금

7/18	현 금	30,000		전월이월	40,000
	잔 액	10,000			
		40,000			40,000

차입금

7/10	현 금	100,000		전월이월	200,000
	잔 액	100,000			
		200,000			200,000

자본금

차변	금액	대변	금액
잔 액	450,000	전월이월	450,000
	450,000		450,000

매 출

차변	금액	대변	금액
총 계	550,000	전월누계	300,000
		7/15 매 출 채 권	250,000
	550,000		550,000

급 여

차변	금액	대변	금액
전월누계	150,000	총 계	240,000
7/25 현 금	90,000		
	240,000		240,000

광고선전비

차변	금액	대변	금액
전월누계	70,000	총 계	120,000
7/31 현 금	50,000		
	120,000		120,000

임차료

차변	금액	대변	금액
전월누계	50,000	총 계	90,000
7/31 현 금	40,000		
	90,000		90,000

유형자산처분이익

차변	금액	대변	금액
총 계	10,000	7/1 현 금	10,000
	10,000		10,000

이자비용

차변	금액	대변	금액
7/10 현 금	10,000	총 계	10,000
	10,000		10,000

(3) 시산표의 작성

시산표

차변	금액	대변	금액
현 금	190,000원	미 지 급 금	10,000원
매 출 채 권	270,000	차 입 금	100,000
비 품	200,000	자 본 금	450,000
급 여	240,000	매 출	550,000
광 고 선 전 비	120,000	유형자산처분이익	10,000
임 차 료	90,000		
이 자 비 용	10,000		
	1,120,000원		1,120,000원

6. 다음 T계정에 기입된 번호는 주식 및 펀드 투자자문을 주요업무로 하고 있는 현우투자자문(주)에서 5월중에 발생한 거래들이다 (단위 : 원).

현 금

차변	대변
(1) 20,000	(2) 5,000
(9) 1,800	(4) 600
	(6) 700
	(8) 800

자본금

차변	대변
	(1) 20,000

매출채권

차변	대변
(5) 4,200	(9) 1,800

배당금

차변	대변
(8) 800	

소모품

차변	대변
(3) 1,400	(7) 650

용역매출(수수료수익)

차변	대변
	(5) 4,200

사무용비품

차변	대변
(2) 5,000	

임차료

차변	대변
(4) 600	

미지급금

차변	대변
(6) 700	(3) 1,400

소모품비

차변	대변
(7) 650	

다음은 5월 31일 현재 현우투자자문(주)의 시산표이다. 이 시산표에 포함되어 있는 오류 4개를 지적하고, 바로잡은 시산표 합계액은 얼마인지 계산하라.

시 산 표

현우투자자문(주) 20××년 5월 31일 현재 (단위 : 원)

	차 변	대 변
현금	17,400	
매출채권	4,200	
소모품	750	
비품	5,000	
미지급금		700
자본금		20,000
배당금		800
용역매출(수수료수익)		4,200
임차료	600	
합계	27,950	27,950

답 (1) 현금은 17,400원이 아니라 14,700원이 되어야 한다(기입오류).

(2) 매출채권은 2,400원이어야 한다(대변금액 1,800원이 차감되지 않음).

(3) 배당금은 대변이 아니라 차변에 나타나야 한다.

(4) 소모품비 차변금액 650원이 누락되었다.

바로 잡은 시산표 합계액은 24,900원이다.

연습문제

1. 회계거래의 개념에 대해서 설명하라.

2. 기업에 관한 중요한 정보인데도 불구하고 회계거래의 요건을 충족하지 못하여 회계장부에 기록되지 않는 정보들이 있다. 이러한 유형에 해당하는 정보들을 열거하라.

3. 복식부기의 특징인 거래의 이중성과 대차평균의 원리는 무엇인가?

4. 회계등식을 표시하고 설명하라.

5. 거래의 분석

   다음은 20×1년 중에 투자자문을 하는 (주)동양투자에서 발생한 거래이다.
   (1) 현금을 5,000원을 출자하여 회사를 설립하다.
   (2) 사무실 임차료를 1,000원을 현금 지급하다.
   (3) 사무용 비품 1,000원을 외상으로 구입하다.
   (4) 투자자문 수수료 2,000원을 수령하다.

   위의 각 거래가 자산, 부채 및 자본에 어떤 영향을 미치는지 설명하라.
   (ex – 자산의 증가, 자본의 증가 등)

6. 회계거래

   다음 경제적 사건 중에서 회계거래가 아닌 것은 어떤 것인가? (복수선택 가능)
   ① 경쟁사가 관리능력이 뛰어난 최고경영자를 선임하였다.
   ② 거래처가 부도가 나서 매출채권의 회수불가능하게 되었다.
   ③ 공장에 화재가 발생하여 손실이 발생하였다.
   ④ 환율이 올라 보유하고 있던 외화매입채무의 가치가 변동되었다.
   ⑤ 기계장치의 임차를 위해 리스계약을 체결하였다.

7. 다음의 거래들이 세무용역회사인 국제세무(주)의 자산, 부채 및 자본에 미치는 영향을 〈예〉와 같은 방법으로 설명하라.

> 〈예〉 사무실에서 사용할 목적으로 타자기를 현금으로 구입하다.
> [답] 자산의 증가 (사무용비품)　　　자산의 감소 (현금)

(1) 고객에게 용역을 외상으로 제공하다.

(2) 이번달 임차료를 현금으로 지급하다.

(3) 고객에게 현금을 받고 세무자문을 수행하다.

(4) (1)에서 제공한 용역대금을 현금으로 회수하다.

(5) 2년 동안 사용할 분량의 소모품을 외상으로 구입하다.

(6) 이번달 급여를 현금으로 지급하다.

(7) (5)의 소모품 구입대금을 현금으로 지급하다.

(8) 배당금을 현금으로 지급하다.

CHAPTER 3

회계순환과정과 재무보고

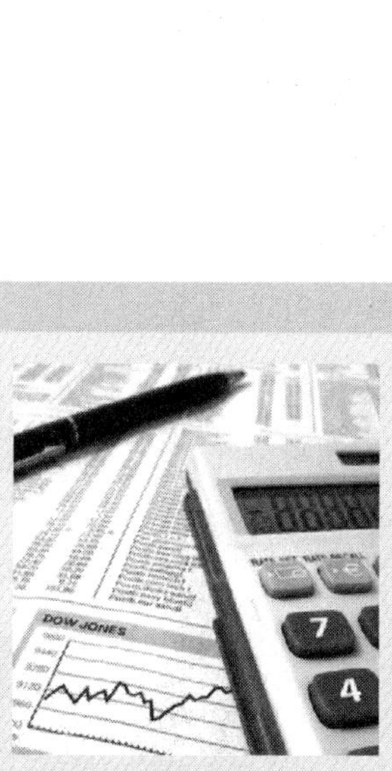

Synthesis Accounting Principle

회계기간 중에 회계기록을 하였다 하여도 결산 시점에서는 조정할 항목들이 발생한다. 이에는 발생기준에 따른 조정을 포함하여 회계 기간 중에는 분개를 하지 않았다가 결산 시점에 정확한 영업성과를 계산하기 위해서 종합하여 분개를 실시하는 경우가 있다. 이런 분개를 수정분개라 하며, 수정분개를 마친 후에는 수정후시산표 및 재무제표를 작성하여 회계순환과정을 완료하게 된다.

3.1 현금주의와 발생주의

회계기록은 현금주의와 발생주의 중 하나로 기록할 수 있다. 현금주의(cash basis)는 현금의 지급과 수취 여부가 기준이다. 즉 상품을 판매했어도 현금을 수취하지 않았으면 수익으로 기록하지 않는 반면에, 제품을 아직 인도하지 않았어도 현금을 수취하면 수익으로 기록한다. 그렇지만 기업의 영업성과란 현금의 수취나 지급에 의해서 결정되는 것이 아니라 영업의 실질에 따라 정확하게 측정하고 기록해야 한다. 즉 비록 현금을 받지 않고 외상으로 상품을 판매하였더라도 이미 실질적인 거래가 발생하였으며, 그 대가로 현금을 받았거나 아니면 현금을 차후에 회수할 권리(매출채권)가 발생했는지의 차이가 있을 뿐 수익이 발생한 것은 분명하다.

특히 일정기간 기업의 성과를 측정하기 위해서는 수익과 비용을 정확하게 대응(matching)해야 하는데 현금주의 방법으로는 거의 불가능하다. 예를 들어 201×년도에 제품을 인도하였으나 아직 현금을 받지 않은 금액이 10,000원이라고 가정하자. 한편 이 제품을 제조하기 위해 201×년도에 들어간 비용이 총 8,000원이며 이를 전부 현금으로 지급했다고 가정하자. 현금주의에 의하면 201×년도 수익은 0원임에 비해 비용은 8,000원 발생하여 총 8,000원의 손실이 발생한 것으로 보고해야 할 것이다.

그러나 현금 유출입과 관계없이 수익과 비용의 발생 사실에 기초하여 수익과 비용을 인식하는 발생주의(accrual basis)에 의하면 10,000원의 수익과 8,000원의 비용이 발생하여 총이익은 2,000원이 될 것이다. 이처럼 발생주의가 기업의 성과를 정확하게 측정하기 때문에 기업회계기준은 발생주의 회계를 채택하고 있으며, 이의 근간이 되는 것은 '수익 · 비용 대응원칙'이라 할 수 있다.

3.2 수정분개

1) 수정분개의 필요성

수정분개란 기존에 이미 분개 처리한 내용을 수정하거나 아직 기록하지 못한 내용을 추가할 때 하는 분개를 의미한다. 수정분개를 하는 목적은 여러 가지가 있을 수 있으나 가장 큰 이유는 특정 기간 내의 거래를 정확하게 기록하기 위함이다. 예를 들어 기중에는 편의상 현금주의로 기록하였다가 연말에는 발생주의에 따른 기록을 위해 수정분개를 하기도 한다. 또한 기중에 일일이 기록하지 않았다가 연말에 모아서 한꺼번에 처리하기도 한다. 여기에 해당하는 것으로는 감가상각비를 예로 들 수 있다.

회계에서 감가상각비란 경제학에서 의미하는 감소된 가치라기보다는 오히려 체계적인 원가의 배분(systematic allocation of cost)이다. 예를 들어 10,000원짜리의 기계를 구입하였을 때 기계의 가치가 매년 감소하겠으나 정확하게 어느 정도씩 감소하는지 측정하기가 어렵다. 이런 이유로 회계에서는 가치의 측정보다는 객관성에 입각하여 비용의 배분에 초점을 둔다. 즉 감가상각의 주된 목적은 기계를 사용하여서 얻은 수익과 기계를 사용하여 발생한 비용을 대응하여 영업성과를 측정하는 데 있다. 따라서 기계의 사용가능한 연수(내용연수) 및 잔존가액 등 합리적인 방법을 통해 추정(estimate)한 후 감가상각 금액을 재무제표에 반영한다. 단, 감가상각을 매일 계산하는 것은 실익이 없으므로 분기, 혹은 연말에 재무제표를 작성할 때에 일괄하여 감가상각을 계상한다.

2) 수정분개의 특징

수정분개에는 일정한 특징이 있다. 즉 수정분개를 할 때에는 한편에는 수익(혹은 비용) 계정이, 다른 한편에는 자산(혹은 부채) 계정이 기록된다는 점이다. 따라서 한 편에 수익이 기록되고 다른 편에 비용이 분개되는 경우, 혹은 한 편에 자산이 기록되고 다른 편에는 부채가 기록되는 경우는 수정분개가 아니며, 일반 분개이거나 계정의 재분류, 혹은 오류의 수정에 해당된다. 즉 다음과 같은 분개는 수정분개가 아니다.

(차변) 자산	×××××	(대변) 부채	×××××
(차변) 자산	×××××	(대변) 자산	×××××
(차변) 부채	×××××	(대변) 부채	×××××
(차변) 비용	×××××	(대변) 비용	×××××
(차변) 수익	×××××	(대변) 수익	×××××

이러한 이해를 바탕으로 수정분개의 예를 들어보자. 통상적으로 우리나라 기업은 매달 25일에 급여를 지급한다. 만약 12월 31일이 재무제표 결산일이라면, 그리고 직원 모두가 12월 31일까지 업무를 수행하였다면 회사는 6일(25일~31일)에 해당하는 급여를 12월 31일 결산일 현재 아직 지급하지 않은 셈이다. 이럴 때 정확한 회계처리를 위해서는 이 기간에 대한 수정분개를 실시해야 한다. 만약 6일에 해당하는 급여가 총 20,000원이라면 수정분개는 다음과 같다.

(차변) 급여	20,000		(대변) 미지급급여	20,000

이 수정분개에 의하면 6일에 해당하는 급여는 당기의 비용이지만 아직 현금으로 지급하지 않아서 부채로 계상한다. 이처럼 수정분개는 한쪽에 비용이나 수익, 그리고 다른 한쪽에는 자산이나 부채 계정을 기록한다.

3) 수정분개의 종류

수정분개가 필요한 이유는 정확한 기록뿐 아니라 현금주의를 발생주의로 전환하기 위함임을 이미 설명하였다. 이를 좀더 구체적으로 설명하면 다음과 같다.

(1) 실질적인 거래는 이미 발생했으나 현금거래는 아직 이루어지지 않은 경우

현금주의에 의하면 아무런 거래가 일어나지 않은 것으로 취급하나 발생주의에 의하면 실질적으로 기업의 손익에 영향을 미치는 경우다. 기술경영자문 용역을 이미 수행했으나 아직 현금을 받지 않았을 때 정상적인 분개는 다음과 같다.

(차변) 매출채권	×××		(대변) 경영자문수익	×××

이때 비록 현금으로 수취하지는 않았으나 경영자문을 수행하였으므로 앞으로 현금으로 회수할 권리(자산)가 발생하였는데 이를 매출채권(혹은 외상매출금)이라 부르며, 그에 해당하는 수익이 발생하여 대변에 기록하였다. 비용의 경우도 동일하다. 앞에서 예로 든 급여처럼 회사 차원에서 보면 이미 실질적인 노동은 제공받아 비용이 발생했

지만 아직 임금을 지급하지 않았으므로, 비용과 부채가 동시에 기록된다.

(2) 현금거래는 이미 이루어졌으나 실질적인 거래는 아직 이루어지지 않은 경우

이 거래는 앞의 (1)과 반대되는 경우이다. 즉 현금을 이미 주고받았으나 실질적으로 거래는 아직 이루어지지 않은 경우다. 예를 들어 12월 3일 기술경영자문을 실시하기로 계약을 체결하여 총 자문료 30,000원을 미리 받았다고 가정하자. 이때 기업 입장에서는 현금을 받았으므로 자산의 증가가 이루어진 반면, 앞으로 기술경영자문을 수행해야 할 의무가 발생하여 선수금이라는 부채가 증가하였다. 이를 분개하면 다음과 같다.

(차변) 현금	30,000	(대변) 선수금	30,000

한편 12월 10일부터 12월 31일까지 기술경영자문일정의 2/3를 완료했다고 가정하자. 그렇다면 12월 31일 현재 정확한 수익을 계산하기 위해서는 다음과 같은 수정분개를 실시해야 한다.

(차변) 선수금	20,000	(대변) 경영자문수익	20,000

위 수정분개는 총 30,000원의 경영자문수익 중 2/3에 해당하는 20,000원을 12월의 수익으로 계상하는 분개이다. 나머지 1/3에 해당하는 10,000원의 선수금은 내년 1월에 자문을 수행해야 할 부채로 남아있게 된다.

차후에 기업의 비용으로 계상될 금액을 미리 지급한 경우도 마찬가지이다. 예를 들어 12월 1일에 3개월 보험료 3,000원을 미리 납부하였다고 가정해보자. 3개월이 지나면 3,000원 전액이 보험료라는 비용으로 계상될 것이다. 그러나 12월 1일 보험료를 미리 현금으로 납부할 때에는 다음과 같이 분개가 이루어져야 할 것이다. 여기서 선급보험료란 미리 현금을 납부하였으나 아직 보험기간이 경과하지 않은 것으로, 기업 입장에서 보면 향후 3개월 동안 사고에 대해 보험의 혜택을 받을 권리, 즉 자산이 발생한 것이다. 따라서 선급보험료의 납부는 자산의 증가에 해당된다.

(차변) 선급보험료	3,000	(대변) 현금	3,000

한편 12월 31일 현재 시점에서 검토해보면, 미리 납부한 총 3개월 보험료 중 1개월의 기간이 경과했다. 따라서 기간이 경과한 1개월분의 보험에 대한 권리는 감소하였으며 동 금액만큼 비용이 발생한 것이다. 이에 대한 수정분개를 하면 다음과 같다.

(차변) 보험료	1,000	(대변) 선급보험료	1,000

지금까지의 예는 매월 수정분개를 실시하여 월별로 재무제표를 작성하는 회사의 경우다. 그러나 현실적으로 기업들은 분기별, 반년, 혹은 1년에 한 번 재무제표를 작성할 것이므로 이러한 수정분개는 해당 기간에 따라 실시하면 될 것이다.

결산과정에서 발생하는 수정분개를 특히 결산수정분개라고 한다. 수정분개는 실질적인 거래 발생 여부, 현금거래 여부에 따라 선급금(자산 항목), 미지급금(부채 항목), 선수금(부채 항목), 미수금(자산 항목)으로 분류될 수 있다.

자산: 선급금(先給金) (prepaid expense)	부채: 미지급금(未支給金) (unpaid expense)
부채: 선수금(先受金) (unearned revenue)	자산: 미수금(未收金) (accrued revenue)

〈그림 3-1〉 결산수정분개에 따라 발생되는 계정항목

4) 수정분개 사례

지금까지 '거래의 발생 – 분개 – 전기 – 시산표 – 수정분개'라는 회계순환과정을 설명하였다. 다음쪽의 〈표 3-1〉은 (주)테크컨설팅의 201×년 12월 31일 수정전 시산표이다. 이를 기초로 수정분개를 검토해보자.

(주)테크컨설팅의 수정사항은 다음과 같다.

(1) 12월 31일 소모품의 재고현황을 파악해보니 아직 사용하지 않은 재고액이 800원이다.

이에 대한 수정분개는 이미 앞에서 설명하였다. 즉 시산표에 표시된 소모품 가액은 총 2,000원인데 실제 남아 있는 재고액이 800원이라는 의미는 차액인 1,200원(2,000－800)을 기간 중에 사용하였다고 추정할 수 있다. 이처럼 사용된 소모품은 소모품비라는 비용의 발생에 해당하며 아직 사용하지 않은 소모품은 자산으로 남아있게 된다. 이를 수정분개하면 다음과 같다.

(차변) 소모품비 1,200 (대변) 소모품 1,200

(2) 시산표상의 선급보험료 4,800원은 12월 1일에 향후 1년분의 보험료를 선급한 것이다.

이 거래에 의하면 한 달분의 보험료는 400원이며, 12월 한 달이 경과한 후의 선급보험료라는 자산(보험혜택을 누릴 수 있는 권리)의 가치는 4,400원(4,800－400)으로 감소하게 된다. 이 감소된 자산이 보험료라는 비용이다. 이를 수정분개하면 다음과 같다.

(차변) 보험료 400 (대변) 선급보험료 400

〈표 3－1〉

수정전시산표

(주) 테크컨설팅 201×년 12월 31일 현재 (단위: 원)

항 목	차변잔액	대변잔액
현금	4,000	
매출채권	5,000	
소모품	2,000	
선급보험료	4,800	
사무용비품	3,000	
매입채무		2,500
자본금		10,000
자문료수익		12,300
인건비	3,000	
임차료	1,500	
수도광열비	1,000	
잡비	500	
	24,800	24,800

(3) 12월 중에 (주)신우에 수행한 기술자문료 1,000원의 청구서를 12월 31일에 발송하였다.

이 거래는 비록 아직 현금을 회수하지 않았다 하더라도 12월 중에 실질적으로 자문을 제공한 것이다. 즉 현금주의에 의하면 12월의 수익으로 기록되지 않지만 발생주의 원칙에 의하면 이미 수익이 발생하였고 이를 현금으로 회수할 권리(매출채권)가 발생한 것이다. 이를 수정분개하면 다음과 같다.

(차변) 매출채권	1,000	(대변) 자문료수익	1,000

(4) 직원에 대한 인건비는 매월 25일에 지급한다.

(주) 테크컨설팅의 경우 직원들이 12월 26일부터 31일까지 근무를 하였다고 가정하자. 또한 그 기간에 해당하는 인건비는 총 400원이라고 가정하자. 비록 다음 인건비는 내년 1월 25일에 현금으로 지급될 예정이지만 올해 6일간(26일~31일)에 대한 인건비는 현금의 지급 여부와는 관계없이 이미 발생한 것이다. 또한 이미 발생한 인건비는 12월 31일 현재 아직 지급하지 않았으므로 미지급인건비라는 부채가 발생하였다. 이에 대한 수정분개는 다음과 같다.

(차변) 인건비	400	(대변) 미지급인건비	400

(5) 사무용비품은 3,000원어치를 올해 1월에 구입하였으며 아직 감가상각을 계상하지 않았다.

이미 구입한 사무용비품은 기간이 지나면서 가치가 소멸(즉 비용의 발생)되는데 만약 회사가 감가상각을 인식하지 않으면 비용이 과소 계상되어 정확한 영업성과를 계산할 수가 없게 된다. 즉 회계에서의 감가상각이란 가치의 감소분을 정확하게 결정하는 행위라기보다는 오히려 수익과 비용을 대응하기 위한(matching principle) '체계적인 원가의 배분' 절차다. 감가상각을 하기 위해서는 취득원가, 내용연수, 잔존가액, 그리고 감가상각방법을 알아야 한다. 위 (주)테크컨설팅의 경우, 취득원가는 3,000원이고 잔존가액은 0원, 그리고 내용연수는 5년이라고 가정하자. 이에 의하면 201×년도 1년 간의 감가상각비는 600원 (3,000/6, 정액법 가정)이며 이를 수정분개하면 다음과 같다.

(차변) 감가상각비	600	(대변) 감가상각누계액--사무용비품	600

이때 대변의 계정으로 '감가상각누계액'을 사용하는데 이러한 방법을 누계액설정법 혹은 간접법이라 한다. 이에 비해 대변에 감가상각누계액 대신 '사무용비품' 계정을 사용하여 자산의 금액을 감소시키는 방법을 직접상각법이라 한다. 감가상각누계액은 사무용비품의 평가계정(contra account) 성격으로 사무용비품가액에서 차감하는 형식으로 재무제표에 표시하며 차후 유형자산에서 자세히 다룬다.

3.3 수정후시산표 및 재무제표 작성

1) 수정후시산표

수정후시산표는 다음과 같으며 모든 양식이나 내용은 수정전시산표와 동일하나 수정분개 사항이 추가로 반영되었다.

〈표 3-2〉

수정후시산표

(주)테크컨설팅 201×년 12월 31일 현재 (단위: 원)

항 목	차변잔액	대변잔액
현금	4,000	
매출채권	6,000	
소모품	800	
선급보험료	4,400	
사무용비품	3,000	
매입채무		2,500
미지급인건비		400
감가상각누계액-사무용비품		600
자본금		10,000
자문료수익		13,300
인건비	3,400	
임차료	1,500	
수도광열비	1,000	
잡비	500	
소모품비	1,200	
보험료	400	
감가상각비	600	
	26,800	26,800

수정후시산표를 이용하여 손익계산서와 재무상태표를 작성할 수 있다. 순서는 손익계산서에 따라 당기순이익을 계산한 후 재무상태표를 작성한다.

2) 손익계산서(포괄손익계산서)

〈표 3−3〉은 (주)테크컨설팅의 손익계산서이다. 통상적으로 손익계산서는 1년 단위로 작성되지만 기업의 사정에 따라서는 분기별 혹은 월별 손익계산서를 작성하기도 한다. 손익계산서의 주된 목적은 일정기간 기업의 영업성과를 나타내는 것이다. (주)테크컨설팅의 거래를 종합해보면, 총수익은 13,300원이고 총비용은 8,600원이며 총수익에서 총비용을 차감한 당기순이익은 4,700원이다. 만약 총비용이 총수익을 초과할 때에는 당기순손실이 발생하며 해당 기업은 그 원인을 찾아 적극적으로 대처해야 할 것이다. 한편 손익계산서의 모든 항목은 임시계정임을 이해할 필요가 있다. 예를 들어 201×년도 총 수익은 13,300원이지만 그 다음 회계연도를 시작할 때의 수익은 0원으로 시작한다. 즉 손익계산서 상의 모든 금액은 1년 동안 기록되었다가 결산일에 영구계정인 재무상태표의 이익잉여금으로 이체된다.

〈표 3−3〉

손익계산서

(주)테크컨설팅 201×년 1월 1일부터 201×년 12월 31일까지 (단위: 원)

수익:		
자문료수익		13,300
비용:		
인건비	3,400	
임차료	1,500	
수도광열비	1,000	
잡비	500	
소모품비	1,200	
보험료	400	
감가상각비	600	8,600
당기순이익		4,700

재무상태표가 일정 시점의 기업의 재무상태를 표시하는 재무제표라면, 손익계산서는 특정기간 동안 기업의 영업성과를 나타내는 표이다. 결국 손익계산서는 이와 같은 영업성과를 정보이용자가 이해하고 필요한 정보를 습득하도록 재분류하고 보고하는 기능을 한다. 손익계산서는 기본적으로 기업이 일정기간동안 얼마의 수익이 발생했으며 이를 위해 얼마만큼의 자원을 소비(즉 비용)했는가를 보여준다. 이를 수식으로 표시하면 다음과 같다.

수익 － 비용 ＝ 당기순이익(당기순손실)

예외는 있을 수 있으나 수익은 실현주의를 그리고 비용은 발생주의 특히 수익 · 비용 대응의 원칙을 근간으로 한다.

분류 방식

손익계산서의 항목을 분류할 때는 성격별(by nature) 분류와 기능별(by function) 분류가 있다. 성격별 분류는 항목의 특성에 초점을 둔 것으로 제품과 제공품의 변동, 종업원 급여, 원재료와 소모품의 사용액 등으로 구분한다. 이에 비해서 기능별 분류는 비용항목의 기능, 예를 들어서 판매기능, 관리기능, 금융기능 등 기능에 따라서 구분한다.

표시 방식

포괄손익계산서를 표시할 때에 경우에 따라서는 단일표시로, 혹은 분리 표시로 보고한다. 단일표시는 손익계산서 항목에 따라 당기순이익을 보고한 다음 이어서 기타 포괄이익을 표시한 후 당기총포괄이익을 한 보고서 안에 보고하는 형식이다. 이에 비해서 분리표시는 기존 당기순이익 중심의 손익계산서에, 별도의 포괄손익계산서를 작성하는 형식이다.

손익계산서 내용

손익계산서에는 다양한 내용이 포함되는데, 첫째는 수익이다. 매출액이 주를 이루며 기타 수익도 포함된다. 둘째, 비용은 기업마다 차이가 있는데 기본적으로 다음과 같은 항목을 포함한다.

(1) 매출원가: 당기에 판매된 상품 혹은 제품의 원가이며 매출에서 매출원가를 차감한 이익을 매출총이익이라 한다.
(2) 판매비: 판매와 관련된 제 비용을 포함한다.
(3) 일반관리비: 기업활동에서 발생하는 대부분의 비용이 여기에 속한다. 예를 들어 감가상각비, 광고선전비, 인건비 등이 일반관리비 항목이다.
(4) 금융비용: 이자비용 등이 속한다.
(5) 기타비용: 위에서 열거한 이외의 나머지 비용을 포함한다.
(6) 법인세비용: 법인세차감전순이익에 세법 등에서 규정한 세율을 곱하여 계산한다. 실무에서는 기업회계와 세법상의 차이로 인해 세무조정을 별도로 한다.

3) 재무상태표

(주)테크컨설팅의 재무상태표가 다음 〈표 3-4〉에 제시되어 있다. 재무상태표는 특정시점, 즉 201×년 12월 31일 현재 기업의 자산과 부채 그리고 자본의 재무상태를 나타내는 표이다. 수정후시산표에 차변으로 기록된 항목은 자산계정에 기록하며 대변으로 기록된 항목은 부채와 자본에 기록한다. 현금, 매출채권, 선급보험료 및 사무용비품은 자산항목이며, 매입채무, 미지급인건비는 부채항목이다. 한편 감가상각누계액은 자산항목인 사무용비품의 평가계정으로 사무용비품의 차감으로 표시한다. 마지막으로 자본은 보통주자본금과 이익잉여금으로 구성되어 있으며 보통주자본금은 주주들이 납입한 자본금이며, 이익잉여금 4,700원은 손익계산서상의 당기순이익에서 이체된 금액이다. 자본을 포함하여 재무상태표의 모든 항목은 영구계정으로 전기의 금액이 그대로 이월되며 당기에 증가와 감소를 반영하여 차기로 다시 이월된다. 자세한 내용은 차후에 다시 설명하기로 한다.

〈표 3-4〉

재무상태표

(주)테크컨설팅 201×년 12월 31일 현재 (단위: 원)

자산			부채	
현금		4,000	매입채무	2,500
매출채권		6,000	미지급인건비	400
소모품		800	부채총계	2,900
선급보험료		4,400	자본	
사무용비품	3,000		자본금	10,000
감가상각누계액	(600)	2,400	이익잉여금	4,700
			자본총계	14,700
자산총계		17,600	부채와 자본 총계	17,600

자산

자산이란 기업이 보유하고 있는 자원을 이용하여 미래에 현금 유입이 가능케 하는 수단이다. 구체적으로 자산이 되기 위해서는 과거에 거래가 발생했으며, 기업이 통제할 수 있어야 하고, 미래에 경제적 효익이 기업에 유입될 것으로 기대되는 자원으로 유동자산과 비유동자산으로 나뉜다.

부채

부채란 기업이 안고 있는 채무다. 즉 언젠가 기업이 갚아야 할 빚이다. 구체적으로 부채란, 과거에 거래가 발생했으며 앞으로 기업으로부터 유출될 것이 예상되는 현재 의무로 이 역시 유동부채와 비유동부채로 나뉜다.

자본

자본은 기업이 영업을 하기 위한 필요한 자원으로 주주들이 현금으로 납입한 자본금, 그리고 영업을 한 결과 기업에 유입된 이익잉여금으로 크게 구분된다. 하지만 회계에서 기업의 자산에서 부채를 차감한 잔여지분으로 정의하며, 이를 소유주지분이라고도 부른다. 이에는 자본금, 자본잉여금, 자본조정, 기타포괄손익누계액 등이 있다.

3.4 장부의 마감

한 회계기간이 종료되면 기업은 마감분개를 실시한 후 특정기간의 장부를 마감한다. 장부의 마감 결과 임시계정(temporary account)인 손익계산서 항목의 잔액은 집합손익계정으로 이월되고 0원으로 정리된다. 재무상태표 상의 각 계정 잔액은 영구계정(permanent account)이라 불리며, 다음 회계기간으로 이월된다. 또한 임시계정의 마감을 위해서는 집합손익(income summary)이라는 계정을 사용한다. 집합손익 계정은 단순히 임시계정을 마감하기 위해 결산시에만 사용하는 계정이다. (주)테크컨설팅의 마감분개와 집합손익 계정의 절차를 살펴보자.

(주)테크컨설팅의 수익계정은 자문료수익, 비용계정은 인건비 등으로 구성되어 있다. 먼저 수익계정을 마감하기 위해서는 다음과 같이 분개한다.

(차변) 자문료수익 13,300 (대변) 집합손익 13,300

이어서 비용계정을 마감하기 위해서는 다음과 같은 분개가 필요하다.

(차변) 집합손익 8,600 (대변) 제비용 8,600

마지막으로 집합손익의 잔액 4,700원(13,300－8,600)을 이익잉여금으로 대체한다. 이 분개는 임시계정인 손익계산서 항목을 영구계정인 재무상태표와 연결하는 역할을 한다.

(차변) 집합손익 4,700 (대변) 이익잉여금 4,700

장부마감 절차를 도표로 나타내면 다음과 같다.

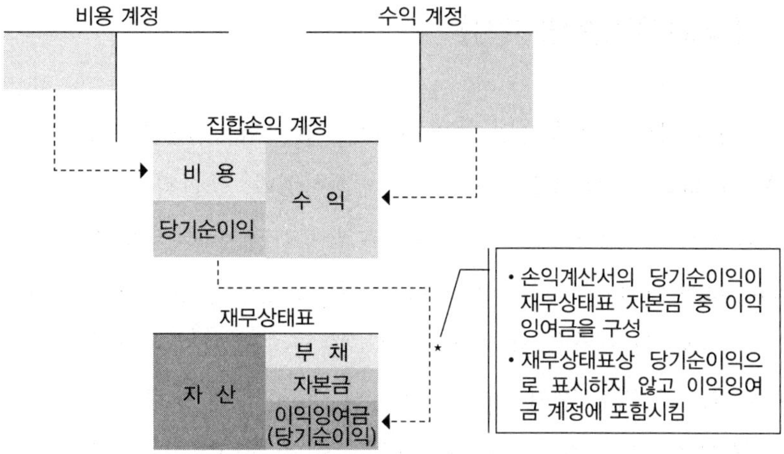

〈그림 3-2〉 장부마감 절차

지금까지 설명한 거래의 분석부터 분개, 전기, 수정분개를 거쳐 재무제표가 완성되기까지의 전 과정을 그림으로 나타내면 다음과 같으며 이를 회계순환과정(accounting cycle)이라 한다.

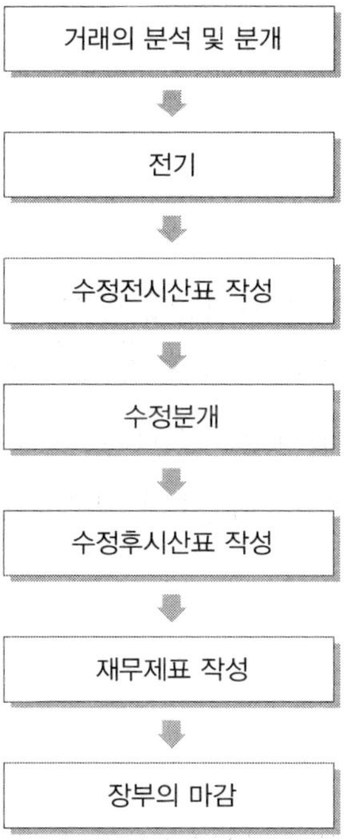

〈그림 3-3〉 회계순환과정

3.5 국제회계기준(IFRS)

최근 들어 우리나라는 오랫동안 적용하였던 기존 회계기준(K－GAAP: Generally Accepted Accounting Principle)을 대폭적으로 수정하였다. 종전의 우리나라 회계기준은 규정 혹은 조항 중심이었다. 그러나 2011년부터 채택된 한국 국제회계기준(K－IFRS: Korea-International Financial Reporting Standards)의 경우는 규정대신 원칙 중심의 회계기준이다. 즉 세세한 내용을 규정하는 대신 큰 원칙을 예시하고 기업은 그 틀 안에서 선택할 수 있는 여지를 많이 두었다. 결과적으로 기업간 적용하는 기준이 달라 비교자체가 상대적으로 어려워졌으나 기업상황을 좀더 적절히 반영한다는 점에서 타당성을 찾을 수 있을 것이다.

2011년부터 한국의 모든 상장기업은 국제회계기준(K－IFRS)에 따라 재무제표를 작성해야한다. 비상장기업은 K－IFRS(한국의 국제회계기준) 또는 종전의 기업회계기준(K－GAAP)을 국제회계기준으로 근접화한 '일반 기업회계 기준' 둘 중의 하나를 채택하여야 하며, 채택한 후에는 이를 일관성있게 사용해야 한다. 새로 채택된 K－IFRS의 특징을 나열하면 다음과 같다.

1) 원칙 중심 회계의 강조

국제회계기준이 채택되기 전에는 회계규정 중심이라 할 수 있으며, 재무제표 작성은 규정에 따라 이루어져 재량권이 적었다. 그러나 IFRS 채택 이후에는 기본원칙만 제시하여 재무제표 작성에 재량권이 많아졌다. 따라서 IFRS 채택 이후 재무제표 작성시 엄격한 계정표시 제한이 적어졌으나, 대신 재무제표 간의 비교시 어려움은 증가하였다.

2) 포괄손익계산서의 작성

기존 손익계산서는 수익 - 비용 = 당기순이익이라는 형식을 유지하여 자본관련 거래를 제외하였다. 그러나 포괄손익계산서에는 자본증감내역, 예를 들어 토지재평가이익, 파생금융상품평가손실, 외화재무제표환산손실 등도 포함된다.

3) 공정가치에 의한 평가

종전 회계기준의 가장 기본적 원칙은 역사적 원가(혹은 취득원가)에 근거하는 것이다. 이는 특정 자산을 평가하거나 측정할 때에는 평가 당시의 시가는 상대적이며 때로는 추가적 비용이 발생하므로 처음 취득했을 때의 금액 즉, 역사원가를 기준으로 보고하도록 하는 원칙이다. 이러한 근거는 회계는 시가라는 시의성(timeliness)보다는 역사원가라는 객관성을 선호하였기 때문이었다. 그렇지만 이러한 객관적 보고의 장점은 다른 한편으로는 시가를 제대로 반영하지 못한다는 단점을 지니고 있었다.

이를 반영하여 K－IFRS는 검증 가능성이 높은 경우에는 공정가치 즉, 현재가치를 채택하여 측정하고 보고하도록 하였다. 여기서의 공정가치란 합리적인 거래 당사자 간의 자산의 교환 혹은 부채의 상환을 위해 소요되는 비용을 의미한다. 금융자산의 평가는 공정가치에 의하도록 하였으며, 유형자산 혹은 무형자산의 경우는 역사적 원가와 공정가치 방법 중 기업이 선택하여 적용할 수 있도록 하였다. 이에 따라 재무수치의 변동성도 증가하였다.

4) 연결재무제표의 작성

기존 회계기준에서도 연결재무제표를 작성하였다. 그러나 K－IFRS에서는 몇 가지 점에서 연결재무제표의 기준이 개정되었다. 즉 K－IFRS 도입에 따라 사업보고서 및 분기 혹은 반기 보고서 등 기업의 공시제도가 개별재무제표 중심에서 연결재무제표 중심으로 바뀌게 되었다. 또한 원칙적으로 모든 지배기업은 연결재무제표를 작성하도록 하여 종전의 최상위 지배기업 및 상장, 금융 중간 지배기업 등에서만 요구하던 것을 확대 개정하였다.

IFRS 회계기준에 따라 작성된 재무상태표, 포괄손익계산서의 표준 형태는 다음과 같다.

〈표 3-5〉 IFRS 기준에 의한 재무상태표(예)

재무상태표

제×기 20×1년 12월 31일 현재
제×기 20×2년 12월 31일 현재

회사명 (단위 : 원)

과 목	당 기		전 기	
(자산)				
유동자산		×××		×××
현금 및 현금성자산	×××		×××	
단기금융자산	×××		×××	
매출채권	×××		×××	
재고자산	×××		×××	
기타자산	×××		×××	
…	×××		×××	
비유동자산		×××		×××
유형자산	×××		×××	
무형자산	×××		×××	
…	×××		×××	
자산총계		×××		×××
(부채)				
유동부채		×××		×××
단기금융부채	×××		×××	
매입채무	×××		×××	
기타채무	×××		×××	
…	×××		×××	
비유동부채		×××		×××
장기금융부채	×××		×××	
○○충당부채	×××		×××	
…	×××		×××	
부채총계		×××		×××
(자본)				
자본금	×××		×××	
주식발행초과금	×××		×××	
○○적립금	×××		×××	
이익잉여금	×××		×××	
기타포괄손익	×××		×××	
자본총계		×××		×××
부채 및 자본총계		×××		×××

〈표 3-6〉 IFRS 기준에 의한 포괄손익계산서(예)

포괄손익계산서

제×기 20×1년 1월 1일부터 20×1년 12월 31일까지

제×기 20×2년 1월 1일부터 20×2년 12월 31일까지

회사명 (단위 : 원)

과 목	당 기	전 기
매출액	×××	×××
매출원가	×××	×××
매출총이익(또는 매출총손실)	×××	×××
기타수익	×××	×××
물류원가	×××	×××
관리비	×××	×××
금융비용	×××	×××
기타비용	×××	×××
…	×××	×××
법인세비용차감전계속사업손익)	×××	×××
법인세비용	×××	×××
계속사업손익	×××	×××
중단사업손익	×××	×××
당기순손익	×××	×××
기타포괄손익	×××	×××
총포괄손익	×××	×××

5) 주석 및 공시내용의 확대

중요한 재무정보가 주석사항으로 변경되었다. 예를 들어 영업이익의 표시를 요구하지 않았다. 따라서 주석 및 공시내용의 정밀검토가 필요해졌다.

국제회계기준(IFRS) 도입에 따른 과거 한국회계기준(K-GAAP)과의 차이점

2011년 한국에서 국제회계기준(K-IFRS)이 도입됨에 따라 과거 한국의 회계기준(K-GAAP)과 크게 달라지는 세부사항을 나열하면 아래와 같다.

- 이익잉여금처분(결손금처리)계산서: 과거 K-GAAP에는 공식 제무제표이었으나 바뀐 K-IFRS에서는 주석사항으로 공시하면 됨.

- 재무상태표: 과거 유동성이 큰 항목부터 배열하는 유동성배열법을 채택하였으나, K-IFRS에서는 본문에 최소항목만 구분 표시하고 항목표시 순서는 자율에 맡겼음.
- 퇴직급여채무: IFRS 도입으로 가장 영향이 클 것으로 예상됨. 과거에는 청산가치 개념으로 전직원이 일시에 퇴직시 지급해야할 금액을 책정하였으나, 바뀐 K-IFRS에서는 미래 퇴직급여를 임금상승률, 시장수익률 등을 고려하여 추정토록 하여 전문성이 필요하게 되었음.
- 재고자산 평가법: 후입선출법(LIFO; Last-in-First-out method)이 폐지되었음.
- 영업권: 과거 20년 이내에 정액법으로 상각케 하였으나, K-IFRS에서는 상각치 않고 매보고기간 말에 손상여부를 평가하여 조정토록 하였음. 따라서 영업권에 의한 손익의 변동성이 증가함.
- 자산손상: 과거 순실현가능가액이 장부금액보다 현저히 하락하는 경우 손상여부를 검토하게 되어 있으나, K-IFRS에서는 손상징후를 파악하여 회수가능액이 장부금액에 미달할 경우 손상차손을 인식케 하였다. 따라서 손상검사에 많은 시간과 비용 부담이 예상된다.

3.6 재무보고와 회계의 기본가정

1) 기업의 재무보고와 공시제도

회계기준에서는 충분한 정보를 강제적으로 공시하도록 하여 정보제공자와 정보이용자 간의 정보불균형을 해소하기 위해 노력하고 있다. 상세한 정보를 전달하기 위해 우선 주석과 부속명세서 등이 이용된다. 국제회계기준에서는 중요한 회계정책과 그 밖의 설명으로 구성된 주석의 역할을 강조하였다. 주석(footnotes)은 재무제표 상의 해당과목에 기호를 붙여서 그 세부적 사항을 자세히 기록하는 방법이다.

국제회계기준에서는 사업의 부문별보고(segmental reporting)를 주석으로 공시하도록 요구하였다. 여기서 부문(segment)은 한 기업의 영업활동이 여러 지역, 제품군에 걸쳐 있을 때 각각의 지역, 제품을 지칭한다.

중간재무보고(interim reporting)는 1년보다 짧은 반기(6개월) 또는 분기(3개월)의 회계기간을 대상으로 하여 작성되는 재무보고이다. 우리나라에서는 상장회사의 경우 중간재무보고서로서 반기재무제표와 분기재무제표를 작성하고 있다.

2) 국가별 회계원칙 제정 기구

재무제표를 작성할 때 적용되는 일반원칙을 '일반적으로 인정된 회계원칙'이라고 한다. 기업이 재무제표를 작성할 때 준수해야 할 회계기준을 제정하는 조직은 국가별로 상이하다. 미국은 1970년대 초부터 민간기구인 재무회계기준위원회(FASB; Financial Accounting standards Board)가 담당하였다. 국제회계기준위원회(IASB; International Accounting Standards Board)는 2002년부터 모든 국가에서 통용되는 단일 회계기준 제정을 목표로 국제회계기준(IFRS; International Financial Reporting Standards)을 발표하고 있다.

한국의 회계기준은 금융위원회가 증권선물위원회의 심의를 거쳐 정하도록 되어 있다. 금융위원회는 민간공공단체인 한국회계기준원에 회계기준 제정업무를 위탁하고 있으며, 한국회계기준원 내부의 회계기준위원회(KASB; Korea Accounting Standards Board)의 심의, 의결을 거쳐 회계기준이 제정된다. 2011년부터 한국의 모든 상장기업과 코스닥기업은 한국채택국제회계기준(K-IFRS)을 따르도록 하고 있다.

회계의 발전과정

역사적 자료를 분석해 보면 비록 비체계적 방법이었지만 경제활동과 더불어 회계가 발전되어 왔음을 알 수 있다. 중국의 주 왕조와 고대의 바빌로니아 문명에서도 왕정의 세입, 세출을 관리하는 수단으로 회계가 존재하였다.

복식부기의 기원은 14~15세기 이탈리아 상인의 활동에서 찾을 수 있다. 이탈리아의 복식부기법을 저서의 형태로 처음 소개한 사람은 파치올리로서, 그는 1494년 "대수, 기하, 비 및 비례 총람"을 저술하여 복식부기법을 자세히 소개하였다. 이후 이 책은 유럽의 각국 언어로 번역되어 유럽 전역에 복식부기법을 보급하는 데에 큰 역할을 하였으며, 이를 계기로 현대식 장부기록법도 발전되었다.

17세기 중상주의 시대의 동인도회사는 주식회사 제도를 크게 발달시켰으며, 근대화된 대차대조표(재무상태표)를 출현시켰다. 18세기 이후의 산업혁명은 원가계산의 필요성을 불러일으켜 관리회계의 발전을 이루게 하였다.

3) 회계의 기본가정

기업에서 실무적으로 사용되는 회계원칙을 도출하기 위해, 그 기초 개념으로써 아래에 언급하는 몇 가지 기본가정을 사용하고 있다.

(1) 발생기준

수익이나 비용을 인식하는 기준으로는 현금의 유출입을 기준으로 하는 현금기준(cash basis)과 거래를 발생한 기간에 인식하여 재무제표를 표시하는 발생기준(accrual basis)의 두 가지가 있다.

수익과 비용의 측정 시, 기업이 존속하는 전체 기간에 걸쳐 측정하면 두 기준상의 차이는 없다. 그러나 일정한 기간으로 구분하여 "수익비용 대응원칙"에 따라 측정하면 적용하는 회계원칙의 차이로 인해 두 방법의 결과가 달라진다. 현행 회계원칙에서는 수익과 비용을 인식할 때는 발생기준 채택을 규정하고 있다.

(2) 계속기업의 가정

계속기업(going concern)의 가정은 기업은 계속해서 존속하며 예상 가능한 기간 동안 사업을 계속한다는 가정이다. 기업이 자산을 취득하여 보유할 경우 그 자산의 가치는 취득 시점의 역사적 원가, 공정가치, 처분가치 등 여러 가지로 평가될 수 있다. 계속기업의 가정에 따르면 역사적 원가(또는 취득원가)로 평가되는 것이 일반적이다. 계속기업의 가정은 자산, 부채 및 자본 평가에 기초가 되는 가정이다.

(3) 기간별 보고의 가정

기간별 보고(periodicity)의 가정은 앞에서 언급한 계속기업의 가정과 연관되어 있는 것으로, 기업 존속기간을 일정 기간으로 분할하여 각 기간단위별로 재무제표를 작성한다는 것을 말한다.

(4) 기업실체의 가정

기업실체(business entity)의 가정은 기업을 소유주와는 분리된 독립적인 주체로 보고, 재무정보를 측정, 보고해야 한다는 것이다.

(5) 회계관습

위에서 언급한 회계의 기본가정 외에 회계관습(accounting conventions)이 회계기준으로 굳어지기도 한다. 그 예로는 다음과 같다.

- 중요성(materiality): 의사결정에 중요한 회계정보만 반영하고, 중요하지 않은 부분은 가볍게 처리해도 무방하다는 원칙
- 보수주의(conservatism): 회계처리 방법이 두 가지 이상 가능할 때, 이익이 적게 발생하는 방법을 선택한다는 원칙을 말한다. 그 예로는 재고자산의 저가법 평가 등이다.
- 업종별 실무(industry practices): 해당업종의 실무에서 채택되어 내려온 관습을 따른다는 원칙이다.

회계의 의의

아래 글들을 읽어 보면서 다시 한번 "회계"에 대해 음미해 보자.

- 회계란 거래, 사건을 기록, 분류, 요약하고 결과를 해석하는 기술이다.
  미국 공인회계사회의 회계용어공보(ATB; Accounting Terminology Bulletin)에서 제시
- 회계란 경제적 정보를 측정, 전달하는 과정으로 정보이용자의 경제적 의사결정에 유용한 정보를 제공하는 것이다.
  미국 회계학회의 기초적 회계이론에 관한 보고서(ASOBAT: A Statement of Basic Accounting Theory)에서 제시

예제

1. 건물 등은 구입시점에 자산으로 기록하였다가 사용하는 회계기간 동안 이를 상각하여 비용으로 인식하는 이유는?
   ① 중요성의 원칙을 준수하기 위해서 ② 의사결정과정에서 경영자를 돕기 위해서
   ③ 보수중의 회계개념을 고수하기 위해서 ④ 비용을 실현된 수익에 대응하기 위해서

   답 ④

2. 재무상태표상에 자산과 부채가 배열되는 순서는 어떤 개념에 근거한 것인가?
   ① 기업의 중심적인 영업활동과의 관련성 ② 자산 및 부채계정의 중요성
   ③ 해당계정의 유동성 ④ 기업의 영업활동의 특성

   답 ③

3. 기간이 경과해서 당기의 수익으로 인식해야 하나, 아직 현금으로 수취하지 못한 이자수익에 대한 수정분개를 하지 않으면 어떤 영향이 있겠는가?
   ① 자산, 순이익, 자본이 과소계상된다.
   ② 부채는 과소계상되고, 순이익과 자본이 과대계상된다.
   ③ 자산, 순이익, 자본이 과대계상된다.
   ④ 자산, 부채, 순이익, 자본에는 전혀 영향이 없다.

   답 ①

4. 회계원칙을 도출하는 데 필요한 기본가정 중, 역사적원가주의를 지지하는 근거는?
   ① 기간별 보고의 가정 ② 계속기업의 가정
   ③ 기업실체의 가정 ④ 화폐단위측정의 가정
   ⑤ 보수주의의 가정

   답 ②

5. 20×9년 1월 1일 김승호씨는 창고임대를 주요 영업활동으로 하는 안암창고(주)를 개업하였다. 이 기업은 매월 수정분개를 하며, 장부도 매월 마감하고 있다. 1월 31일의 수정전시산표와 수정분개에 필요한 정보는 다음과 같다.

시 산 표

안암창고(주) 20×9년 1월 31일 현재 (단위: 원)

	차 변	대 변
현 금	8,990	
선 급 보 험 료	3,000	
소 모 품	405	
상 표 권	12,000	
매 입 채 무		9,000
선 수 임 대 료		1,350
자 본 금		10,000
용역매출(임대료수익)		8,800
임 차 료	1,800	
판 매 비	135	
급 여	2,820	
합 계	29,150	29,150

① 매월 보험료 300원을 계상치 않았다.

② 1월 31일 현재의 소모품재고는 300원이다.

③ 1월 1일에 발행했던 어음에 대한 당월분 이자 90원을 아직 지급하지 않았다.

④ 상표권에 대한 상각은 96개월을 기준으로 매월 정액 상각한다.

⑤ A고객은 수개월분 임대료를 선급한다. 선수임대료 1,350원 중에서 1월 중에 실현된 것은 850원이고, 1월 말 현재 500원은 아직 실현되지 않았다.

⑥ B고객으로부터 받아야 할 1월분 창고임대료 1,330원이 아직 회수되지 않고 있다. 이 임대료수익은 아직 장부에 기록되지 않았으나, 2월 중 회수 가능한 것으로 예측된다.

〈분개〉 매출채권 1,330 / 용역매출(임대료수익) 1,330 ; 1월 중 미수된 임대료 계상

⑦ 종업원에 대한 1월분 급여 중 1,500원은 아직 지급되지 않았다.

〈분개〉 급여 1,500 / 미지급급여 1,500 ; 미지급된 급여 계상

(1) 위의 시산표 및 추가정보와 ⑥, ⑦의 분개를 참조하여 1월 31일에 필요한 ①~⑤의 수정분개를 하라.

(2) 20×9년 1월 31일의 계정식 재무상태표를 작성하라.

답 (1) 20×9년 1월 31일 필요한 수정분개

① 보험료 300 / 선급보험료 300 ; 1월분 보험료를 기록.

② 소모품비 105 / 소모품 105 ; 1월 중 사용한 보험료를 기록(405원 − 300원).

③ 이자비용 90 / 미지급이자 90 ; 1월분 발생이자를 기록.

④ 상표권상각비 125 / 상표권 125 ; 1월분 상각을 계상(12,000원×1/96).

⑤ 선수임대료 850 / 용역매출(임대료수익) 850 ; 1월에 실현된 임대료 계상.

(2)

재무상태표

안암창고(주) 20×9년 1월 31일 현재 (단위 : 원)

자산	금액	부채 및 자본	금액
현금	8,990	매입채무	9,000
매출채권	1,330	선수임대료	500
선급보험료	2,700	미지급이자	90
소모품	300	미지급급여	1,500
상표권	11,875	자본금	10,000
		이익잉여금	4,105
	25,195		25,195

6. 다음은 20×6년 7월 중에 컨설팅을 주업으로 하는 (주)갑을에서 발생한 거래이다.

> 1일 현금 300,000원을 출자하여 (주)갑을을 설립하다.
> 5일 건물을 200,000원에 취득하면서 150,000원은 현금을 지급하고 잔액은 나중에 지급하기로 하다.
> 10일 비품을 120,000원에 취득하고 대금은 나중에 지급하기로 하다.
> 15일 컨설팅 용역을 제공하고 400,000원의 수익이 발생하였는데, 이중 60,000원만 현금으로 수령하다.
> 20일 건물 취득시 발생한 미지급금 50,000원을 모두 현금으로 지급하다.
> 22일 15일에 수령하지 못했던 용역 대금 중 100,000원을 현금으로 수령하다.
> 25일 종업원 급여 60,000원을 현금으로 지급하다.
> 31일 사무실 임차료 50,000원을 현금으로 지급하다.

(1) 위의 발생거래가 아래의 회계등식에서 어떤 구성요소에 영향을 미쳤는지 주어진 양식의 공란에 들어갈 금액을 기입하라.

일자	자산	+	비용	=	부채	+	자본	+	수익
7월 1일									
:									
계									

(2) 위의 문제에서 7월 31일 현재 (주)갑을의 시산표를 작성하고, 시산표로부터 포괄손익계산서와 재무상태표를 작성하라.

답 (1)

일자	자산	+	비용	=	부채	+	자본	+	수익
7월 1일	300,000						300,000		
7월 5일	200,000 −150,000				50,000				
7월 10일	120,000				120,000				
7월 15일	60,000 340,000								400,000
7월 20일	−50,000				−50,000				
7월 22일	100,000 −100,000								
7월 25일	−60,000		60,000						
7월 31일	−50,000		50,000						
계	710,000		110,000		120,000		300,000		400,000

(2)

시산표

자산	710,000	부채	120,000
비용	110,000	자본	300,000
		수익	400,000
	820,000		820,000

손익계산서

비용	110,000	수익	400,000
당기순이익	290,000		
	400,000		400,000

재무상태표

자산	710,000	부채	120,000
		자본	590,000
	710,000		710,000

연습문제

1. 회계의 순환과정에 대해 설명하라.

2. 자산, 부채, 자본, 수익, 비용의 개념에 대해 간단히 설명하라.

3. 계정이란 무엇인가? 그리고 분개와 전기에 대해 설명하라.

4. 거래의 분개

20×1년 중에 투자자문을 하는 (주)동양투자에서 발생한 거래이다. 다음 거래를 분개하고, 분개장을 작성하라.

① 1월 2일 주당 5,000원인 보통주식 100주를 발행하였으며, 주주로부터 현금 500,000원을 수령

② 1월 9일 사무비품을 100,000원 구입하면서 현금 50,000원을 지급하고, 잔액 50,000원은 3개월 후에 지급하기로 함

③ 1월 15일 동양은행에서 현금 300,000원을 3년간 차입하였다.

5. 거래의 8요소

다음 중 거래의 요소로서 결합될 수 없는 거래는? (복수선택 가능)

① 자산의 감소와 부채의 증가
② 자산의 감소와 비용의 발생
③ 비용의 발생과 부채의 증가
④ 자산의 증가와 부채의 증가
⑤ 부채의 증가와 수익의 발생

6. 거래의 분석

다음 중 대변으로 기록하는 거래가 아닌 것은? (복수선택 가능)

① 매출채권의 감소
② 차입금의 증가
③ 보험료의 발생
④ 유형자산 처분이익의 발생
⑤ 자본금의 증가

7. 클리닝팩토리(주)의 20×0년 9월 1일부터 20×0년 9월 30일까지의 수익과 비용에 관한 자료는 다음과 같다. 이 기간 동안의 손익계산서를 손익계산서 양식과 같이 작성하고 당기순이익을 계산하라.

세탁용역매출	500,000원	이자수익	50,000원
급여	100,000	재료비	150,000
이자비용	30,000	임차료	17,000
전화비	20,000	광고선전비	30,000
운반비	40,000	감가상각비	70,000

8. 20×0년 8월 1일 현재 현이(주)의 재무상태표 항목은 다음과 같다. (현금항목의 금액은 직접 계산할 것)

미지급금	8,100원	미지급법인세	4,300원
매출채권	5,630	토지	67,000
건물	84,000	단기차입금	74,900
자본금	55,000	이익잉여금	59,300
현금	?	소모품	7,000
비품	34,500		

8월 1일에서 8월 15일 사이에 다음과 같은 거래가 발생하였다.

8월 2일 : 1) 보통주 25,000원을 액면금액에 발행하고 현금을 납입받다.
2) 미지급금 잔액 8,100원을 전액 지급했다.
(단기차입금이나 미지급법인세는 지급하지 않았다.)

3일 : 1) 비품을 9,800원에 구입하고 그 대금은 아직 지급하지 않았다.
2) 폐업준비를 하고 있는 식당으로부터 1,250원에 소모품을 구입하였다. 만약, 정상적인 경로를 통해 구입한다면 그 구입가격은 1,890원이 될 것으로 예상된다.

5일 : 배당을 선언하고 배당금 10,000원을 주주에게 현금으로 지급하다.

8일 : 매출채권 중에서 2,000원이 회수되었다.

9일 : 용역매출을 20,000원 제공하고 대금은 현금으로 받았다.

10일 : 법인세 미지급액을 전액 현금으로 지급하였다.

12일 : 단기차입금 중에서 10,000원을 현금으로 상환하였다.

(1) 20×0년 8월 1일 현재의 재무상태표를 작성하라.

(2) 20×0년 8월 15일 현재의 재무상태표를 작성하라.

CHAPTER 4

상품매매기업의 회계

4.1 상품매매기업의 특성

4.2 판매가능액과 매출원가

4.3 재고관리 시스템

4.4 매입 · 매출가격의 결정

4.5 상품매매기업의 수정분개 및 재무제표

Synthesis Accounting Principle

기업의 형태는 다양하다. 크게는 제조회사와 용역(서비스) 회사, 금융회사, 건설회사 등으로 구별할 수 있다. 제조회사는 원재료를 가공하여 제품을 제조 판매하며, 용역회사는 서비스를 제공함으로서, 그리고 금융회사는 금융상품을 취급하며 영업을 한다. 이 중에서도 이 장에서는 상품매매를 주로 하는 회사를 대상으로 회계의 특성 및 장부의 마감에 이르는 회계순환을 설명한다.

4.1 상품매매기업의 특성

상품매매기업은 기본적으로 상품을 매입하여 다시 되파는 사업을 한다. 일부 큰 백화점 등은 자체적으로 브랜드를 창출하여 제조까지도 포함하나 대부분의 상품매매기업는 '매입－보관－판매'의 절차를 거친다. 상품매매기업은 그 종류가 다양하여 생필품 할인마트, 백화점, 도소매업, 서점 등 그 범위가 매우 넓으며 최근에 이르러서는 기업들이 글로벌화 되어 영업도 복잡해지고 국제화되어가고 있다. 그러나 근본적인 영업형태는 유사한 것으로 회계 차원에서 살펴보면, 매입가액은 어떻게 정할 것인가, 보관에 따른 재고자산은 어떻게 기록할 것인가, 그리고 판매할 때 각종 조건 등은 어떻게 회계처리 할 것인가로 요약될 수 있다.

서비스회사와 상품매매기업의 손익계산서 형태를 살펴보면, 다음과 같다.

서비스회사		상품매매기업	
용역수익	×××	매출	×××
비용	×××	매출원가	×××
당기순이익	×××	매출총이익	×××
		제비용	×××
		당기순이익	×××

서비스회사는 용역수익에서 기타 제비용을 차감하면 당기순이익이 결정된다. 반면에 상품매매기업은 판매활동을 통해 매출액이 결정되고, 그 매출에 따른 원가(매출원가)가 계산되면, 매출총이익(매출－매출원가)을 계산한다. 이 매출총이익에서 제비용을 차감하면 당기순이익이 결정된다. 이처럼 상품매매기업의 당기순이익을 계산하기 위해서는 매출액의 확정, 매출원가의 확정, 그리고 기타 비용의 확정이라는 절차를 거치게 된다.

4.2 판매가능액과 매출원가

판매가능액(cost of goods available for sale)이라 함은 용어가 의미하는 대로 일정기간동안 특정기업이 팔 수 있는 총 가능금액을 의미한다. 이는 기초상품재고액에 당기에 매입한 금액을 합한 것이다. 예를 들어 201×년 기초에 상품의 재고액이 1,000원이고 당기에 10,000원의 상품을 매입하였다고 가정하자. 그렇다면 201×년 한 해 동안 동 기업이 팔 수 있는 총 금액은 11,000원이다. 이와 같은 판매가능액은 둘 중 하나로 귀결된다. 하나는 연말인데도 아직 팔리지 않은 금액과 다른 하나는 연중에 팔린 금액이다. 아직 팔리지 않은 금액을 기말상품재고액이라 하고, 기중에 팔린 금액을 매출원가라 한다.

이를 간단한 공식으로 표현하면,

판매가능액 (기초상품재고액 + 당기 매입액) = 매출원가 + 기말상품재고액

이를 매출원가를 중심으로 다시 기술하면,

매출원가 = 기초상품재고액 + 당기 매입액 − 기말상품재고액

예를 들어, 기초상품재고액이 1,000원이고, 당기매입액이 10,000원, 기말상품재고액이 2,000원이라면 매출원가는 9,000원이다. 이를 다음과 같이 손익계산서(일부) 양식으로 표시하면 다음과 같다.

기초상품재고액 (201×년 1월 1일)	1,000
당기매입액	10,000
판매가능액	11,000
기말상품재고액 (201×년 12월 31일)	(2,000)
매출원가	9,000

이 매출원가는 기업활동의 영업성과를 측정하는 데 매우 중요한 역할을 한다. 예를 들어 특정기업의 수익성을 판단하기 위해 매출총이익율을 계산하고자 한다고 가정하자. 매출총이익율은 매출총이익을 매출액으로 나눈 숫자로 다음과 같이 계산된다.

매출총이익율 = 매출총이익/매출 = (매출 − 매출원가)/매출

이 공식에서 보는 것처럼 다른 조건이 동일하다면 매출총이익율이 높은 기업이 낮은 기업보다 수익성이 높아 긍정적인 평가를 받게 될 것이다.

4.3 재고관리 시스템

재고자산의 가액은 수량에 단가를 곱하여 결정된다. 재고자산의 수량을 파악하는 일은 단순히 기말 재고자산가액을 결정하는 것 이외에, 매출원가를 산정하는 데에 필요할 뿐 아니라 재고자산의 내부통제를 확립하는 등 여러 가지 면에서 중요하다. 또한 비록 매입단가는 상품을 매입할 때 확정되는 것이지만 판매할 때에 어떤 단가의 제품이 판매되었는지를 결정하는 것은 기업의 중요한 의사결정이다. 이러한 재고자산을 관리 시스템으로는 실지재고조사법(periodic inventory system)과 계속기록법(perpetual inventory system)으로 나뉜다.

실지재고조사법은 기말의 재고자산 수량을 실제로 조사하여 기말재고사산가액과 매출원가를 결정하는 방법이다. 사용 방법이 간편하고 저렴하여 주로 중소기업에서 많이 활용하고 있다. 앞에서 설명한 바와 같이 '매출원가 = 기초상품재고액 + 당기매입액 − 기말상품재고액'으로 계산된다. 이때 기초상품재고액과 당기매입액은 기업이 어떤 관리시스템을 채택하든 금액이 이미 확정되어 있으므로, 매출원가를 결정하기 위해서는 기말상품재고액을 먼저 확정해야 한다. 이처럼 기말상품재고의 수량 및 단가를 실사 등을 통해 결정한 후 역으로 매출원가를 계산하는 방법을 실지재고조사법이라 한다. 이 방법이 사용하기에 간편하고 저렴하지만 회계기말에 이르러 실사를 통해 기말 수량을 확정하기 전에는 매출원가를 계산하지 못하며 결과적으로 손익계산서를 작성하지 못하는 단점이 있다. 마찬가지로 도난, 파손, 마모 등 물리적 손실 등이 매출원가에 자동적으로 포함되기 때문에 이러한 원인을 파악하거나 별도로 보고하지 못하는 내부통제상의 단점이 있다.

이에 비해서 계속기록법은 상품을 매입 혹은 판매할 때마다 수량을 파악하여 매출

원가와 재고자산가액을 계산하는 방법이다. 이 시스템을 채택할 때에는 실시간으로 매출원가를 구할 수 있으며 결과적으로 필요시 손익계산서의 작성도 용이하다. 한편, 재고자산의 종류 및 수량이 다량일 경우, 기록 및 유지의 비용이 크지만 컴퓨터 시스템의 발달로 인해 예전에 비해서 상대적으로 저렴하게 운영할 수 있다. 한편 이 시스템에 의해서 재고를 관리한다 하여도 기말에는 실지 재고자산의 수량을 실사해야 한다. 그렇게 함으로써 장부상의 금액과 실제 보관상의 재고 금액을 비교하여 차이가 발생할 때의 원인을 규명할 수 있다.

4.4 매입 · 매출가격의 결정

매입가격(혹은 매입원가)은 상품의 원가에 부대비용을 합한 금액이다.

1) 상품 운임의 조건

상품이 운송중일 경우, 그 운임을 매입가격에 결정할 것인지는 각각의 운송조건에 따라 다르다. 예를 들어 선적지인도기준(Free On Board at shipping point)의 경우 매입운송은 매입가격에 포함해야 한다. 중국에서 상품을 매입한다고 가정해보자. 운송조건이 선적지인도기준일 경우 상하이 항구를 떠나기 전까지만 판매자의 책임이며, 그 이후로는 매입자의 책임이므로 매입원가에 부대비용이 포함되어야 한다. 여기에 해당하는 것으로는 매입 운송비는 물론이고 각종 보험료 등도 포함된다. 한편 도착지인도기준(Free On Board at destination)의 경우는 판매자가 상품의 도착지인 인천 항구까지 제 비용을 부담하는 조건이다. 이 경우 각종 운임이나 보험료 등이 상품의 매입가격에 포함되어서는 안 된다.

2) 매입에누리, 매입환출, 매출할인

매입가격 혹은 수량을 결정하기 위해서 몇 가지 특수한 상황을 고려해야 한다. 매입에누리(purchase allowance)란 입수된 상품에 약간의 하자가 발생하였으나 반품하는 대신 그대로 입고처리하고 이에 대해 일정한 가격할인을 받는 경우다. 이 경우 매입원가에서 매입에누리 금액을 차감한다. 매입환출(purchase return)은 상품의 품질 혹은 하자 등의 이유로 입고처리하지 않고 상품을 반품하는 경우다. 이 경우도 매입금액에서 차감한다.

한편 매입할인(purchase discount)은 위 경우와는 좀 다르다. 즉 매입원가에서 차감하는 것은 동일하지만 그 이유가 상품의 하자 등에 의한 것이 아니고 금융상의 이유에서이다. 즉 판매자는 외상매출대금의 빠른 회수를 위해 일정한 조건을 제시하는데 일정 기간 이내에 구입대금을 할인해 주는 방법이다.

예를 들어 '2/10, n/30' 이라는 조건은 신용기간은 30일이지만 만약 10일 이내에 현금으로 대금을 갚으면 2% 할인해 준다는 조건이다. 사실 이러한 조건은 연 이자율로 환산하면 대단히 큰 혜택이다. 즉 2% × 360/10 =72%라는 이자혜택이므로 구매 담당자는 이 점을 잘 고려하여 의사결정을 해야 할 것이다.

3) 매출가격의 결정

매출가격의 결정도 매입의 경우와 유사하며 상황은 그 반대의 경우다. 즉 매출에누리는 매출가액에서 차감을, 매출환입 역시 매출가격에서 차감을, 그리고 매출할인 역시 조건을 만족하였다면 매출가격에서 차감하면 된다.

4.5 상품매매기업의 수정분개 및 재무제표

1) 상품매매기업의 수정분개

상품매매기업이라고 해서 수정분개의 내용이 특별한 것은 없다. 다만 실지재고조사법을 사용하는 회사의 경우, 재무제표를 작성하기 위해서는 매출원가에 대한 수정분개를 실시해야 한다. 실지재고조사법과 계속기록법의 회계처리는 여러 가지 면에서 다르지만 다음과 같이 요약될 수 있다.

예제 4.1 실지재고조사법과 계속기록법의 기말 수정분개

(주)한빛누리의 1월 상품거래에 대한 자료는 다음과 같다. 1월 말 실지재고조사법과 계속기록법에 의한 매입, 매출, 그리고 월말 재무제표 작성을 위한 수정분개를 하여라.

	수량	단가	금액
기초재고 (201×/1/1)	100개	100원	10,000
1월중 매입	1,000	100	100,000
1월중 매출	800	150	120,000

	실지재고조사법			계속기록법		
매입	매입	100,000		재고자산	100,000	
	외상매입금		100,000	외상매입금		100,000
매출	외상매출금	120,000		외상매출금	120,000	
	매출		120,000	매출		120,000
매출원가	분개없음			매출원가	80,000	
				재고자산		80,000
결산수정분개	매출원가	10,000				
	재고자산		10,000			
	재고자산	30,000				
	매출원가		30,000	분개없음		
	매출원가	100,000				
	매입		100,000			

위의 분개에서 매출원가를 계산하면 다음과 같다.

매출원가 = 기초재고액 + 매입액 − 기말재고액 = 10,000 + 100,000 − 30,000 = 80,000

첫째, 회계처리와 관련하여 실지재고조사법의 가장 큰 특징은 상품을 매입할 때에 '매입'이라는 임시계정을 사용한다는 점이다. 이 매입이라는 계정은 자산, 부채, 자본, 수익, 비용 등에는 해당하지 않으나 결국 회계 말에는 매출원가라는 정식계정으로 수정분개된다.

둘째, 상품을 판매할 때에 실지재고조사법에 의하면 매출에 의한 분개를 실시하나 매출원가에 대한 분개는 하지 않는다. 이 점은 앞에서 설명한 바와 같이 이 시스템에서는 기말 실사를 통해 재고자산을 확정한 다음 역으로 매출원가를 계산하기 때문이다.

셋째, 결산 시 수정분개는 임시계정인 매입계정을 매출원가로 대체한다. 그것은 기중 매입한 상품이 동 기간에 판매되었다고 가정하기 때문이다. 또한 기초재고자산이 먼저 판매되었다고 가정한다면, 기초재고자산을 대변에 기록하고 차변에는 기초재고자산의 원가(매출원가)를 기록한다. 마지막으로 기말재고자산은 아직 판매되지 않고 자산을 구성하고 있기 때문에 차변에 기록하고 동 금액만큼의 매출원가는 대변에 기록한다.

2) 상품매매기업의 시산표 및 재무제표

다음 〈표 4-1〉은 (주)나라백화점의 수정전시산표이다.

〈표 4-1〉

수정전시산표

(주)나라 201×년 12월 31일 현재 (단위: 원)

	차변	대변
현금	30,000	
외상매출금	120,000	
재고자산 (1/1)	10,000	
건물	300,000	
외상매입금		100,000
자본금		300,000
이익잉여금(1/1)		60,000
매출		120,000
매입	100,000	
판매비와 일반관리비	20,000	
합계	580,000	580,000

위 수정사항을 반영한 수정후시산표는 〈표 4-2〉와 같다.

〈표 4-2〉

수정후시산표

(주)나라 201×년 12월 31일 현재 (단위: 원)

	차변	대변
현금	30,000	
외상매출금	120,000	
재고자산 (12/31)	30,000	
건물	300,000	
외상매입금		100,000
자본금		300,000
이익잉여금(1/1)		60,000
매출		120,000
매출원가	80,000	
판매비와 일반관리비	20,000	
합계	580,000	580,000

위 자료에 의한 손익계산서는 〈표 4-3〉이며 재무상태표는 〈표 4-4〉와 같다.

〈표 4-3〉

손익계산서

(주)나라 201×년 1월 1일부터 201×년 12월 31일까지 (단위: 원)

매출		120,000
매출원가		
기초상품재고액	10,000	
당기매입액	100,000	
판매가능액	110,000	
기말상품재고액	(30,000)	80,000
매출총이익		40,000
판매비와 관리비		20,000
당기순이익		20,000

〈표 4-4〉

재무상태표

(주)나라 201×년 12월 31일 현재 (단위: 원)

(자산)		(부채)	
현금	30,000	외상매입금	100,000
외상매출금	120,000	(자본)	
재고자산	30,000	자본금	300,000
건물	300,000	이익잉여금	80,000*
자산총계	480,000	부채와 자본 총계	480,000

* 기초이익잉여금	60,000
당기순이익	+ 20,000
기말이익잉여금	= 80,000

예제

1. 실지재고조사법에 대한 설명으로 적절하지 않은 것은?
   ① 재무제표 작성시점에 실제로 재고수량을 세어 보아야 한다.
   ② 회계기간 중에는 보유하고 있는 재고자산의 수량과 금액을 정확히 알 수 없다.
   ③ 재고자산이 판매될 때마다 남아있는 재고자산의 수량과 금액이 얼마인지 정확하게 파악할 수 있다.
   ④ 기초재고자산의 수량과 금액은 전기말에 재고실사를 통해 파악되었으므로 별도로 재고실사를 할 필요가 없다.

답 ③

[2~3] 진영(주)의 결산시점에서의 계정잔액은 다음과 같다. 각각의 문제에 답하시오.

기초재고	52,000	당기매입	219,000	매입운임	8,000
매입에누리	5,000	매입할인	3,000	매출	450,000
매출환입	6,000	매출에누리	12,000	매출할인	9,000
판매수수료	15,000	매입환출	7,000	이자비용	24,000
기말재고	48,000	관리비	11,000	배당금	13,000

2. 매출원가계정을 채택하여 매출원가와 재고자산계정을 수정하는 경우 매출원가 계정잔액은?
   ① 216,000원　　② 225,000원
   ③ 219,000원　　④ 212,000원

답 ①

3. 매출총이익은 얼마인가?
   ① 231,000원　　② 213,000원
   ③ 177,000원　　④ 207,000원

답 ④

4. 신영사는 취득원가에 40%의 이윤을 가산하여 상품을 신용판매하고 있다. 당기 중 총매입액이 700,000원, 기말상품재고액이 140,000원, 당기 중 현금회수액이 500,000원이라면 기말의 매출채권잔액은 얼마인가? (단, 신영사는 당기 초에 영업을 개시하였음.)

① 160,000원 ② 144,000원

③ 200,000원 ④ 284,000원

답 ④

5. 판매 시 현금할인의 회계처리는 구매자는 ________계정에 기록하되, 손익계산서상에는 각각 총매입과 총매출액에서 차감하는 형식으로 표시한다.

답 매입할인

연습문제

1. 회계의 기본가정 중 하나인 발생주의를 현금주의와 비교하여 설명하라.

2. 수정분개란 무엇이며, 왜 필요한지 설명하라.

3. 수정분개

다음의 거래는 상호 독립적인 거래이다. 201×년도 12월 31일의 수정분개를 기록하라.

(1) 201×년 7월 1일 기계장치를 2,000,000원(내용연수 4년, 잔존가액은 없으며 정액상각)에 구입하였으나 감가상각비를 계상하지 않았다.

(2) 201×년 12월 1일 3개월분 임차료를 300,000원을 지급하였다. 당시 분개는 아래와 같다.

(차변) 임차료	300,000	(대변) 현금	300,000

(3) 201×년 10월 15일부터 2달간 고객에게 제공한 컨설팅 용역에 대해 회계연도 말 용역대금 500,000원을 청구하지 않았다.

4. 회계기간이 종료 시 장부 마감절차의 내용은 무엇이며, 수행하는 이유는 무엇인가?

5. 마감분개

마감분개 절차를 수행하기 전에 수익계정과 비용계정의 합계는 다음과 같다.

- 수익계정: 용역매출 500,000원, 이자수익 2,000원, 유형자산 처분이익 20,000원
- 비용계정: 인건비 250,000원, 이자비용 4,500원, 감가상각비 30,000원, 기타 제비용 12,000원

마감분개 수행하고, 집합손익을 재무상태표의 이익잉여금으로 대체하라.

PART Ⅱ

계정별 회계

CHAPTER 5

유동자산

5.1 현금 및 현금성자산

5.2 수취채권

5.3 금융자산 – 지분증권 및 채무증권

5.4 재고자산

5.5 소매재고법

5.6 기타유동자산

기업을 운영하려면 먼저 필요한 자본(자기자본 혹은 타인자본)을 확보한 후, 이를 기반으로 사업에 필요한 사람을 채용하거나 사무실을 확보하거나 향후 고객들에게 판매할 재고자산을 보유하게 될 것이다. 이처럼 재고자산, 사무실 등 미래에 기업에 경제적인 효익을 가져다 줄 자원을 자산이라 한다.

자산은 좀더 구체적으로 유동자산과 비유동자산으로 구분한다. 유동자산은 1년 이내(혹은 영업주기)로 현금화할 수 있거나 유동화할 계획인 자산을 의미하며 언제든지 사용하는 데 제한이 없어야 한다.

Synthesis Accounting Principle

5.1 현금 및 현금성자산

1) 종류 및 중요성

유동성이라 함은 현금으로 전환할 수 있는 가능성을 의미한다. 이 점에서 현금 및 현금성자산은 기업의 유동성을 결정하는 가장 중요한 자산이다. 왜냐하면 현금과 현금성자산은 유동성뿐 아니라 기업의 장래 가치를 결정짓는 요인이 되기 때문이다. 즉 기업의 가치는 미래의 현금 유입액에 따라 좌우된다. 특히 기업회계기준이 발생주의에 근거하여 작성하는 관계로 대부분 현금의 흐름과 일치하지 않기 때문에 현금흐름을 별도로 파악하는 것은 기업의 매우 중요한 기능 중 하나다. 예를 들어, 기업회계기준에 따른 손익계산서에는 이익이 발생한 것으로 보고되더라도 유동성이 부족하여 부도가 날 수도 있다. 소위 흑자도산(technical insolvency)인 경우, 손익계산서 상에서는 이익이 발생하였다 하더라도 현금이 부족하여 도산에 이르기도 한다.

한편 회계에서 현금 혹은 현금성자산이라 할 때에는 단순히 지폐나 동전 혹은 수표만을 의미하지 않는다. 즉 현금이라 할 때에는 지폐와 동전뿐만 아니라, 타인발행 수표, 배당증권, 송금환, 우편환증서, 지급일이 도래한 사채이자표 등의 통화대용증권을 포함한다. 그 외 당좌예금이나 보통예금도 현금에 포함된다. 이런 예금은 은행에 현금이 보관되어 있다는 점에서 차이가 있을 뿐, 사용에 제한이 없기 때문에 현금과 동일한 유동성이 있다고 할 수 있다.

한편, 현금성자산(cash equivalent)이라 함은 현금 그 자체는 아니지만 현금에 준하는 성격의 자산을 총칭한다. 예를 들어,

① 취득당시 만기가 3개월 이내에 도래하는 채권

② 취득당시 만기가 3개월 이내에 도래하는 단기금융상품

③ 취득당시 상환일까지의 기간이 3개월 이내인 상환우선주(상환조건이 없는 주식 제외)

④ 환매채(3개월 이내의 환매조건)

⑤ 투자신탁의 계약기간이 3개월 이내인 초단기수익증권(MMF 포함)

등이 대표적인 현금성자산이다. 이에 비해 정기예금이나 정기적금 등은 인출하려면 중도 해약에 따른 이자 등의 불이익 등으로 인해 자유로운 인출에 제한이 있다고 보고 현금 및 현금성자산에서 제외한다.

현금 및 현금성자산은 자산 자체의 특징 때문에 특별한 관리가 필요하다. 즉 도난이나 부당한 유용 등이 발생할 수 있는 개연성이 매우 높기 때문에 이를 위한 내부통제를 강화할 필요가 있다. 예를 들어 은행에 즉시 입금, 수표의 사용, 신용카드의 사용, 인터넷뱅킹의 이용 등을 권장하여 현금 사용에 대한 부정의 소지를 사전에 방지할 필요가 있다. 또한 현금을 보관하는 업무와 이를 기록하는 업무를 분장(segregation of duties)해 사전에 부정의 소지를 없애는 것이 중요하다. 또한 수표를 사용하는 경우, 은행과 회사장부와의 차이를 규명하는 은행계정조정표(bank statement)를 정기적으로 작성하는 것도 필요한 내부통제장치이다.

2) 소액현금제도

기업활동을 하기 위해서는 일정량의 소액현금을 보유할 필요가 있다. 소액경비(우편료, 소모품, 교통비 등)가 발생할 때마다 수표를 발행한다면 너무 번거롭고 비효율적일 것이다. 이러한 이유 때문에 실무에서는 일정기간 동안 회계처리 없이 현금을 지출하고 일정 수준에 이르면 일괄하여 처리하는 제도를 소액현금제도(petty cash system)라고 한다.

예를 들어, 소액현금제도의 하나인 정액기금전도제도(imprest fund system)에 따르면 사전에 일정 금액을 기금으로 설정하고, 실제로 비용이 발생할 때는 영수증 등을 구비하였다가 소액현금을 보충할 때에 일괄하여 회계처리를 실시한다. 이의 분개처리를 예시하면 다음과 같다.

소액현금 기금의 설정	(차) 소액현금	1,000	(대) 보통예금	1,000
소액현금 비용 발생		분개없음		
소액현금 기금의 보충	(차) 제비용	700	(대) 보통예금	700

이러한 회계처리 결과 소액현금 금액은 일정한 수준(1,000원)을 계속 유지하며, 그 금액은 현금보유액(300원)과 영수증(700원)의 합계액이 된다.

3) 은행계정조정표

기업의 장부상 예금계정과 거래은행의 예금 잔액은 일치는 하는 것이 이상적일 것이다. 그러나 실무적으로 잔액이 일치하는 경우는 그리 많지 않다. 그 이유로는 기업과 은행의 기록 시점이 달라서일 수도 있으며, 담당자의 부정 등 여러 가지 다른 이유에 의해서일 수도 있다. 이와 같은 차이를 규명하고 정확한 재무보고를 하기 위해서 필요시(주로 회계기말)에 은행계정조정표를 작성한다. 은행계정조정표의 목적은 기업의 장부잔액과 은행의 잔액을 비교하여 그 차이를 규명하고자 하는 내부통제 절차의 하나이다. 차이의 원인을 좀더 자세히 설명하면 다음과 같다.

(1) 기발행미인출수표(outstanding checks)

회사는 수표를 발행하여 예금 장부에서 차감 기장하였으나, 은행에서는 동 수표에 대하여 아직 지급결제하지 않은 경우이다.

(2) 은행 미기입예금(deposits in transit)

은행계정조정일 현재 회사 측 예금 장부에는 예금으로 기록되었으나, 은행에서는 은행계정조정일 이후에 예금으로 계상된 경우이다. 휴일들이 겹칠 때 이런 현상이 발생할 수 있다.

(3) 은행수수료(bank charges)

은행서비스에 대한 대가로서 수수료를 은행계정조정일 현재 은행의 예금계정에서는 이미 차감했으나 회사의 장부에는 아직 계상되지 않은 경우이다. 추후에 회사에 통지될 때 차감 처리할 것이다.

(4) 회사미통지예금(bank credits)

은행은 이미 예금으로 입금처리 되었으나, 회사의 장부에는 아직 예금으로 기록되지 않은 경우이다. 예를 들어 고객이 청구서의 대금을 은행구좌에 직접 입금하였으나 아직 회사에는 통보되지 않아 장부에 기록되지 않은 경우다.

(5) 오류(bank or depositor errors)

은행 혹은 회사의 기록 오류가 발생한 경우이다.

(6) 부도수표(NSF check)

회사가 외상매출금의 대금결제로 거래처 회사로부터 받은 수표를 은행에 입금했다. 그 후 은행이 수표를 발행한 거래처 회사에 결재를 요청했으나 잔액의 부족으로 지급이 거절되었다. 이처럼 부도수표의 경우, 은행은 회사의 당좌예금계정에 입금처리를 하지 않았으나 회사는 은행으로부터 아직 통보를 받지 못하여 입금 취소에 대한 기록을 하지 않은 경우에 해당된다.

은행계정조정은 수정전 회사 잔액 및 수정전 은행 잔액에, 위에 열거한 항목에 따라 수정한 후 회사 및 은행 잔액을 비교한다. 만약 이와 같은 조정에도 불구하고 차이가 발생하면 그 원인을 파악하여 조치하여야 하며, 해당 거래에 대해서는 추가적인 수정분개를 실시해야 한다. 〈예제 5.1〉을 통해 은행계정조정표를 작성해보자. 중요한 점은 수정후 은행측 잔액과 회사측 잔액이 일치해야 한다는 점이다.

예제 5.1 은행계정조정표의 작성

(주)한마음의 201×년 12월 31일의 당좌예금에 관련된 내용은 다음과 같다.

은행의 잔고증명서에 의한 당좌예금 금액	30,000원
(주) 한마음의 당좌예금 장부 잔액	23,000원

다음과 같은 추가자료가 제공되었다.

① 회사가 발행했지만 12월 31일 현재 아직 인출되지 않은 수표 # 101번 2,000원과 #103번 4,000원이 있다.

② 12월 30일 은행에 예금을 하였으나 시간이 늦은 관계로 아직 은행의 잔고증명서에는 포함되어 있지 않은 금액이 3,500원이다.

③ 은행수수료 500원이 이미 당좌예금구좌에서 차감되었으나 회사는 아직 이 사실을 통보받지 못했다.

④ (주) 삼호에 신용판매한 대금 5,000원이 은행에는 입금되었으나 회사에는 아직 통보되지 않았다.

(1) 위의 자료에 의해 12월 31일 현재 은행계정조정표를 작성하라.

은행계정조정표

(주)한마음　　201×년 12월 31일 현재　　(단위: 원)

회사 장부상의 잔액	23,000	은행잔고잔액	30,000
가산: 회사미통지예	5,000	가산: 미기록예금	3,500
금차감: 은행수수료	(500)	차감: 기발행미인출수표	(6,000)
	27,500		27,500

(2) 위 자료에 의해 (주)한마음의 수정분개를 실시하라.

(차) 당좌예금	5,000	(대) 외상매출금	5,000
(차) 은행수수료	500	(대) 당좌예금	500

참고로 은행측의 가산 혹은 차감항목은 시간 차이에 의한 은행의 미반영부분이므로 회사는 이 부분에 대해서는 아무런 수정분개를 실시하지 않는다.

5.2 수취채권

1) 수취채권의 의의

수취채권(receivables)이란 기업이 재화나 용역을 외상으로 판매하거나 제공하고, 향후 현금으로 수취할 권리가 있을 때 발생하며, 일반적인 상거래가 아닌 자금 거래 즉 자금을 대여한 후 차용증서나 어음을 받는 경우에 발생하는 채권도 포함한다.

수취채권 중에서도 특히 기업의 주된 정상영업활동과 관련하여 상품을 판매하거나 용역을 제공하는 과정, 즉 일반적인 상거래에서 발생하는 채권을 매출채권(trade receivables)이라하며, 매출채권을 좀더 세분화하면 외상매출금(accounts receivables)과 받을어음(notes receivables)으로 나눌 수 있다.

받을어음(notes receivable)은 신용매출대신 회수 가능성을 강화한 수단으로 사용되며, 제3자에게 돈을 빌려주고 이에 대한 증명서로서 어음을 받는 경우는 받을어음이라는 명칭대신 금융어음 혹은 기업어음이라고 불린다. 그 외 수취채권은 주요영업활동 이외의 거래에서 발생하기도 하는데 비품이나 차량운반구 등을 외상으로 매각한 경우에 발생하는 수취채권은 미수금 계정으로 표시한다.

2) 외상매출금

외상매출금이란 고객에게 외상으로 상품을 판매하거나 용역을 제공하여 발생하는 수취채권으로서 보통 30일에서 90일 내에 회수한다. 외상매출금은 신용거래이며 기간이 단기이기 때문에 통상적으로 이자를 지급하지 않는다.

외상매출금은 재화가 인도되는 시점에 인식되며 회계처리는 다음과 같다.

(차) 외상매출금	1,000	(대) 매출	1,000

그런데 외상으로 판매한 상품이 반품되는 경우도 있을 것이며, 불량 등을 이유로 판

매 후에 값을 깎아주는 경우도 발생할 수 있다. 이처럼 매출수익의 조정항목으로는 매출에누리, 매출할인, 매출환입 등이 있으며 이와 같은 항목들은 비용으로 회계처리하지 않고 매출에서 차감하는 회계처리를 한다. 따라서 매출액이라 함은 총매출액에서 매출에누리 등을 차감한 후의 순매출액을 의미한다(제4장 참조).

3) 대손상각비

결산일 현재 기업이 보유하고 있는 매출채권 중에는 회수가 어려운 손상차손(대손)의 위험이 존재한다. 거래처가 파산하거나, 재무적인 어려움으로 매출채권을 받을 수 없게 되는 경우를 대손(bad debt)이라고 하며, 이를 대손상각비(bad debts expenses)라는 계정을 사용하여 비용으로 인식한다.

대손상각비의 인식

기업이 고객에게 외상으로 제품을 인도하거나 용역을 제공하게 되면 매출채권이 발생한다. 그렇지만 시간이 지나면서 여러 기업환경의 변화로 매출채권의 일부는 회수가 불가능할 수 있다. 이처럼 회계 결산일에는 보유하고 있는 매출채권 중 손상이 발생할 여지가 있을 것이므로 어떤 자산이 손상할 가능성이 있는지 검토해야 한다.

대손상각비를 인식하는 방법에는 두 가지가 있다. 첫째 방법은 당해 매출채권이 회수불능하다고 판단되는 시점에서 대손상각비를 인식하는 방법(직접차감법)과, 둘째 방법은 회계 결산일 현재 매출채권의 회수가 불확실하다면 미래의 대손 발생 금액을 합리적인 방법으로 추정하여 대손상각비를 인식하는 방법(충당금설정법)이다. 즉 전자는 대손이 실제로 확정되는 즉시 비용처리하는 방법이고, 후자는 비록 대손이 확정되지는 않았지만 합리적 방법으로 미래의 대손을 추정(estimate)하여 비용으로 인식하는 방법이다. 후자의 경우, 차변에는 대손상각비를 대변에는 대손충당금이라는 계정을 사용한다. 대손충당금은 차감계정 혹은 평가계정(contra account)이라 불리며 재무상태표 보고시에는 수취채권에서 차감하는 형식으로 보고된다. 발생주의 회계에 근거하면 후자, 즉 매출채권이 발행하는 시점(즉 매출시점)에 일정액의 손상이 발생할 것으로 추정하여 대손상각비를 설정하는 것이 좀더 이론적이며 국제회계기준에서도 이 방법을 채택하고 있다.

두 가지 방법에 대한 대손상각비의 회계처리는 다음과 같다.

(직접차감법)

결산시	분개없음			
실제 대손발생시	(차) 대손상각비	×××	(대) 매출채권	×××

(충당금설정법)

결산시	(차) 대손상각비	×××	(대) 대손충당금	×××
실제 대손발생시	(차) 대손충당금	×××	(대) 매출채권	×××

다만 외상매출금의 추정미래현금흐름의 현재가치에 기초하여 대손상각비를 인식하도록 국제회계기준에서는 규정하고 있으나 실무적으로 개별 외상매출채권의 미래현금흐름을 추정하는 것은 매우 어려운 작업이다. 따라서 실무적으로는 결산일 현재 외상매출금의 잔액에 대해 경험적으로 알고 있는 대손(손상차손)율을 곱한 금액을 재무상태표에 표시되는 대손충당금 잔액과 일치시킨 후 대손상각비를 인식한다(재무상태표 접근방법, 연령분석법). 연령분석법에 의한 대손상각비 계산을 다음 예를 가지고 설명해보자.

예제 5.2 연령분석에 의한 대손충당금 설정과 분개

(주)아리랑은 상품매매업을 하는 기업이다. 12월 31일 현재 외상매출금의 잔액은 100,000원이고 수정분개 전 대손충당금 잔액은 10,000원이다. 다음은 외상매출금 잔액을 기간경과별 (연령별)로 나눈 자료이다.

경과일수	외상매출금잔액	대손율(손상발생율) %	대손충당금추정 (회수불능채권추정액)
정상회수일이내	60,000	1%	600
1~30일	20,000	5%	1,000
31~60	10,000	10%	1,000
61일 이상	10,000	40%	4,000
	100,000		6,600

결산일 현재 수정전 기업의 대손충당금 잔액이 2,000원이라면 연말 대손상각비에 관련된 수정분개는 다음과 같다.

(차) 대손상각비	4,600	(대) 대손충당금	4,600

반대로 만약 수정전 대손충당금 잔액이 7,000원이 남아 있다면 너무 많은 금액이 대손충당금으로 이미 설정되어 있으므로 금액을 감소시켜야 한다. 이를 수정분개하면 다음과 같다.

(차) 대손충당금	400	(대) 대손충당금환입	400

대손의 확정과 매출채권의 제거

매출채권에 대해 대손이 확정되는 경우에는 기업이 이미 계상한 대손충당금잔액의 범위 내에서 대손충당금을 줄이고 동시에 매출채권을 제거하는 분개를 하면 된다.

(차) 대손충당금	150	(대) 매출채권	150

즉 거래처가 파산하여 매출채권 150원을 회수할 수 없음이 확정되었다면 위와 같은 분개를 실시한다. 이 분개에서 주의할 점은 이러한 대손 확정분개를 하였다 하여서 손익에는 영향을 주지 않는다는 점이다. 손익에 영향을 미칠 때는 대손상각비에 대한 분개를 실시할 때임을 주의해야 한다.

다만, 매출채권의 대손확정액이 대손충당금잔액을 초과할 때는 당기 손익에 영향을 미친다. 예를 들어 대손충당금 잔액이 700원이었으나 대손발생액이 800원이라면 이에 대한 분개는 다음과 같다.

(차) 대손충당금	700	(대) 매출채권	800
대손상각비	100		

대손확정으로 제거된 매출채권의 회수

때로는 이미 대손이 발생하여 장부에서 제거시켰으나 거래처의 상황이 바뀌어 다시 매출채권을 회수하는 경우도 발생할 것이다. 이때는 원래 실시하였던 기존 분개를 취소하는 분개를 한다.

(차) 매출채권	150	(대) 대손충당금	150

4) 매출채권의 처분

영업활동 과정에 기업은 때로는 매출채권을 채권추심회사나 할부금융회사에 매각하기도 하는데 이를 팩토링(factoring)이라고 한다. 매출채권을 매각하는 이유는 (1) 회사가 현금을 즉시 필요로 하는 경우 또는 (2)외상매출금 회수에 시간이 오래 걸리거나 회수비용이 많이 들어 채권회수전문회사에 맡기려 할 때이다. 회사가 외상매출금을 매각할 때에는 팩토링회사에 매각하는 외상매출금의 일정비율을 수수료로 지급한다.

5) 어음의 회계처리

받을어음

앞에서 설명한 외상매출금은 신용매출이다. 즉 아무런 담보없이 순수하게 신용으로 매출을 한 후 일정기간 후에 현금을 회수한다. 그렇지만 때로는 어음을 발행하여 회수의 가능성을 높이기도 한다. 이러한 어음을 약속어음(promissory note)이라 하며 약속어음이란 어음의 발행자(issuer)가 특정 수취인(payee) 또는 어음의 소지인(barer)에게 미래의 특정 지정일에 일정금액을 지급하겠다는 것을 서면으로 약속한 증서이다. 특히 재화나 용역을 제공한 대가로 받는 어음을 받을어음(note receivable)이라 한다.

한편, 어음은 그 표지에 이자가 표시되어 있느냐의 여부에 따라 이자부어음과 무이자부어음으로 나눌 수 있다. 이자부어음(interest bearing note)은 발행인이 만기일에 액면금액 이외에 일정금액의 이자를 별도로 지급할 것을 약정하는 어음이고, 무이자부어음(non-interest bearing note)은 발행인이 만기일에 단지 액면금액만을 지급할 것을 약정하는 어음이다. 한편, 무이자부어음이기 때문에 이자를 지급하지는 않지만 사실은 어음 기간 동안의 이자가 액면금액에 이미 고려되었다고 봐야 한다.

이자부어음인 경우 만기일 전에 결산일이 도래하면 수정분개를 통하여 발생이자를 당기의 이자수익으로 계상해야 하며, 받을어음도 외상매출금과 마찬가지로 매 회계기말에 손상차손 여부를 검사하여 대손상각비를 계상하고 대손충당금을 설정해야 한다.

어음의 결제와 부도

어음의 만기일이 도래하면 수취인 혹은 어음소지인은 거래은행에 어음의 추심을 의뢰하여 대금을 결제 받게 된다. 한편, 만기일에 어음을 추심 의뢰하였으나 어음발행인의 지급불능으로 인하여 부도가 발생할 수도 있다. 만약 부도가 발생하고 대손이 확정되면 다른 매출채권과 마찬가지로 대손처리한다.

5.3 금융자산 – 지분증권 및 채무증권

1) 지분증권의 의의와 분류

기업이 경영활동을 수행하는 과정에서 적정수준의 현금이나 현금성자산 등의 자산 보유는 필수적이다. 그러나 현금이나 현금성자산 등을 너무 많이 보유하면 현금을 활용하여 얻게 될 수익성은 낮아질 수 있다. 따라서 적정수준 이상의 현금을 활용하기 위해서 여유 자금을 주식이나 채권 등의 유가증권에 투자하게 된다.

유가증권은 주식이나 채권 등 재산권을 나타내는 증권을 의미하는 것으로 회계에서는 주식을 지분증권, 채권을 채무증권이라고 한다. 지분증권과 채무증권에는 주식과 채권 외에 다양한 금융상품이 있지만 이 책에서는 지분증권에서는 주식, 채무증권에서는 채권에 한정하여 설명하고자 한다.

국제회계기준에서는 지분증권을 그 성격과 보유 의도에 따라 당기손익인식금융자산과 매도가능금융자산으로 분류한다. 당기손익인식금융자산은 주로 단기간 내에 매각하거나 재매입할 목적으로 취득한 금융자산이며 일반 기업에서 차지하는 비중은 크지 않다. 왜냐하면 금융회사가 아닌 일반 서비스업 혹은 제조업에서 주식을 매매는 통상적으로 사업목적에서 벗어나기 때문이다.

기타 단기보유목적이 아닌 지분증권은 매도가능금융자산으로 분류한다. 매도가능금융자산으로 분류된 지분증권은 단기보유목적이 아니기 때문에 평가방법이 상호 다르다. 즉 단기보유의 경우는 당기손익으로 평가차익을 인식하지만, 매도가능금융자산은 공정가치로 평가하여 평가차익을 포괄손익계산서와 자본계정의 기타포괄손익계정에 계상한다.

〈표 5-1〉 지분증권의 계정 분류 및 평가방법

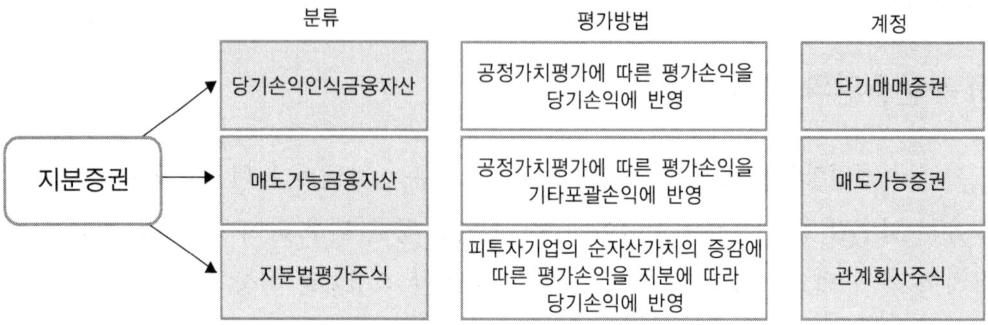

2) 지분증권의 취득원가

지분증권은 취득시점의 공정가치로 인식한다. 지분증권을 취득할 때의 부대비용 예를 들어 매입수수료, 중개수수료, 양도세 및 인지세 등은 당기손익인식금융자산의 경우에는 당기비용으로 처리하며, 그 외 지분자산의 경우에는 공정가치에 가산하여 취득금액을 산정한다.

3) 지분증권의 보유 및 평가

모든 지분증권은 시장의 상황에 따라 가치가 변하며 이러한 변동은 재무제표에 적절히 반영되어야 한다. 특히 국제회계기준에 의하면 지분증권은 공정가치로 평가해야 한다. 여기서의 공정가치란(fair value)란 '합리적인 판단력과 거래의사가 있는 당사자간에 자산이 교환되거나 부채가 결제될 수 있는 금액'을 의미한다. 증권거래소에 상장된 주식의 경우처럼 신뢰할 수 있는 시장에 형성되어 있는 경우에는 주식가격이 공정가치를 가장 잘 반영하고 있다고 할 수 있다. 이렇게 측정된 공정가치와 장부금액을 비교하여 그 차이를 평가손익으로 인식한다.

다만 앞에서 설명한 바와 같이 지분증권이 단기매매금융상품이면 평가손익을 당기손익에 반영하며, 매도가능금융자산이면 평가손익을 기타포괄손익(자본)으로 인식한다.

이에 비해 공정가치를 신뢰성 있게 측정할 수 없는 경우는 취득원가를 장부가치로 한다. 단기매매금융자산의 회계처리는 다음과 같다.

(차) 단기매매금융자산 ××× (차) 단기매매금융자산평가이익 ×××

4) 채무증권

기업은 여유자금을 운영할 목적으로 국가에서 발행하는 채권, 혹은 기업이 발행하는 회사채 등에 투자할 수 있다. 이에는 그 보유목적 및 기간에 따라 단기간 내에 매각하거나 재매입할 목적으로 취득하는 단기매매금융자산, 만기까지 보유할 적극적인 의도와 능력이 있는 만기보유금융자산, 그 외 단기매매증권 또는 만기보유증권으로 분류되지 않는 매도가능금융자산으로 분류한다. 단, 단기매매금융자산 그리고 만기가 도래하는 만기보유금융자산은 유동자산으로, 그 밖의 채무증권은 비유동자산으로 분류한다. 이의 분류 및 회계처리는 지분증권과 유사하며 단 만기보유증권의 경우는 상각후원가로 평가하고 비유동부채에서 다룬다.

5.4 재고자산

1) 재고자산의 의의

재고자산은 기업활동에서 가장 중요한 항목 중 하나이다. 즉 적정재고의 관리뿐 아니라 원가계산 혹은 내부통제에 이르기까지 기업에 미치는 영향이 매우 큰 항목이다. 회계에서의 재고자산이란 정상적인 영업활동과정 가운데 판매를 목적으로 보유하고 있는 자산을 총칭한다. 기업에 따라 다를 수 있으나 크게 다음과 같이 네 가지로 나눌 수 있다.

① 판매대상이 되는 자산: 제품, 상품

② 생산과정 중에 있는 자산: 재공품

③ 제품생산을 위해 준비되고 있는 자산: 원재료, 부재료

④ 판매활동 또는 일반관리활동에 사용되는 자산: 포장용자재, 소모품

상품은 상품매매회사가 재판매를 목적으로 구입하여 보관 중인 재고자산을 의미한다. 제조업의 경우에는 재고자산이 다양한데 아직 공정을 시작하기 전의 원재료 역시 재고자산이며 생산공정 중에 있는 재공품, 일부 완성된 반제품, 그리고 완성된 제품 등이 재고자산이다.

재고자산의 금액은 수량과 단가에 의해 결정되며, 취득가액의 결정, 기말재고액과 매출원가에의 배분, 그리고 기말재고자산의 평가 등의 회계처리를 해야 한다. 재고자산은 일반적으로 1년 또는 정상영업주기 이내의 기간에 제품생산에 사용되거나 최종소비자에게 판매되는 것으로서, 유동자산으로 분류한다.

2) 재고자산의 취득원가 결정 및 소유권

일반적으로 재고자산의 취득가액은 구입원가에 운임, 보험료, 구입수수료, 관세, 보관비 등의 부대비용을 포함한다. 그러나 각각의 상황에 따라 수량 및 금액이 달라질 수 있다. 원칙적으로 재고자산이 누구의 소유인지에 의해 결정되는 경우에 따라서는 경제적 통제권, 즉 누가 효익과 위험을 부담하느냐에 따라 처리가 달라진다.

미착상품

미착상품(goods in transit)은 현재 운송 중에 있는 매입상품을 말한다. 예를 들어 중동에서 원유를 수입하고 있다고 가정하자. 원유 수송선이 선적지에서는 이미 출발하였으나 아직 우리나라 부산 항구에는 도착하지 않았다고 가정할 경우, 이 원유를 국내기업의 재고자산에 포함시킬지 여부가 문제될 수 있다. 이는 수입조건에 따라 달라지는데 예컨대 구입조건이 선적지인도기준(FOB, free on board at shipping point)의 경우에는 상품이 선적지를 출발하는 순간 판매자는 모든 위험이 없어지는 반면 구입자에게 모든 권한 및 위험이 전이되는 것이므로 매입자의 재고자산으로 보고되어야 한다.

한편 도착지인도기준(FOB destination 또는 CIF; cost, insurance and freight))의 경우에는 도착지까지는 판매자가 위험을 부담하는 관계로 구입자의 재고자산에서는 제외되며 판매자의 재고자산으로 보고되어야 한다.

위탁상품

위탁상품(consigned goods)은 위탁자가 상품을 직접 판매하지 않고 수탁자에게 대리인의 권한을 부여하여 판매를 대신 맡기는 상품이다. 이는 비록 위탁자가 상품을 수탁자에게 발송한 관계로 상품창고에 재고자산이 존재하지 않는다 하여도, 만약 수탁자가 상품을 고객에서 아직 판매하지 않았다면 여전히 위탁자의 재고자산에 포함해야 한다. 만일 수탁자가 고객에서 상품을 판매하였음을 위탁자에게 보고하였다면 그 시점을 기준으로 위탁자의 재고자산에서 제외하고 매출로 기록한다.

시용품

시용판매(sales on approval)란 소비자에게 일정기간동안 시험적으로 특정 상품을 사용하게 한 후 소비자가 구입할 의사가 있을 때에 매출로 기록하는 경우다. 따라서 비록 해당 상품이 소비자에게 발송되었다 하더라도 구입할 의사가 아직 통보되지 않은 경우라면 판매인의 재고자산에 포함해야 한다.

할부판매상품

할부판매(installment sales)란 판매대금을 일정기간 동안 나누어서 지급하는 조건의 판매다. 일반적으로 판매 시점에 해당 상품은 소비자에게 이전되나 소유권은 여전히 판매자에게 소속되어 있는 경우가 있다. 그러나 실질적으로 소비자가 해당 상품의 효익이나 위험을 부담하고 있다면 소유권 여부와 관계없이 판매된 것으로 보고 판매자의 재고자산에서 제외하여야 한다.

3) 재고자산과 매출원가

기초 재고자산과 기중에 구입한 재고자산은 두 가지 중 하나로 귀결된다. 즉 기중에 판매가 되든지 아니면 아직 판매가 되지 않고 기말 재고자산으로 남아 있던지 할 것이다. 판매가 된 재고자산은 매출원가의 비용을 발생하여 손익계산서에 보고되고 아직 매출되지 않은 재고자산은 재무상태표에 보고된다. 이에 근거하여 매출원가 공식이 도출된다(제4장 참조).

기초재고사산 + 당기 매입액 = 매출원가 + 기말재고자산
매출원가 = 기초재고자산 + 당기매입액 − 기말재고자산

4) 재고자산의 원가배분

재고자산 기록은 실지재고조사법과 계속기록법이 있으며 판매가능액을 매출원가와 기말재고자산에 배분하는 방법에는 개별법, 평균법, 선입선출법, 그리고 후입선출법이 있다. 개별법을 제외하고 이를 종합하면 총 여섯 가지, 즉 실지재고조사법에 의한 평균법, 선입선출법, 후입선출법, 그리고 계속기록법에 의한 평균법, 선입선출법, 후입선출법이 있다. 실지재고조사법에 의한 평균법을 총평균법 혹은 가중평균법이라고도 부르며, 계속기록법에 의한 평균법은 이동평균법이라고도 부른다.

한 가지 유의할 점은 일단 한 방법을 선택하면 특별한 사유가 없는 한 비교가능성을 위해서 계속 사용해야 하며, 어느 방법을 선택하느냐에 따라 손익에 영향을 준다. 그렇지만 손익에 영향을 준다고 해도 세금 납부와 관련된 문제가 아닌 한 현금흐름에는 영향을 미치지 않는다. 즉 특정한 평가방법을 선택한다고 하여서 현금이 더 유입되거나 유출되지는 않는다.

한편 새로이 채택된 국제회계기준에서는 후입선출법의 사용을 금하고 있다. 그렇지만 후입선출법 역시 이론적 측면에서 이해할 필요가 있어서 이 책에서는 이 방법도 설명한다. 한편, 실물흐름(physical flow)과 원가흐름(cost flow)은 다르다는 점을 이해할 필

요가 있는데 회계에서는 실물흐름과 관계없이 원가흐름을 중심으로 배분한다. 예를 들어 실물흐름은 선입선출 형식인데 회계에서는 평균법을 쓸 수 있다는 의미이다.

(1) 개별법

개별법(specific identification method)은 상품 하나하나에 마치 꼬리표를 붙인 것처럼 개별적으로 관리하고 회계처리를 하는 방법이다. 이런 점에서 이 방법이 가장 이론적이고 합리적일 수 있다. 왜냐하면 얼마에 매입했는지 매입원가가 정확하게 기록되고 그에 따라 매출원가도 결정되기 때문이다. 그러나 소량이 아니고 대량으로 재고자산을 취급할 때에는 개별법을 적용하기에는 거의 불가능하거나 비효율적이다. 대신 취급물량이 소량이고 고가인 경우(보석류, 비행기, 조선 등)에는 개별법을 사용하기도 한다. 단, 회계담당자가 개별법을 이용하여 손익을 조작할 가능성도 있다. 즉 이익을 많이 내고자 할 때에는 고의적으로 저가의 물건이 판매된 것처럼 하여 이익을 과대계상할 수도 있다. 다음 표에 의해서 기말재고자산 및 매출원가를 구하면 다음과 같다.

〈표 5-2〉 재고자산의 4월 중 거래내용

일자	내용	단가	금액	수량		
				입고	출고	잔고
4월 1일	기 초 재 고	1,000원	100,000원	100개		100개
10일	매 입	1,100	440,000	400		500
15일	매 출	2,000	600,000		300	200
20일	매 입	1,200	600,000	500		700
25일	매 출	2,200	1,100,000		500	200
30일	기 말 재 고	–				200

4월 15일에 매출한 제품 300개는 기초재고 100개와 4월 10일에 매입한 400개 중에서 200개 판매되었으며 4월 25일 매출 500개는 전 수량 4월 20일 매입한 제품이라면 매출원가와 4월 30일 월말 재고자산가치는 다음과 같다.

매출원가: 1,000원 × 100개 + 1,100원 × 200개 = 320,000원 (4월 15일)
1,200원 × 500개 = 600,000원 (4월 25일)
920,000

월말재고액: 1,100원 × 200개 = 220,000원 (4월 30일)

(2) 선입선출법

선입선출법(FIFO: first−in first−out)은 먼저 매입한 재고자산이 먼저 판매되는 것으로 가정한다. 예를 들어 식품이나 의류 등은 먼저 매입한 상품이 먼저 판매될 가능성이 높다. 그러나 앞에서 언급한 바와 같이 원가의 배분은 반드시 실물의 흐름과 일치할 필요는 없다. 한편, 재고자산의 가격이 상승하는 경우(즉 인플레이션의 경우)에는 먼저 매입한 물건이 먼저 판매되고 나중에 매입한 물건이 기말재고액으로 남게 될 것이다. 이 방법에 의하면 이익은 상대적으로 높게 인식되고 기말재고자산은 상대적으로 회계기말의 공정가치에 근접하게 될 것이다.

실지재고조사법

기말 재고자산: 1,200원 × 200개 = 240,000원
매출원가: 기초재고(100,000원) + 당기매입(440,000원 + 600,000원)
− 기말재고(240,000원) = 900,000원

계속기록법

매출원가: 1,000원 × 100개 + 1,100원 × 200개 = 320,000원 (4월 15일)
1,100원 × 200개 + 1,200원 × 300개 = 580,000원
900,000원
기말재고: 1,200원 × 200개 = 240,000원 (4월 30일)

위 예에서 보는 바와 같이 선입선출법의 경우는 실지재고조사법과 계속기록법의 매출원가 및 기말 재고액이 동일하다.

(3) 후입선출법

후입선출법(LIFO; Last-in First-out)은 실물의 흐름과는 관계없이 가장 최근에 매입된 상품이 먼저 매출된 것으로 가정한다. 따라서 기말재고자산은 과거에 매입된 금액으로 표시되며 매출원가는 최근에 매입된 가격으로 손익계산서에 반영된다. 이런 이유로 가격이 상승하는 때(즉 인플레이션)에는 이익이 상대적으로 적게 계상되며 재고자산 금액도 낮게 계상된다. 세법상의 혜택을 누리기위해서 일부 기업이 채택하였으나 국제회계기준에서는 재무상태표에 표시되는 재고자산가액과 시가와의 차이가 지나치게 클 수 있다는 점에서 인정하지 않고 있다. 〈표 5-2〉의 자료를 이용하여 후입선출법에 의한 매출원가와 기말재고자산은 다음과 같다.

실지재고조사법

기말재고자산: 1,000원 × 100개 = 100,000원
1,100원 × 100개 = 110,000원
210,000원

매출원가: 기초재고(100,000원) + 당기매입액(440,000원+600,000원)
− 기말재고액(210,000원) = 930,000원

계속기록법

기말재고자산: 1,000원 × 100개 + 1,100원 × 100개 = 210,000원
매출원가: 1,100원 × 300개 = 330,000원
1,200원 × 500개 = 600,000원
930,000원

(4) 가중평균법

가중평균법(weighted average cost method)은 매입의 순서와 상관없이 혼합하여 매출이 이루어진다고 가정하는 방법으로 예를 들어 주유소 같은 업종을 들 수 있다. 그렇지만

회계실무에서는 실물흐름과 관계없이 이 방법을 채택할 수 있다. 실지재고조사법 아래에서의 평균법을 총평균법, 계속기록법에서의 평균법을 이동평균법이라고도 한다.

실지재고조사법

$$1\text{개당 평균단가} = \frac{100{,}000 + (440{,}000 + 600{,}000)}{100 + (400 + 500)} = 1{,}040\text{원}$$

기말재고액: 1,040원 × 200개 = 208,000원

매출원가액: 100,000원+(440,000원+600,000원)−208,000원=932,000원

계속기록법:

매출원가:

$$\frac{100{,}000 + 440{,}000}{500} = @1{,}080 \quad (4\text{월 } 10\text{일자 단가})$$

1,080원 × 300개 = 324,000원 (4월 15일 매출원가)

$$\frac{1{,}080 \times 200 + 600{,}000}{700} = @1{,}165.7$$

1,165.7원 × 500개 = 582,850원 (4월 25일 매출원가)

4월 중 총 매출원가: 324,000원 + 582,850원 = 906,850원

기말재고액: 1,165.7원 × 200개 = 233,150원

이상의 여러 방법의 사례를 통해서 보는 바와 같이 어떤 방법에 의해서 원가를 배분하느냐에 따라서 이익과 기말재고자산가치가 달라진다. 가격이 계속 상승하고 있다는 가정아래 세가지 방법을 비교 정리하면 다음과 같다. 만일 가격이 하락하는 경우에는 반대의 결과를 가져온다.

> 기말재고자산 : 선입선출법 〉 가중평균법 〉 후입선출법
> 매출원가 : 선입선출법 〈 가중평균법 〈 후입선출법

5) 재고자산평가손실 및 감모손실

재고자산가액은 앞에서 설명한 처리방법에 따라 산정한다. 그러나 이처럼 취득원가를 기준으로 계산된 재고자산가액이 시가보다 낮은 경우 회계기준은 그 차이를 조정하도록 요구하고 있다. 그 이유는 보수주의의 원칙에 따라 재무상태표의 자산이 시가보다 높게 표시되면 건전성에도 문제가 발생할 뿐 아니라 정보이용자에게 잘못된 정보를 전달할 수 있기 때문이다.

이때 시가는 순실현가능가치(net realizable value)를 의미하며 이는 재고자산의 추정판매가격에서 판매에 따르는 추정판매비용을 차감한 금액이다. 간단한 예를 들면 다음과 같다. 특정기업이 선입선출법에 의해서 계산한 기말 재고자산의 금액이 1,000원이라고 가정하자. 그러나 시장의 상황이 좋지 않아 시중에서 동 자산의 판매가격이 800원으로 하락하였다고 가정한다. 동시에 이 제품을 판매하기 위해서 지급될 판매비용이 50원이라고 추정되었을때 순실현가능가치는 750원(800 − 50)이다. 이 순실현가능가치와 취득원가의 차이(1,000 − 750 = 250)가 재고자산을 평가한 결과 기업이 인식해야 하는 손실이다. 이를 분개하면 다음과 같다.

(차) 재고자산평가손실	250	(대) 재고자산평가충당금	250

한편, 재고자산의 감액을 초래했던 상황이 해소되거나 경제상황의 변동으로 순실현가능가치가 상승했다면 최초의 장부금액을 초과하지 않는 범위에서 평가손실을 환입한다.

이와 같은 재고자산의 가치 하락에 의한 평가손실 이외에 재고자산의 분실, 도난 파손 혹은 증발 등으로 인하여 재고자산이 감소하는 경우가 있다. 이를 재고자산감모손실이라하며 통상적인 영업활동에 의한 자연적 발생분은 매출원가에 포함하고, 비정상적인 경우에는 기타비용으로 처리하여 그 원인을 파악할 필요가 있다.

5.5 소매재고법

백화점 혹은 슈퍼마켓 등은 취급하는 종류가 너무 많아서 위에서 언급한 방법이 적합하지 않을 수도 있다. 물론 컴퓨터 산업의 기술이 발전함에 따라 바코드를 이용하는 등 예전에 비해서 재고 관리가 편리해지기도 했으나 때로는 기말 재고자산을 추정해야 할 경우도 있다. 예를 들어 화재가 발생하였을 때는 정확한 가액을 결정할 수 없으므로 소매재고법 등을 이용하여 추정한다. 소매재고법(retail inventory method)은 일명 매출가격환원법이라고도 하며, 다음 예를 통해 이를 설명하고자 한다.

예제 5.3 소매재고법에 의한 기말재고자산의 추정

다음은 기말재고자산의 평가를 위한 자료이다. 소매재고법을 이용하여 평가하여라.

	원 가	매가(매출가격)
기초재고	1,000	1,100
당기매입	10,000	13,000
판매가능액	11,000	14,100

원가율 = 원가에 의한 판매가능액 / 매가에 의한 판매가능액
= 11,000 / 14,100 = 78%

한편 당기 매출액이 12,000원이라고 가정하면 매가에 의한 기말재고액은 2,100원(14,100 − 12,000 = 2,100)이다. 이를 원가율을 이용하여 원가에 의한 기말 재고액을 추정하면 1,638원이다(2,100 × 78%).

매출원가 = (1,000 + 10,000 − 1,638) = 9,362

5.6 기타유동자산

1) 대여금

대여금이란 차용증서, 어음 혹은 신용으로 타 기업 혹은 직원 등에게 현금을 대여했을 때 쓰는 계정이다. 정상적인 영업거래에서는 매출채권 혹은 받을어음으로 기록하지만 기타 자금의 융통이 목적일 때 사용한다. 대여기간이 1년 이내면 유동자산, 1년 이상이면 비유동자산에 기록한다. 보유기간 동안의 발생이자는 이자수익으로 기록해야 한다.

2) 미수금

일반적 주요 영업거래에 발생하는 채권은 외상매출금 혹은 받을어음으로 기록한다. 그렇지만 그 이외의 거래, 예를 들어 유형자산을 처분하였으나 아직 현금으로 상환되지 않은 경우가 미수금이다. 이 경우도 상환 기간이 1년 이내이면 유동자산, 1년 이후이면 비유동자산으로 분류한다.

3) 미수수익

당기에 수익으로 인식되어야 하지만 아직 현금으로 입금되지 않았거나 수익으로 인식되지 않았을 때 발생하는 자산이다. 대표적으로 이자수익을 들 수 있는데 결산시점과 이자를 현금으로 받는 시점의 차이 때문에 발생한다. 예를 들어 이자를 매년 9월 30일, 그리고 3월 31일에 각각 6,000원씩 받는다고 가정하자. 그렇다면 12월 31일 결산일 현재, 3개월(10~12월)에 해당하는 이자액 3,000원은 이미 발생했지만 다만 현금으로 받지 않은 상태다. 실현주의에 의하면 이 3개월분도 당해 연도 수익으로 포함해야 한다. 이를 분개하면 다음과 같다.

(차) 미수수익 3,000 (대) 이자수익 3,000

4) 선급금

기업은 주된 정상영업활동과 관련하여 원료나 상품을 받기 전 미리 대금을 지급할 때가 있다. 이처럼 미리 대금을 지급한 경우를 선급금이라 하며 관련 상품을 수령할 권리가 있으므로 유동자산에 속한다.

5) 선급비용

선급비용은 결과적으로는 비용으로 처리될 것이나 계약 등에 의해서 미리 비용을 지급한 경우다. 보험료를 예로 들어보자. 3개월 보험료를 12월 31일에 3,000원 지급하였다면 기업은 향후 3개월간 보험의 혜택을 볼 권리를 구입한 것이다. 이처럼 향후 시간이 지나거나 서비스를 제공하면 결국 비용으로 전환될 권리를 미리 선급한 경우 이는 유동자산으로 인식한다. 12월 31일 보험료 지급에 대한 분개를 하면 다음과 같다.

(차) 선급보험료 3,000 (대) 현금 3,000

6) 가지급금

회계실무에는 때로는 가지급금이라는 계정을 사용한다. 이는 이미 일정금액을 지급하였으나 그 용도가 확실치 않았거나 정산이 끝나지 않을 때이다. 그러나 이처럼 미결산계정은 결산 시에는 해당 계정으로 재분류되어야 한다.

예제

1. 현금 100,000원과 40,000원의 약속어음을 발행하여 비품을 구입하였다면?
   ① 총자산과 총자본이 증가한다.
   ② 총부채가 증가하고, 총자본이 감소한다.
   ③ 총자산이 감소하고, 총부채가 증가한다.
   ④ 총자산과 총부채가 증가한다.

답 ④

2. 다음 항목들을 이용하여 유동자산 합계액을 산출하면 얼마인가?

현금과예금	180,000원	이익잉여금	250,000원
유가증권	120,000	매입채무	79,500
장기금융상품	2,500	상품	465,000
선급비용	15,000	매출채권	267,000
비품	20,000		

① 1,047,000원
② 1,044,500원
③ 1,029,500원
④ 1,009,500원

답 ①

3. 후입선출법(LIFO)의 장점을 가장 잘 설명하고 있는 것은?
   ① 실물의 흐름을 가장 정확하게 나타내준다.
   ② 보수주의에 가장 충실한 방법이다.
   ③ 매출원가를 현행원가에 가까운 값으로 표시해준다.
   ④ 대차대조표에 재고자산을 현행원가에 가깝게 보고한다.

답 ③

4. 다음 중 현금및현금성자산에 속하지 않는 것은?
   ① 타인발행 수표
   ② 배당증권
   ③ 타인발행 약속어음
   ④ 취득시 3개월 이내 만기가 도래하는 양도성예금증서(CD)

답 ③

5. 현금및현금성자산 다음으로 유동성이 높은 당좌자산 항목은?

① 단기금융상품　　② 매출채권

③ 선급비용　　④ 재고자산

답 ①

6. 순매출액이 350,000원이고, 판매가능액이 280,000원이며, 매출총이익률이 30%인 경우 기말재고액을 산출하면?

답 35,000원

매출총이익: 350,000원 × 30% = 105,000원, 매출원가: 350,000원 – 105,000원 = 245,000원

판매가능액(280,000원) – 기말재고 = 245,000원. 따라서 기말재고는 35,000원

7. 다음 항목들을 이용하여 유동자산 합계액을 산출하면 얼마인가?

항목	금액	항목	금액
현금과예금	180,000원	이익잉여금	250,000원
단기금융자산	120,000	매입채무	79,500
관계기업투자주식	2,500	상품	465,000
선급비용	15,000	매출채권	267,000
비품	20,000		

답 1,047,000원

현금과 예금(180,000) + 단기금융자산(120,000) + 상품(465,000) + 선급비용(15,000) + 매출채권(267,000) = 1,047,000원

8. 다음 자료에 기초한 유가증권의 취득원가는 얼마인가?

– 시장성 있는 갑회사 주식 100주를 주당 7,000원에 취득
– 갑회사 주식의 주당 액면가액 5,000원
– 취득시 매매수수료 5,000원 지급

답 705,000원

9. 다음은 갑회사가 보유하는 지분증권과 관련된 거래 내역이다.

(1) 20×3년 7월 12일 회사는 단기매매차익을 목적으로 다음과 같은 지분증권을 취득하였다.

종 류	수 량	주당액면금액	주당취득원가
(주) A주식	20	15,000원	30,000원
(주) B주식	25	25,000	35,000
(주) C주식	30	30,000	40,000

(2) 3월 31일 (주)A의 주식에 대한 배당금을 주당 2,000원씩 수령하였다.

(3) 5월 7일 (주)A의 주식 10주를 주당 25,000원에, (주)B의 주식 15주를 주당 30,000원에 매각하였다.

(4) 12월 31일 지분증권의 공정가치는 다음과 같다.

종 류	주당 공정가치
(주) A주식	25,000원
(주) B주식	20,000
(주) C주식	45,000

위에서 제시된 일자별로 갑회사가 시행해야 할 분개를 하라.

답

(1) (차) 단기매매증권 2,675,000[1] (대) 현 금 2,675,000

(1) (주) A주식 20×30,000 = 600,000원
(주) B주식 25×35,000 = 875,000
(주) C주식 30×40,000 = 1,200,000
2,675,000원

(2) (차) 현 금 40,000 (대) 배 당 금 수 익 40,000

(3) (차) 현 금 700,000 (대) 단 기 매 매 증 권 825,000
단기매매증권처분손실 125,000

(4) (차) 단기매매증권평가손실 50,000[2] (대) 단기매매증권 50,000

(2)

종류	수 량	취득원가	공정가치	평가이익(손실)
(주) A주식	10	30,000원	25,000원	(50,000)원
(주) B주식	10	35,000	20,000	(150,000)
(주) C주식	30	40,000	45,000	150,000
				(50,000)원

10. 다음은 안암(주)의 1월 중 상품거래 내역이다.

		단 가	수 량
1일	기초재고	@20원	200
7일	매출		150
13일	매입	@21원	300
20일	매출		200
25일	매입	@22원	200

[요구사항]

안암(주)가 다음의 평가방법에 따라 1월 중 계상해야 할 매출된 상품의 매출원가를 계산하라.

(1) 실질재고조사법하의 선입선출법

(2) 총평균법

답

(1) 기초재고 20원×200=4,000원

13일 21원×300=6,300원

25일 22원×200=4,400원, 22 × 200=4,400원

– 기말재고수량 : 200+300+200−(150+200)=350개

– 선입선출법에 의해 기말재고자산 25일 매입분의 200개+13일 150개

=22×200+21×150=4,400+3,150=7,550

판매가능액 − 기말재고=매출원가 14,700 − 7,550 =7,150원

(2) 재고자산단가 : 총판매가능액 ÷ 총수량=14,700 ÷ 700 = 21원

기말재고자산 : 350 × 21=7,350원

매출원가 : 14,700 − 7,350=7,350원

11. 충남회사의 당기 상품매매거래와 관련된 자료는 다음과 같다.

구 분	수 량	단 가
기초상품재고	50개	2,000원
매입(7월 1일)	350개	2,100원
매출(9월 1일)	360개	3,000원
매입(11월 1일)	150개	2,200원

기말 현재 실시수량은 장부상 수량과 일치하였다.

(1) 충남회사가 실지재고조사법을 적용할 경우 선입선출법 및 총평균법을 적용한 기말상품재고액과 당기 매출원가를 각각 계산하라. 단, 평균단가 계산시 소수점 이하에서 반올림하라.

(2) 충남회사가 계속기록법을 적용할 경우 선입선출법 및 이동평균법을 적용한 기말상품 재고액과 당기 매출원가를 각각 계산하라. 단, 평균단가 계산시 소수점 이하에서 반올림하라.

답

1. 실지재고조사법 적용

(1) 선입선출법

기말상품수량=50개+350+150−360=190개

선입선출법을 적용하므로 기말상품 190개는 7월 1일 매입분 중 40개와 11월 1일 매입분 150개로 구성되어 있다고 가정한다.

기말상품재고액=40개 × 2,100원+150 × 2,200=414,000원

매출원가 =기초상품재고액+당기상품매입액−기말상품재고액

=50개 × 2,000원+350 × 2,100+150 × 2,200−414,000

=751,000원

(2) 총평균법

총평균법을 적용하므로 기말상품 190개는 기초상품재고와 당기매입의 합계 550개 중 190개로 구성되어 있다고 가정한다.

기초상품재고와 당기매입상품의 평균단가

=(50개 × 2,000원+350 × 2,100+150 × 2,200) ÷ 550개

=2,118원

기말상품재고액=190개 × 2,118원=402,420원

매출원가=기초상품재고액+당기상품매입액−기말상품재고액

=50개 × 2,000원+350 × 2,100+150 × 2,200 − 402,420

=762,580원

2. 계속기록법 적용

(1) 선입선출법

일자	입고		출고		잔고		
	수량	단가	수량	단가	수량	단가	금액
기초재고					50	2,000	100,000
7. 1.	350	2,100			50 350	2,000 2,100	100,000 735,000
9. 1.			50 310	2,000 2,100	40	2,100	84,000
11. 1.	150	2,200			40 150	2,100 2,200	84,000 330,000

잔고란의 마지막 금액이 기말재고자산가액이 된다.

기말재고자산=84,000원+330,000=414,000원

출고란에 표시되는 출고수량에 단가를 곱한 금액의 전체합계가 매출원가임.

당기매출원가=50 × 2,000원+310 × 2,100원=751,000원

(2) 이동평균법

일자	입고		출고		잔고		
	수량	단가	수량	단가	수량	단가	금액
기초재고					50	2,000	100,000
7. 1.	350	2,100			400	2,087	835,000
9. 1.			360	2,087	40	2,087	83,680
11. 1.	150	2,200			190	2,177	413,680

잔고란의 마지막 금액이 기말재고자산가액이 된다.

기말재고자산=190개 × 2,177원=413,680원

출고란에 표시되는 출고수량에 단가를 곱한 금액의 전체합계가 매출원가임.

당기매출원가=360 × 2,087원=751,320원

* 단가는 금액을 수량으로 나눈 값을 반올림하여 표시되므로 차이 발생함.

연습문제

1. 현금의 내부통제제도 방법을 설명하라.

2. 매출채권의 처분에 관해서 설명하라.

3. 현금 및 현금성자산

현금 및 현금성자산에 포함되는 항목은?

타인발행수표	1,500,000	지급기일이 도래한 주식배당권	54,000
통화	675,000	양도성예금증서(60일)	755,000
만기가 도래한 국채이자표	67,000	우표	9,500
사용제한 예금	500,000		

주식회사 A의 회계기말 금고를 실사한 결과 위한 같은 것들을 발견하였다. 대차대조표에 현금 및 현금성자산으로 표시할 정확한 금액은 얼마인가?

4. 은행계정조정표 작성

다음은 20×1년 12월31일 현재 주식회사 B의 은행계정 조정사항이다.

20×1년 12월31일	은행계산서잔액	12,250,000
20×1년 12월31일	당좌예금계정(회사측잔액)	10,000,000
기발행미지급수표		3,000,000
20×1년 12월31일	예금액으로 은행측 미기입	1,000,000
20×1년 12월26일	어음추심액	800,000
	추심수수료	5,000
	부도어음	545,000

주식회사 B의 20×1년 12월31일 은행계정조정표를 작성하고 필요한 수정분개를 수행하라.

5. 외상매출금의 손상차손 인식

C주식회사는 20×1년초에 영업을 개시하였으며, 대손충당금을 설정하여 대손상각비를 계상하고 있다. 20×1년 12월 31일 외상매출금의 잔액은 3,000,000이었다. 회계담당자가 외상매출금 잔액의 손상차손을

검사한 결과 130,000의 매출채권에 자산손상이 발생한 것으로 조사되었으며, 따라서 차기 이후에 회수될 수 있는 금액은 2,870,000인 것으로 추정하였다.

(1) 충당금계정을 사용할 경우 20×1년 12월 31일 분개를 하라.
(2) 만약, 20×2년 초에 고객의 파산으로 실제 대손이 100,000 또는 2000,000이 발생하였다면 분개는 각각 어떻게 되는가?
(3) 100,000 대손확정이라고 판단하여 매출채권을 제거하였는데, 추후에 50,000이 현금으로 회수되었다면 분개는 어떻게 되는가?

6. 매출 및 매출조정항목

D주식회사의 20×1년 회계기간 중에 매출과 관련하여 발생한 거래는 다음과 같다.
5월 1일 상품을 200,000에 외상으로 판매하다. 판매시 5,000의 운반비를 현금으로 지출하였다.
6월 2일 판매한 상품에 하자가 발생하여 10,000의 에누리를 하였다.
6월10일 판매한 상품 중 15,000의 반품이 발생하였다.
7월 1일 외상판매대금 100,000을 조기회수하면서 1,000의 할인을 해주었다.
7월31일 외상판매대금 잔액을 모두 회수하였다.

(1) 매출액을 계산하고 (2) 필요한 거래를 분개하라.

7. 지분증권의 재분류 및 평가

D주식회사는 20×1년 중에 시장성 있는 갑회사 주식을 단기매매목적으로 12,000,000에 취득하였다. D주식회사의 결산일은 12월31일이며, 갑회사 주식의 공정가치는 다음과 같았다.

(a) 20×1년말 갑회사 주식의 공정가치는 13,200,000이었다
(b) 20×2년 7월1일 일반적이지 않고 단기간 내에 재발할 가능성이 매우 낮은 상황으로 인하여 단기매매증권을 매도가능증권으로 재분류하였고, 동일자산의 공정가치는 12,600,000이었다.
(c) 20×2년말 갑회사 주식의 공정가치는 11,800,000이었다.

D주식회사 20×2년도에 인식해야 할 갑회사 주식에 대한 평가손익은 어떻게 되는가?(세무사 2006 수정)

8. 단기매매증권의 취득단가

E주식회사는 여유자금을 이용하여 을사가 발행한 주식을 20×1년부터 취득하기 시작하였으며, 단기매매를 목적으로 하고 있다. 다음은 20×1년 동안 일어난 거래이다

20×1년 1월 8일 주당 50,000에 200주 매입
2월 8일 주당 60,000에 100주 매입
4월 5일 주당 100,000에 200주 매입
8월 5일 주당 110,000에 300주 매도
10월30일 주당 120,000에 200주 매입

E주식회사의 결산일은 12월31일이다. 기말에 유가증권의 시가는 주당 100,000일 경우 포괄손익계산서상의 평가손익과 매도시 이동평균법을 사용하여 계산한 처분손익은 각각얼마인가?

9. 재고자산 평가

H주식회사의 재고자산 매입 및 매출과 관련된 자료는 다음과 같다.

기초상품재고 : 2,000개 금액 : 384,000
당기매입 : 36,400개 금액 : 7,065,600
당기매출 : 35,200개 금액 : 8,553,400

당기말에 상품창고를 실사한 결과 실제 수량은 3,000개이며, 감모수량은 모두 원가성이 있다고 판단하였다. 기말 재무상태표에 계상될 상품금액과 당기포괄손익계산서에 계상될 매출원가는 각각 얼마인가? 단, F주식회사는 총평균법을 적용하여 재고자산을 평가하고 원가성이 있는 감모손실은 전액 매출원가에 포함시키는 것으로 한다.

10. 재고자산의 원가배분방법과 매출원가 계산

20×1년 I주식회사의 재고자산에 대한 기록은 다음과 같다

기초상품재고 : 900개 금액 : 9,000 (@10.00)
당기매입 :
20×1년 3월 3일 1,180개 금액 : 12,036 (@10.20)
7월 7일 800개 금액 : 8,280 (@10.35)
10월 22일 620개 금액 : 6,634 (@10.70)
12월 15일 1,000개 금액 : 10,850 (@10.85)
당기매출 : 3,200개
기말재고 : 1,300개

(1) 가중평균법, 선입선출법, 후입선출법을 사용하여 기말재고자산액과 당기 매출원가를 계산하고, (2) 어느 방법이 기말재고자산을 공정가치에 가깝게 표시하는지 설명하라. (3) 만약 가중평균법으로 재고자산의 원가를 배분한다고 할 때 기말재고의 순실현가능가치가 13,200이라면 필요한 회계처리 및 분개하라.

11. 액서세리 재고 및 구매내역

보문 전자부품점은 핸드폰용 액서세리를 판매하고 있다. 아래의 표는 올해 6월의 액서세리 재고 및 구매내역이다. 동사는 재고자산을 실지재고조사법에 따라 회계처리한다. 6월의 판매개수는 500개이다.

일 자	내 용	수 량	단 가	총 액
6월 1일	월초 재고자산	150	120원	18,000원
5일	구입	90	122	10,980
10일	구입	150	132	19,800
17일	구입	100	140	14,000
22일	구입	80	145	11,600

(1) 가중평균법에 의한 11월 말 재고자산은 얼마이고, 11월의 매출원가는 얼마인가?

(2) 선입선출법에 의한 11월 말 재고자산은 얼마이고, 11월의 매출원가는 얼마인가?

(3) 후입선출법에 의한 11월 말 재고자산은 얼마이고, 11월의 매출원가는 얼마인가?

CHAPTER 6

비유동자산

Synthesis Accounting Principle

비유동자산은 1년 이내(혹은 영업주기)에 현금화할 수 없는 자산을 말하며, 여기에서는 비유동자산에 속하는 장기지분(채무)증권, 유형자산, 무형자산에 대해 배운다.

6.1 장기지분(채무)증권

(1) 보유 및 평가

기업은 때로는 그 보유목적 및 의도가 단기매매가 아닌 장기 보유목적으로 금융자산을 보유하는 경우가 있다. 이 경우 역시 시장의 상황에 따라 가치가 변하며 이러한 변동은 재무제표에 적절히 반영되어야 한다. 특히 국제회계기준에 의하면 지분증권은 공정가치로 평가해야 한다.

한편, 앞 장에서 설명한 바와 같이 지분증권이 단기매매금융상품이면 평가손익을 당기손익에 반영하며, 매도가능금융상품이면 평가손익을 기타포괄손익(자본)으로 인식한다. 이에 비해 공정가치를 신뢰성 있게 측정할 수 없는 경우는 취득원가를 장부가액으로 한다. 또한 매도가능금융자산평가이익은 당기손익에 포함되는 항목이 아니라 포괄손익계산서 상의 기타포괄이익과 재무상태표의 자본 중 기타포괄손익에 표시한다. 이에 따른 분개는 다음과 같다.

(차) 매도가능금융자산	×××	(차) 매도가능금융자산평가이익	×××

당기매매금융자산과 매도가능금융자산의 평가손익의 처리가 다른 이유는 매매 기간 및 보유목적이 다르기 때문이다. 즉 단기매매금융자산은 단기간 내에 매매가 이루어질 것이므로 결산일 현재 공정가치 변동액을 당기손익에 반영함으로써 현금흐름의 변동을 표시하는 반면, 매도가능금융자산은 단기간 내에 매매가 이루어질 것이 아니므로 당기손익보다는 자본에 포함하여 처분시에 처분손익을 계산하는 것이 합리적이기 때문이다.

한편, 만기보유금융자산은 사채에 투자한 경우로, 최초 취득시점에는 공정가치로 측정하여 인식한다. 다만 취득시점 이후에는 공정가치가 아니라 상각후원가(amortized cost)로 측정한다. 이에 대한 회계처리는 현재가치를 고려하여 계산하며 제7장에서 다루는 사채 회계처리와 동일하다.

2) 관계회사투자주식과 지분법

관계회사투자주식의 의의

기업은 다른 회사의 주식을 보유할 수 있는데 단순히 투자수익을 목적으로 하는 경우와, 좀더 적극적으로 경영에 관여하기 위해서 주식을 취득할 수 있다. 특히 후자의 경우는 피투자회사의 지배 또는 통제를 목적으로 주식을 취득하기 때문에 해당 주식을 관계기업투자주식(investment in associates)이라고 하고 지분법(equity method)으로 회계처리한다.

여기에 해당하기 위해서는 투자기업이 피투자기업에 대하여 유의적인 영향력(significant influence)을 가져야 하며 여기서 유의적인 영향력이란 투자기업이 피투자기업의 의사결정에 참여할 수 있는 능력을 말한다. 일반적으로 투자기업이 직접 또는 간접으로 피투자기업의 의결권 있는 주식을 20% 이상 보유하고 있는 경우에는 피투자기업에 대하여 유의적인 영향력을 행사할 수 있는 것으로 본다.

한편, 경우에 따라서는 유의적인 영향력이 아니라 직접 지배 혹은 통제를 할 수 있으며 이런 경우에는 피투자기업의 의결권 있는 주식의 과반수를 보유하거나 실질적인 지배력을 가짐으로써 가능하다. 이 때 투자기업을 지배회사(parent company)라 하고, 피투자기업을 종속회사(subsidiary company)라고 하며, 두 기업을 하나의 경제적 실체로 보고 연결재무제표(consolidated financial statements)를 작성해야 한다.

지분법 회계처리

관계기업투자주식은 다른 유가증권의 구입과 마찬가지로 주식매입액에 관련 부대원가를 포함하여 취득원가를 결정하며 이후 회계기말에는 지분법을 이용하여 회계처리한다. 지분법은 투자주식을 최초에 원가로 인식하고, 취득시점 이후 발생한 피투자기업의 순자산변동액 중 투자기업의 지분에 해당하는 금액을 투자주식에 가감하여 보고하는 회계처리방법이다. 예를 들어, 피투자기업이 당기에 순이익을 보고하면 피투자기업의 순자산 금액이 그만큼 증가하므로 순이익 중 투자기업의 지분율만큼 관계기업투자이익(share of associates' profit)을 계상하는 동시에 관계기업투자주식의 장부금액을 증가시킨다. 마찬가지로 피투자기업으로부터 배당금을 받게 되면 관계기업투자주식의 장부금액을 감소시킨다. 다음의 분개는 지분법에 의한 예를 제시한 것이다.

(차) 관계기업투자주식	10,000	(대) 현금	10,000
피투자회사의 주식 25%를 현금 10,000원에 매입			
(차) 관계기업투자주식	500	(대) 관계기업투자이익	500
피투자회사의 당기순이익 2,000원을 실현. 2,000 × 25% = 500			
(차) 현금	250	(대) 관계기업투자주식	250
피투자회사가 총 1,000원 배당을 실시함. 1,000 × 25% =250			

6.2 유형자산

1) 의의

기업이 영업을 하기 위해서는 여러 자원이 필요하지만 특히 유형자산(property, plant and equipment)을 필요로 한다. 유형자산은 일반적으로 단위 금액이 크고 한번 구입하면 장기간 사용하기 때문에 의사결정에 신중을 기해야 한다. 유형자산으로는 건물, 기계장치, 비품, 구축물 등이 있으며 몇 가지 특징을 갖추어야 한다. 즉 모든 자산의 공통적인 특징인 미래의 경제적 효익(future economic potential)을 창출할 수 있어야 하며, 유형의 실체가 있는 비화폐성자산이고, 1년 이상 소유할 의도가 있어야 하며, 토지 등을 제외하고는 감가상각을 한다는 점이다.

유형자산에서 다룰 중요한 회계처리로는 (1) 취득원가의 결정, (2) 기중 추가적 지출에 대한 회계처리, (3) 감가상각 및 손상차손 등 평가문제, (4) 처분시의 회계처리 등으로 나눌 수 있다.

2) 유형자산의 취득

유형자산은 취득원가(acquisition cost)를 기준으로 측정하고 기록한다. 취득원가주의를 원칙으로 하는 이유는 이 방법이 객관적이기 때문이다. 즉 다른 많은 방법은 상황에 따라 주관적 요소가 개입될 여지가 있지만 취득원가는 그 금액이 확정되어 있기 때문에 객관적이다. 이런 이유로 다양한 이해관계자들의 이익을 중립적 입장에서 보고해야 하는 회계의 특성에 따라 취득원가주의는 자산의 측정 및 인식의 근간이 되고 있다.

또한 유형자산의 취득원가는 자산을 매입 혹은 제작하기 위해 소요되는 직접원가뿐만 아니라 기업이 본래 의도한 용도로 사용가능하게 하기 위해 지출된 모든 부대원가를 포함한다. 예를 들어, 새로운 건물을 건축하기 위해 낡을 건물이 있는 토지를 구입했다고 가정하자. 그렇다면 토지의 취득원가는 토지의 장부가액에 포함될 것이며, 토지를 재정비하고 낡은 건물을 철거하기 위해 지급한 금액, 그리고 각종 세금 및 중개수수료 등은 새로운 건물의 취득원가에 포함된다. 즉 본래 의도한 용도 (본 예에서는 건물의 건축)로 사용하기 위해 지출된 부대원가(철거비용, 세금, 중개수수료 등)는 건물의 취득원가에 포함된다.

때로는 유형자산을 취득하면서 현물출자를 하는 경우가 있는데, 회사는 그 대가로 주식을 발행하여 교부하였다고 가정해보자. 앞에서 언급한 유형자산의 취득에 관한 일반적인 사항이 적용되는데 이때 교부한 주식의 가치가 공정가치를 가장 적절히 반영하고 있다고 보며, 교부된 주식의 시장가치가 존재한다면 이 금액이 취득원가로 기록된다.

3) 유형자산 사용 중에 발생한 지출액

유형자산을 사용하고 있는 기간 중에도 그 자산과 관련하여 추가적인 지출을 할 수 있다. 그 중 일부는 기존의 시설을 증축하거나 성능을 개선할 목적일 것이며, 단순한 유지를 위한 성격의 지출도 있을 것이다. 이와 같이 추가적 지출의 성격에 따라 회계처리가 달라진다. 전자를 자본적지출이라 하고 후자를 수익적지출이라고 하는데 이와 같은 구분이 중요한 이유는 손익에 영향을 주기 때문이다. 즉 자본적지출은 자산으로 취급하여 내용연수에 걸쳐 매년 감가상각비라는 비용으로 처리되지만, 수익적지출은 해당 지출이 발생한 연도에 일괄적으로 비용처리하기 때문이다. 이러한 이유로 자본적지출에 대해서는 여러 조건을 만족할 경우에만 허용되며 그렇지 않은 경우는 수익적지출로 처리한다. 자본적 지출로 인식하기 위해서는 새로운 공정의 채택 혹은 생산능력의 증대를 위한 추가적 지출, 원가를 상당히 절감하거나 품질향상을 가져오는 지출, 그리고 추가적인 지출로 인해 내용연수가 연장되거나 잔존가치의 금액이 증가된 경우가 이에 해당된다.

그러나 단순히 처음 수준의 성능을 유지하기 위한 지출은 수익적 지출로 분류한다. 예를 들어, 건물의 페인트칠이나 파손된 유리의 교체, 소모된 부품의 교체 등은 수익적 지출이며, 설령 자본적 지출의 조건을 만족한다 하여도 중요성의 원칙에 따라 금액이 소액이면 수익적 지출로 처리한다.

4) 유형자산의 감가상각

모든 유형자산은 시간이 지나거나, 원래 목적했던 기능이 제 기능을 수행하지 못하고 진부화되면 가치가 감소하게 된다. 이러한 가치의 감소를 정확하게 측정할 수 있다면 이상적일 수 있으나 현실적으로는 비용도 클 뿐 아니라 매우 어려운 작업이다. 이러한 이유로 회계에서는 자산가치의 감소분(즉 감가상각)을 직접 측정하기보다는, 자산의 내용연수 기간동안 취득원가를 체계적으로 배분(systematic allocation of cost)하여 매년 감가상각비라는 비용을 인식한다.

감가상각비의 회계처리

감가상각비는 어떤 대상에서 발생되었는지에 따라 처리가 달라진다. 즉 공장의 기계장치 등에서 발생한 감가상각비는 제품의 원가를 구성하여 당기에 판매 되었으면 매출원가, 아직 판매되지 않았으면 기말 재고자산 가액에 포함된다. 이에 비해서 사무실 등에서 발생한 감가상각비는 판매 및 일반관리비에 포함되어 손익계산서에 보고된다.

한편 이처럼 계산된 감가상각비는 통상적인 비용과 달리 현금을 수반하지 않는 비용이다. 광고를 하기 위해 지출하였다면 광고비라는 비용이 증가하고 대신 현금이 감소할 것이다. 그러나 감가상각의 경우, 현금 지출과는 무관하게 자산의 감소를 인식하는 비용이다. 예를 들어 기계장치를 5,000원에 구입하였으며 내용연수는 5년이고 5년 후 잔존가치는 없다고 가정하자(정액법 가정). 그렇다면 매년 가치의 감소분은 1,000원 (5,000/5 = 1,000)이다. 이를 분개처리하면 다음과 같다.

(차) 감가상각비	1,000	(대) 기계장치	1,000

이처럼 감가상각 금액을 직접 자산계정에서 차감하는 방법을 직접법이라 한다. 하지만 이와 같은 직접법은 몇가지 단점이 있다. 즉 매년 이렇게 감가상각을 하면 최초에 해당 자산을 얼마에 취득했는지 취득원가에 대한 정보가 소실되며 지금까지 감가상각을 얼마정도 했는지의 정보도 알 수 없게 된다.

이러한 단점을 보완하기 위해 회계실무에서는 누계액설정법 혹은 간접법을 사용한다. 이에 따라 분개를 하면 다음과 같다.

(차) 감가상각비	1,000	(대) 감가상각누계액	1,000

이때 감가상각누계액은 차감계정(contra－asset account)으로 부채가 아닌, 자산에서 차감 표시하는 일종의 자산의 부(－)의 계정이다. 주의할 점은 감가상각누계액은 현금의 누적액이 아니며 일종의 자산의 원가가 소멸한 금액 (expired cost)의 누적액에 불과하다. 이러한 회계처리 절차를 2년 동안 했다면 자산계정은 다음과 같이 표시될 것이다.

기계장치	5,000	
감가상각누계액	(2,000)	3,000

이때 기계장치의 취득원가에서 감가상각누계액을 차감한 3,000원을 기계장치의 장부금액이라 한다. 이와 같은 누계액법에 의하면 최초 취득원가는 5,000원, 지금까지 감가상각의 누계액은 2,000원이라는 정보를 정보이용자에게 추가적으로 제공하게 된다.

감가상각비의 추정

감가상각비는 기본적으로 추정치(estimate)다. 즉 앞에서 언급한 것처럼 정확하게 가치의 감소분을 측정하기가 어렵기 때문에 합리적인 방법에 의해 추정을 하게 되는데 이를 위해서는 최소한 세 가지 요소를 결정해야 한다. 그것은 취득원가와 잔존가치에 의한 감가상각대상금액의 확정, 내용연수, 그리고 감가상각방법이다.

감가상각대상금액

감가상각대상금액은 취득원가에서 잔존가치를 차감한 금액이다. 취득원가는 구입원가에 부대원가를 포함한 금액이며, 잔존가치는 처분 혹은 폐기 시점에 정확하게 결정될 것이므로 추정에 의한다. 매년 이러한 추정치가 적절한지를 판단하고 새로운 정보 등에 의해 수정이 필요할 경우에는 회계추정을 변경해야 한다.

내용연수

감가상각을 하기 위해서는 해당 유형자산을 몇 년 동안 사용할 수 있을지 결정해야하며, 이처럼 원가의 배분기간을 내용연수(useful life)라 한다. 물리적으로 마모되는 기간 혹은 진부화되는 기간 등을 엔지니어 등의 도움을 받아 결정하며, 때로는 세법의 규정을 원용하기도 한다.

감가상각방법

감가상각을 하는 방법에는 여러 가지가 있다. 각각의 방법은 특정 자산의 특성을 고려하여 결정하며 한 번 채택한 방법은 특별한 사유가 없는 한 계속 사용해야 한다. 국제회계기준에서는 유형자산의 감가상각방법으로 정액법, 체감잔액법(정률법, 연수합계법 등), 생산량비례법 등을 예시하고 있다.

정액법(straight-line method)은 내용연수 기간 동안 매년 동일한 금액의 감가상각이 이루어진다는 가정 하에 사용되는 방법으로 균등액상각법 혹은 직선법이라고도 불린다. 계산 방법이 단순하여 실무에서 많이 사용한다. 정액법 공식은 다음과 같다.

정액법 감가상각비 = (취득원가 − 잔존가치) / 내용연수

체감잔액법(decling－balance method)이란 초기에는 가치의 감소가 크나 시간이 경과하면서 그 금액이 체감하는 것을 가정하고 있다. 대표적으로 정률법, 이중체감법 그리고 연수합계법이 있으며 정률법을 실무에서는 가장 많이 사용한다. 이 방법이 적합한 경우는 고가의 첨단 장비 등을 들 수 있으며, 이는 시간이 경과할수록 시설의 능률이 급격히 하락하기 때문이다. 가장 많이 사용하는 정률법(fixed－percentage of declining balance method)에서는 다음 공식에 의해 계산된 상각률을 매년 적용한다. 이때 주의할 점은 상각률은 아래 방법에 의해 계산되며 그 대상액인 장부금액은 원가에서 감가상각을 실시하기 전의 감가상각누계액을 차감한 잔액이다.

$$\text{정률법 감가상각비} = \text{장부금액} \times \text{감가상각률}$$

$$* \ \text{감가상각률} = 1 - \sqrt[n]{\text{잔존가치}/\text{취득원가}} \quad (n: \text{내용연수})$$

예를 들어, 취득원가가 40,000원인 기계장치를 구입하였다고 가정하자(잔존가치는 0원). 그리고 내용연수는 4년, 매년 상각율은 30%라고 가정하자. 감가상각금액은 다음과 같이 계산된다.

연도	감가상각비	감가상각누계액	장부가액
0			40,000
1	40,000 × 30% ＝12,000	12,000	28,000
2	28,000 × 30% ＝8,400	20,400	19,600
3	19,600 × 30% ＝5,880	26,280	13,720
4	13,720 × 30% ＝4,116	30,936	9,064

생산량비례법(units of production method)은 기존 방법과는 달리 내용연수 대신 총수량과 생산수량을 비례하여 감가상각을 하는 방법이다. 주로, 산림, 유전, 광산 등 천연자원(natural resources) 또는 광물자원(mineral resources)에 적용되며 이런 유형자산은 내용연수보다는 얼마나 생산 혹은 채굴했는지가 중요한 기준이 될 것이다. 이에 의한 공식은 다음과 같다.

생산량비례법 감가상각비 = (취득원가 − 잔존가치) × 당기 실제생산량/추정 총생산량

예를 들어 유전의 총 매장량이 1억 톤이고 당기에 실제 생산량은 0.3억 톤이라 하자. 이 유전의 취득원가가 5억 원이며 잔존가치는 0원이라고 가정하자. 그렇다면 당해 연도의 감가상각비는 (5억 원 − 0)×0.3/1 = 1.5억 원, 즉 1억 5천만 원이다.

5) 유형자산의 처분 및 폐기

유형자산을 일정기간 사용하면 폐기하던지 혹은 중간에 처분할 수 있을 것이다. 그 어느 경우든 이러한 사건이 발생하면 해당 유형자산의 취득원가 및 감가상각누계액 모두는 장부에서 제거되어야 한다. 또한 중간에 처분할 경우, 그 시점의 장부가액보다 처분가액이 더 크거나 그 반대일 경우 유형자산처분손익을 계산해야 한다. 예를 들어 취득가액이 10,000원인 기계장치의 처분 전까지의 감가상각누계액은 4,000원이라고 가정하자. 이 기계장치를 5,000원에 현금을 수령하고 매각하였다면 처분에 따른 분개는 다음과 같다.

(차) 현금	5,000	(대) 기계장치	10,000
감가상각 누계액	4,000		
유형자산처분손실	1,000		

위와 같은 거래로 인해 장부가액 6,000 (10,000−4,000)원의 기계장치를 5,000원에 매각하였으므로 1,000원의 손실이 발생하였다.

6) 유형자산의 평가

새로 채택된 국제회계기준의 가장 큰 특징 중 하나는 유형자산의 경우에도 재평가를 할 수 있도록 한 점이다. 즉 기존의 회계기준에서는 취득원가주의에 의거하여 처분 혹은 폐기때까지 취득원가를 유지하였으나 국제회계기준에서는 재평가모형 기준을 도입하여 기업으로 하여금 선택하도록 하였다. 이에 의하면 처음 취득시에는 취득원가로 기록하나 그 이후 (1) 원가모형을 채택하여 원가로 계속 유지하는 방법, (2) 재평가모형을 채택하여 공정가치로 재평가하는 방법으로 나뉜다. 재평가모형을 적용한 기업은 원가모형으로 변경하지 못하며 일관성있게 이 모형을 적용해야 한다. 한편 원가모형을 사용한다 하여도 유형자산의 가치가 크게 하락한 경우 손상차손을 검토하여, 유형자산손상차손을 인식하여야 한다.

6.3 무형자산

1) 의의

무형자산(intangible assets)은 유형자산과 달리 예를 들어 특허권, 영업권 등 물리적 형체가 없는 자산이다. 다만 물리적 형체가 없다 하여도 법률상의 권리 등이 확보되어 있는 경우가 많아서 식별은 가능한 자산이다. 무형자산도 자산의 일반 정의에 의거 미래의 경제적 효익이 있어야 하나, 이를 이용한 수익의 실현은 자산의 특성상 유형자산에 비해 불확실하다.

2) 무형자산의 취득

무형자산의 취득원가는 유형자산과 같이 자산을 취득하기 위하여 지출한 직접원가에 더하여, 기업이 원래 의도한 용도로 사용가능하게 하기 위하여 지출한 모든 부대원가를 가산하여 결정한다.

한편, 기업 외부에서 취득한 자산이 아니고 내부에서 창출된 무형자산의 경우에는 좀더 엄격한 기준을 충족해야 한다. 즉 (1) 미래의 경제적 효익에 대한 실현이 확실히 보장되고 (2) 그 권리를 독점적 혹은 배타적으로 사용할 수 있으며 (3) 무형자산을 개발하기 위해 실제 지출된 원가를 명확히 구분할 수 있을 때에만 취득원가로 계상할 수 있다. 이러한 기준을 충족하지 못하면 당기의 비용으로 처리해야 한다. 특히 무형자산 중에 큰 비중을 차지하는 연구개발비에 대해서는 보다 자세한 기준을 정하고 있다. 국제회계기준에서는 연구단계와 개발단계로 구분하고 연구단계의 비용은 비용으로 개발단계의 비용은 일정요건을 충족하면 무형자산으로 인식하도록 하고 있다.

3) 무형자산의 상각과 평가

무형자산의 경우도 유형자산과 마찬가지로 시간이 지나면 가치가 감소하게 된다. 유형자산의 경우에는 감가상각(depreciation), 무형자산에서는 상각(amortization)이라는 항목으로 이를 비용처리한다.

무형자산의 상각 방법으로는 대표적으로 정액법과 생산량비례법이 있다. 또한 유형자산과 달리 물리적 형태가 없는 무형자산의 특징 때문에 내용연수가 경과한 후의 잔존가치는 대부분 소멸된 것으로 보아 잔존가치는 없는 것으로 예상한다. 또한 유형자산은 감가상각의 상대계정을 감가상각누계액이라는 계정을 사용하여 자산에서 차감하였으나 무형자산에서는 직접상각법을 사용한다. 이는 상각누계액이나 취득원가가 불확실하여 정보이용자에게 추가적인 정보를 제공하지 못하기 때문이다.

한편, 무형자산의 내용연수는 대부분 관계법령이나 계약상으로 정해지는 경우가 많으며 유형자산과 마찬가지로 손상검사를 실시하고, 자산이 손상되었으면 손상차손을 인식한다.

4) 무형자산의 종류

무형자산에는 특허권, 실용신안권, 의장권, 저작권, 상호 등을 포함한다. 이러한 무형자산은 관계기관에 등록을 해야 권리가 보호된다. 또한 프랜차이즈, 라이선스 등은 계약에 의해 그 권리가 효력을 발생한다. 무형자산 중에 회계처리에 특히 주의를 요하는 항목은 연구개발비와 영업권에 관한 것이다. 연구개발비는 기술회계와 직접적인 관련이 있는 항목이므로 별도의 장에서 설명하며, 영업권에 대해서는 좀더 자세히 설명한다.

영업권(goodwill)이란 특정 기업이 다른 기업에 비해서 초과수익률을 낼 수 있는 능력을 화폐단위로 나타낸 것이다. 이러한 초과수익능력은 위치, 노하우, 충성스러운 고객의 확보, 우수한 인력의 보유, 신기술의 보유 등 여러 가지 이유에 의해서 형성되는 것으로, 이를 종합하여 미래의 초과수익력을 예측한다는 것은 매우 주관적이며 따라서 어려운 작업이다. 이러한 이유로 객관성을 강조하는 회계에서는 영업권의 금액을 매우 제한적으로 인정하고 있다. 즉 회계에서의 영업권은 기업이 여러 가지 사업을 잘하여서 스스로 창출한 영업권은 인정하지 않으며 외부에서 유상으로 취득한 것만 인정한다. 그 금액은 피취득기업의 자산에서 부채를 차감한 순자산을 공정가치로 평가한 후 취득시 지급한 금액의 차이를 영업권으로 인정한다.

다음의 사례로 영업권의 금액을 산정해보자.

예제 6.1

(주)세종은 사업의 다각화를 기하기 위해 (주)광진을 201×년 6월 30일에 합병 취득하기로 하였다. 취득 전 (주)광진의 재무상태표는 다음과 같다.

재무상태표

(주)광진 201×년 6월 30일 현재 (단위: 원)

제자산	2,000,000	제부채	1,500,000
		자본	500,000

위 자산 및 부채는 공히 공정가치로 평가된 금액이다. (주)세종은 (주)광진을 800,000원을 지급하고 합병 취득하였다. 이러한 거래는 다음과 같이 분개 처리하며 영업권 금액은 300,000원이다.

(차변)	제자산	2,000,000	(대변)	제부채	1,500,000
	영업권	300,000		현 금	800,000

한편, 영업권은 내용연수가 정확하게 한정되지 않은 관계로 상각하지 않으나 단 영업권의 가치가 현저하게 하락하여 손상의 가능성이 있으면 손상여부를 검토하여 손상차손 계상을 고려해야 한다.

회계정책변경과 회계추정변경

회계변경(accounting change)에는 회계정책변경, 회계추정변경과 보고실체변경이 있다.

회계정책의 변경(changes in accounting principle)은 하나의 '일반적으로 인정된 회계원칙(GAAP)'에서 다른 하나의 '일반적으로 인정된 회계원칙'으로 변경하는 것이다. 예를 들어 재고자산의 평가방법을 평균법에서 선입선출법으로 변경하는 것이 해당된다. 회계정책의 변경으로 인해서 자산 또는 부채에 누적적인 영향을 끼치게 되는데 이를 회계정책변경누적효과라고 한다.

회계추정의 변경(changes in accounting estimates)은 기업환경 변화, 새로운 정보획득 또는 경험축적에 따라 사용해오던 회계추정치의 근거와 방법 등을 변경하는 경우를 말한다. 감가상각에서 내용연수와 잔존가치를 변경하는 것이 그 예이다.

예제

1. 유형자산의 취득초기에 감가상각비가 상대적으로 많이 계상되도록 하는 상각방법은?

① 연수합계법, 정률법 ② 연수합계법, 생산량비례법

③ 정률법, 생산량비례법 ④ 정액법, 연수합계법

답 ①

2. 다음 중 투자자산으로 보고되지 않는 항목은?

① 전세권 ② 특허권

③ 전신전화가입권 ④ 영업보증금

답 ②

3. 무형자산의 회계처리에 대한 설명으로 적절하지 않은 것은?

① 무형자산의 취득원가를 수익창출에 기여하는 기간 동안에 체계적으로 대응시키는 원가배분과정을 상각(amortization)이라고 한다.

② 무형자산의 상각기간은 독점적 · 배타적인 권리를 부여하고 있는 관계 법령이나 계약에 정해진 경우를 제외하고는 원칙적으로 20년을 초과할 수 없다.

③ 자가 창출한 영업권도 유상으로 취득한 것과 마찬가지로 무형자산인 영업권으로 계상한다.

④ 무형자산의 상각은 자산의 경제적 효익이 소비되는 행태를 반영한 합리적인 방법을 적용하여야 한다.

답 ③

4. 홍익상사는 20×2년 초에 내용연수 5년의 기계장치를 3,000,000원에 취득하였다. 홍익상사는 이 기계장치의 잔존가치는 "0"이며, 연수합계법에 의해 감가상각하였다. 홍익상사가 20×4년 초에 이 기계장치를 1,000,000원의 현금을 받고 매각하였다면 이 기계장치를 매각시 인식하게 될 유형자산처분손익은?

① 처분손실 200,000원 ② 처분이익 200,000원

③ 처분손실 400,000원 ④ 처분이익 400,000원

답 ①

5. 기계장치와 관련된 지출 중 자본적 지출로 보기 어려운 것은 다음 중 어느 것인가?
   ① 내용연수를 연장시키는 대폭적인 수선
   ② 기계장치의 성능을 유지시키는 윤활유의 교체
   ③ 제품의 불량률을 감소시키도록 기존 부품을 첨단부품으로 교체
   ④ 기계장치의 생산량을 증가시키는 부품의 부착

답 ②

6. (주)동현은 20×4년 1월 1일 기계장치를 5백만원에 취득함. 기계장치의 내용연수는 6년, 잔존가액은 20만원으로 추정됨. 이 기계로 총150만 작업시간으로 20만개 제품을 생산할 것으로 추정됨. 회사는 20×5년에 총 25만 시간으로 4만개 제품을 생산하였다.

(1) 정액법	(2) 정률법(상각률 : 0.39)	(3) 이중체감법
(4) 연수합계법	(5) 작업시간비례법	(6) 생산량비례법

위의 감가상각방법을 사용했을 때 20×5년에 계상할 감가상각비를 각각 계산하라. (상각률은 소수 셋째 자리에서 반올림함. 정률법의 감가상각률은 39%)

답 (1) 정액법 : (5,000,000원 − 200,000원)/6 = 800,000원
(2) 정률법 : 5,000,000원 × 0.39 = 1,950,000원
(3) 이중체감법 : ① 상각률 = 1/6 × 2 = 0.33
② 감가상각비 = 5,000,000원 × 0.33 = 1,650,000원
(4) 연수합계법 : ① 상각률 = 6/(1 + 2 + 3 + 4 + 5 + 6) = 6/21
② 감가상각비 = (5,000,000원 − 200,000원) × 6/21 = 1,371,428원
(5) 작업시간비례법 : (5,000,000원 − 200,000원) × (25만 시간/150만 시간) = 800,000원
(6) 생산량비례법 : (5,000,000원 − 200,000원) × (40,000개/200,000개) = 960,000원

7. (주)대한은 20×3년 7월 1일에 기계장치를 2,000,000원에 취득하였다. 이 기계장치의 잔존가치는 650,000원이고, 내용연수는 5년이며, 연수합계법으로 상각한다.
20×4년 12월 31일 회사는 당해 기계장치를 1,000,000원에 처분하였다면 유형자산처분이익(또는 손실)은 얼마인지 계산하라. 또한 20×3년 8월 1일, 20×3년 12월 31일, 20×4년 12월 31일의 회계처리를 하라.

답 (1) 연도별 감가상각비

연도	계산과정	감가상각비
20×3년	$(2{,}000{,}000 - 650{,}000) \times \frac{5}{15} \times \frac{6}{12}$	225,000원
20×4년	$(2{,}000{,}000 - 650{,}000) \times \frac{5}{15} \times \frac{6}{12}$ $(2{,}000{,}000 - 650{,}000) \times \frac{4}{15} \times \frac{6}{12}$	405,000
20×5년	$(2{,}000{,}000 - 650{,}000) \times \frac{4}{15} \times \frac{6}{12}$ $(2{,}000{,}000 - 650{,}000) \times \frac{3}{15} \times \frac{6}{12}$	315,000
20×6년	$(2{,}000{,}000 - 650{,}000) \times \frac{3}{15} \times \frac{6}{12}$ $(2{,}000{,}000 - 650{,}000) \times \frac{2}{15} \times \frac{6}{12}$	225,000
20×7년	$(2{,}000{,}000 - 650{,}000) \times \frac{2}{15} \times \frac{6}{12}$ $(2{,}000{,}000 - 650{,}000) \times \frac{1}{15} \times \frac{6}{12}$	135,000
20×8년	$(2{,}000{,}000 - 650{,}000) \times \frac{1}{15} \times \frac{6}{12}$	45,000

(2) 유형자산처분이익(또는 손실)

기계장치의 처분가액 1,000,000원
기계장치의 장부금액* 1,370,000원
유형자산 처분손실 ₩370,000원

* (2,000,000 − 225,000 − 405,000) = 1,370,000원

연습문제

1. 차입원가의 자본화(capitalization of borrowing costs)란 무엇인가?

2. 유형자산 유지를 위한 지출 중에 자본적 지출과 수익적 지출에 대해 설명하라.

3. 투자주식과 지분법

20×1년 1월1일 F주식회사는 A사의 의결권 있는 보통주의 40%를 10,000,000에 취득하였고, 그로 인하여 20×1년 F주식회사는 A사의 경영에 유의적인 영향을 행사하였다. A사는 20×1년에 3,000,000의 당기순이익을 보고하였으며, 1,000,000의 배당금을 지급하였다. (1) F주식회사의 입장에서 20×1년에 필요한 분개를 하고, (2) F주식회사의 20×1년말 재무상태변동표와 20×1년 손익계산서에 위 거래가 어떻게 표시되는지 설명하라.

4. 채무증권의 취득원가 및 이자

G주식회사는 여유자금의 장기운용을 위하여 20×1년 1월 1일 다음과 같은 조건으로 발행된 채무증권을 취득하였다. 채무증권 발행일의 유효이자율은 연 10%이며, G주식회사는 채무증권을 만기보유증권으로 분류하였다.

발행일 : 20×1년 1월 1일, 액면금액 : 5,000,000, 표시이자율 : 6%, 이자지급 매년말
만기일 : 20×3년 12월31일 만기 일시 상환
* 2.48685 (기간 3년, 10% 연금현가계수), 0.75131(기간 3년, 10%, 1의 현가계수)

(1) 채무증권의 취득원가를 계산하고, (2) 유효이자율법을 적용하여 발행일부터 만기일까지 만기보유증권의 장부가액 조정표를 작성한 후 20×1년 12월31일 이자수익 인식분개를 하라.
(3) 만약 G주식회사가 채무증권을 단기매매증권으로 분류하였고, 20×1년 12월 31일 채무증권의 공정가치가 ₩4,800,000이었다면 평가손익 인식 분개를 하라.

5. 장기후불조건의 유형자산 취득원가

J주식회사는 20×1년 1월 1일에 토지를 12,000,000에 취득하면서 계약금으로 4,000,000과 취 · 등록세를 264,000을 납부하였다. 잔금은 20×1년 12월 31일과 20×2년 12월 31일에 4,000,000원씩 2번에 걸쳐 분할 지급하기로 하였다. 토지 취득일 현재 토지의 현금가격상당액은 총지급액을 연 10% 이자율로 할인한 현재가치와 동일할 때 토지의 취득원가와 J주식회사가 인식할 이자비용 총액을 계산하라. 단, 2년 10%의 연금현가계수는 1.73554이다.

6. 유형자산의 감가상각비

K주식회사(결산일 12월31일)는 20×1년 4월 1일에 기계장치 1대를 구입하였다. 동 기계장치의 취득원가는 500,0000이며, 내용연수는 4년, 잔존가치는 20,000으로 추정하였다. 또한 동 기계장치를 사용하여 생산되는 제품수량은 100,000개로 추정하였고, 실제생산량은 20×1년 17,000개, 20×2년 40,000개, 20×3년 30,000개, 20×4년 10,000개, 20×5년 3,000개였다. 정액법, 정률법(상각률 0.55), 연수합계법, 생산량비례법을 적용하여 매년 감각상각비, 감가상각누계액, 장부금액을 계산하라.

7. 내부창출 무형자산

다음은 L주식회사의 차세대 통신기기 개발 관련하여 20×1년에 발생한 비용이다.

	연구단계비용	개발단계비용	기타
연구원급여	30,000	80,000	10,000
원재료 사용액	20,000	50,000	
시험기기 감가상각비	40,000	70,000	
외부위탁용역비			80,000
이자비용	10,000	30,000	
합계	100,000	230,000	90,000

기타 비용은 연구단계에서 발생하였는지 개발단계에서 발생하였는지 구분이 곤란한 항목이다. L주식회사의 개발중인 자산 상각기간은 정액법으로 10년을 추정하고 있으며, 당기말 개발이 완료되어 20×2년 초부터 통신기기 사용이 가능하다. 당기에 개발단계에서 시험기기 운용을 위해 직원에 대한 훈련비 5,000을 지출하였다.

(1) L주식회사가 당기에 비용으로 인식해야 할 금액과 무형자산으로 인식해야 할 금액을 계산하고, (2) 20×2년 무형자산상각비는 얼마인가?

8. 장기할부판매 매출채권 인식

A주식회사는 중장비기계를 제조판매하고 있으며, 제품이 고가이기 때문에 장기할부판매를 하고 있다. 20×1년 10월 1일 거래처에 제품을 판매하면서 1,000,000은 현금으로 받고, 나머지 잔금은 2년 간에 걸쳐 매년 10월 1일에 회수하기로 하였다.

다음의 자료를 이용하여 기업회계기준에 따라 처리하면 A주식회사는 20×1년 10월 1일에 계상할 관련 매출채권의 장부금액은 얼마인가?

20×2년 및 20×3년 10월 1일에 회수할 잔금은 각각 5,000,000과 14,000,000이고, 위 금액의 회수가능성은 매우 높은 것으로 예상된다. 매출채권의 시장할인율은 연 10%이다. 10%에 대한 1년, 2년, 3년의 현 가계수는 각각 0.9091, 0.8264, 0.7513이다

명목가치와 현재가치의 차이는 중요하다.

9. 솔로(주)는 20×1년 10월 1일 생산활동에 사용하기 위하여 기계장치를 100,000원에 취득하였다. 이 기계장치는 내용연수가 4년이고 잔존가치는 12,000원이며 8,000시간 사용이 가능하다. 20×1년에는 1,000시간 사용했고 20×2년에는 3,000시간을 사용했다.

다음 각각의 감가상각방법에 따라서 20×1년 12월 31일과 20×2년 12월 31일의 장부금액을 계산하라.

(1) 정액법

(2) 정률법 (단, 상각률은 40%로 가정한다.)

(3) 생산량비례법

CHAPTER 7
부채

Synthesis Accounting Principle

기업이 영업을 하려면 자금이 필요하며, 이러한 자금은 자기자본이나 타인자본을 통해서 조달된다. 자기자본은 주주 등이 직접 투자하거나 영업활동을 통해 누적된 잉여금을 지칭하며 타인자본은 기업의 외부주체로부터 조달된 자본이다. 타인자본을 부채(liability)라고도 하며 채권자의 지분 혹은 청구권(claims)을 의미한다. 좀더 구체적으로 부채(liability)를 정의하면, 과거의 거래나 사건의 결과로써 미래에 제3자에게 재화를 이전하거나 용역을 제공하여야 할 특정기업의 현재의 의무(obligation)다. 즉 제3자에게 미래에 갚아야 할 의무이며 통상적으로 현금으로 갚던지 아니면 서비스나 재화를 제공하므로 의무를 수행한다.

국제회계기준에서는 거래상대방에게 현금 등 금융자산을 인도하기로 한 계약상의 의무를 금융부채(financial liabilities)로 분류하고 그 외 부채를 비금융부채로 분류한다. 대표적인 금융부채로 매입채무, 차입금, 미지급비용, 미지급금, 사채 등이 있고, 비금융부채로는 선수금, 충당부채, 우발채무, 퇴직급여부채 등이 있다.

또한 부채는 지급시기 또는 상환시기에 따라서 유동부채와 비유동부채로 분류할 수 있는데 1년 이내에 갚아야 할 부채는 유동부채(current liabilities), 1년 이후에 갚아야 할 부채를 비유동부채(non-current liabilities)로 분류한다.

7.1 매입채무

매입채무는 매출채권의 반대 성격의 계정이다. 즉 상품을 외상으로 매입하면 앞으로 갚아야 할 금액이 매입채무다. 매입채무에는 신용으로 매입한 외상매입금과 어음거래로 발생한 지급어음으로 나뉜다. 매출채권과 마찬가지로 상품 등을 외상매입한 후에 매입한 상품을 반송하는 매입환출, 매입은 했으되 상품의 하자 등으로 금액을 할인받는 매입에누리 등은 매입채무에서 차감한다. 그외 매입액의 상환을 촉진하기 위해서 일정기간 이내에 상환하면 할인해 주는 제도인 매입할인 역시 매입채무 총액에서 차감한다. 한편 기업의 주된 영업활동 이외에서 발생한 부채, 예를 들어 토지를 구입했으나 대금을 아직 지급하지 않은 경우는 미지급금으로 분류한다. 또한 재무상태표일로부터 1년 이내에 만기가 도래하는 지급채무를 유동부채라 하고, 재무상태표일로부터 1년 이후에 만기가 도래하는 부채는 비유동부채로 분류한다.

장기매입채무

장기외상매입금은 상환기간이 1년 이상인 외상매입금을 말한다. 기간이 장기간인 관계로 현재가치(present value)의 개념으로 평가하고 액면금액과 장부금액의 차이는 현재가치할인차금이라는 계정으로 설정하고 유효이자율법으로 매 회기 말에 상각해야 한다. 현재가치에 대해서는 사채에서 다시 설명한다.

7.2 차입금

차입금이란 금융기관이나 다른 기업 등으로부터 자금을 빌린 후 일정기간 후에 상환하기로 약정한 채무를 말한다. 1년 이내에 상환해야 할 채무는 단기차입금, 1년 이후 상환기일이 도래하는 차입금은 장기 차입금에 분류하며, 장기 차입금 중에서 1년 이내에 상환해야 할 부분은 유동성장기부채(current portion of long-term debt)로 재분류하여 유동부채에 포함시킨다.

7.3 사채와 현재가치 계산

1) 미래가치와 현재가치의 계산

사채의 발행가액을 구할 때 뿐 아니라 장기채권 혹은 장기채무 등 1년 이상의 자산이나 부채를 평가하기 위해서는 해당 대상의 현재가치 개념을 적용한다. 현재가치와 미래가치는 상호 역의 관계에 있다. 즉 미래가치는 오늘의 현재가치에 미래 기간을 복리개념으로 재 계산한 것이다. 예를 들어 오늘의 100원을 연 10%로 금융상품에 투자한다고 가정하자. 그렇다면 2년 후 1원의 가치는 원금 100원과 이자를 합한 121(100원×$(1.1)^2$)이다. 이 경우 현재가치 100원은 이자율 10%, 복리계산, 2년 후 121원과 동일한 가치를 갖게 된다.

화폐의 미래가치와 현재가치는 다음과 같은 식으로 일반화 할 수 있다.

> $FV = PV \times (1+i)^n$
> $PV = FV \times 1/(1+i)^n$
>
> FV (future value) : 미래가치, PV(present value) : 현재가치
> I : 시장이자율, n: 기간

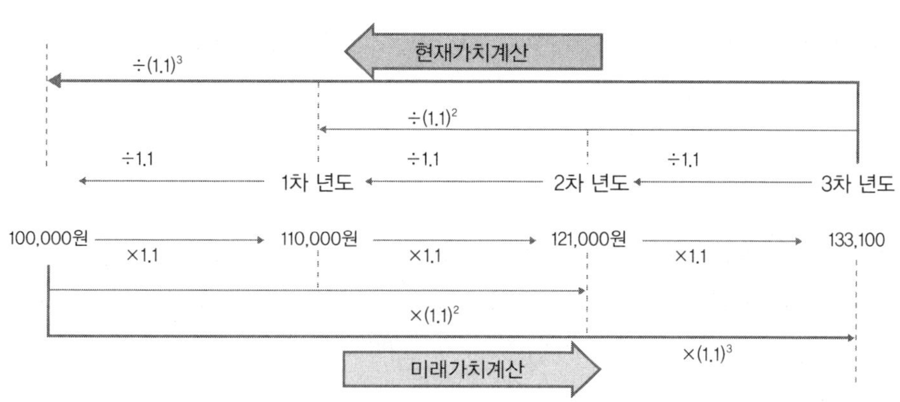

〈그림 7-1〉 미래가치 및 현재가치 계산

현재가치를 미래가치로 바꾸기 위해서는 $(1+i)^n$을 곱하며, 반대로 미래의 현금흐름을 현재가치로 계산하기 위해서는 $1/(1+i)^n$을 곱하면 (혹은 할인하면) 된다. 현재가치 혹은 미래가치는 직접 계산할 수도 있으나 복잡할 때는 미래가치표 혹은 현재가치표를 활용하면 된다(부록 참조).

한편, 단 한 번만 할인하여 현재가치를 계산할 때와 달리, 연금(annuity)이라 함은 일정한 기간 동안 동일한 금액의 현금흐름(지급 혹은 수취)이 지속적으로 이루어질 때를 일컫는다. 예를 들어 액면 1,000,000인 사채를 매입한 회사가 앞으로 3년 동안 매년 말에 10%의 이자를 받기로 한다면 이자수익의 현재가치는 아래와 같이 계산된다.

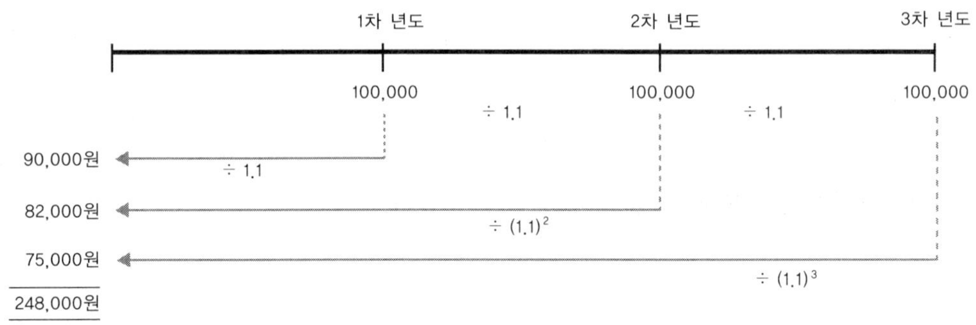

〈그림 7-2〉 연금의 현재가치 계산

매년 말 유입되는 현금흐름의 현재가치의 합

= 1년 후 100,000원 현재가치 + 2년 후 100,000원 현재가치 + 3년 후 100,000원 현재가치

= 100,000원 × $1/(1.1)$ + 100,000원 × $1/(1.1)^2$ + 100,000원 × $1/(1.1)^3$

= 100,000원 × 0.90909 + 100,000원 × 0.82645 + 100,000원 × 0.75131

= 10,000원 × 2.48685

= 248,685원

연금은 사실 단순현재가치의 합이다. 즉 동일한 금액의 현금흐름이 일정기간 계속 반복된다면 (예를 들어 향후 5년간 동일한 이자를 지급하는 등) 이를 한 표로 요약된 정상연금 표(부록 참조)를 이용하여 계산하면 편리하다.

2) 사채의 의의

기업이 필요한 자금을 조달하는 방법으로는 주식 등을 발행하는 자기자본과 사채 등을 발행하여 조달하는 타인자본으로 크게 나뉜다. 사채는 일반대중으로부터 자금을 조달한 후 유가증권을 교부하고, 이자 지급을 약속한다. 사채가 주식과 다른 점은, 사채는 기업의 이익 실현과는 상관없이 고정된 이자를 이자지급일에 지급해야 하며, 만기일에는 원금을 상환해야 하는 점이다. 이에 비해 주식의 경우, 주주에게 배당금을 반드시 지급해야 할 의무가 없으며, 주식가액을 상환하지도 않는다. 또한 기업이 파산하여 정산하는 경우에도 사채권자 등 외부 채권자의 채무를 먼저 상환하고, 주주에게는 남은 자원을 각각의 지분에 따라 배분한다. 만일 부(−)의 자본이 될 경우, 주주에게 할당할 아무런 의무가 없다. 대신 주주는 기업 이익의 잔여분을 청구할 권리, 주식시장에서 자의적으로 주식을 매매할 권리, 기업의 운영에 참여할 경영권 등의 권리가 부여되어 있다.

3) 사채의 발행가액 및 이자비용

사채는 액면이자율(stated rate)과 시장이자율(market rate)에 따라 세 가지 다른 형태로 발행된다. 즉 액면이자율과 시장이자율이 동일할 때는 액면발행, 액면이자율이 시장이자율보다 높을 때는 할증발행, 반대로 액면이자율이 시장이자율보다 낮을 때는 할인발행을 한다. 이처럼 여러 경우가 발생하는 이유는 사채를 발행하는 기업의 위험을 시장이 어떻게 인식하느냐에 달려 있다. 예를 들어 기업에서는 8%의 이자를 지급하기로 표시했는데 시장에서는 이 기업에 대해 6%의 위험을 인식하고 있다면 일반대중은 이 기업의 사채를 높은 가격에 살 의향이 있음을 의미하며 이런 경우는 할증발행이 된다. 그 반대로 만약 기업은 8%의 이자를 지급하기로 결정하였는데 시중에서는 이 기업에 대해서 10%의 위험보상율을 요구한다면 액면금액으로는 시중에 판매되지 않고 할인된 금액으로 거래가 이루어질 것이다. 이런 경우 사채발행은 할인발행이 된다.

사채의 발행가액은 이자율 및 만기에 따라서 달라지며 기본적으로 시간의 가치를 고려한 현재가치에 의해서 결정된다. 다음의 예를 들어 사채의 발행가액이 어떻게 결정되는지를 살펴보자.

화폐금액의 미래가치(FV; future value)와 현재가치(PV; present value)의 추정시에는 책 뒷부분 부록의 미래가치, 현재가치 계산표를 참조하면 용이하다. 연금의 미래가치, 현재가치 계산시에도 편리하다.

예제 7.1 사채의 발행

(주)태양은 20×1년 1월 1일 3년 만기의 사채 50,000원을 액면이자율 6%로 발행하였다. 이 당시의 시장이자율은 8%였다. 이자는 매년 말에 지급한다. 이때 사채의 할인발행 가액은 다음과 같이 계산된다.

3년 만기 원금 50,000원의 현재가치	39,690 *
3년간 매년 지급한 이자의 현재가치	7,731 **
	47,421

* 50,000 × .7938= 39,690 (단일금액 현재가치표 이용)

** 50,000 × 6% × 2.5771 = 7,731 (정상연금 현재가치표(이자율 8%, 이용)

위 예에서 보는 바와 같이 액면이자율(6%)이 시장이자율(8%)보다 낮아 할인발행이 되었고 액면금액과 할인금액과의 차이 2,579원을 사채할인발행차금이라 하며 만기일까지 상각해야 한다. 이에 의한 상각표는 다음과 같다.

연도	이자비용		사채할인발행차금		장부금액 (5)
	현금지급액 (1)	유효이자액 (8%) (2)	당기상각액 (3)	미상각잔액 (4)	
20×1 발행시				2,579	47,421
20×1 연말	3,000	3,794	794	1,785	48,215
20×2 연말	3,000	3,857	857	928	49,072
20×3 연말	3,000	3,928	928	0	50,000

앞의 〈예제 7.1〉에서 사채의 발행가액은 47,421원으로 계산되었으며 액면 50,000원과의 차액 2,579원은 사채할인 발행 차금이다. (1)의 현금 지급액은 액면금액 × 액면이자율로 금액은 3,000원이다. (2) 유효이자율은 8%, 금액은 장부금액 (5)×유효이자율(8%)인 3,794(47,421×8%)원이다. (3)의 사채할인발행차금의 당기상각액은 (2)−(1)에 해당하는 금액이며, 미상각잔액 (4)의 금액은 매년 줄어들어 만기일이 되면 미상각잔액은 0원이 되고, 사채의 장부금액은 50,000원이 된다.

이상 거래를 분개하면 다음과 같다.

〈발행시〉	(차) 현금	47,421	(대) 사채	50,000
	사채할인발행차금	2,579		
〈20×1년 연말〉	(차) 사채이자비용	3,000	(대) 현금	3,000
	(차) 사채이자비용	794	(대) 사채할인발행차금	794
〈20×3년 만기상환〉	(차) 사채	50,000	(대) 현금	50,000

7.4 충당부채 및 기타유동부채

1) 충당부채

충당부채(provision)는 당기 수익에 대응하는 비용으로 미래에 지출될 것이 확실하나 금액, 지출시기 등이 확정되지 않은 추정부채로서, 합리적이며 신뢰성 있게 그 금액을 추정할 수 있다면 충당부채로 인식해야 한다. 충당부채와 우발상황은 매우 밀접한 관련이 있다. 우발상황(contingencies)이란 특정 사건의 발생여부에 따라서 부채가 결정되는 상황을 말한다. 예를 들어, 회사가 소송중인 사건이 계류 중일 때, 재판의 결과에 따라서는 손해가 발생할 수도 있고 그렇지 않을 수도 있을 것이다. 이때 만약 재판에 지게 되면 손실을 입게 되는데 이러한 손실이 우발손실이다.

국제기업회계기준에서는 다음의 3가지 조건을 모두 충족하는 경우에 충당부채를 인식하도록 규정하고 있다.

1. 과거사건의 결과로 현재 의무가 존재한다.
2. 당해 의무를 이행하기 위하여 경제적 효익을 갖는 자원이 유출될 가능성이 높다.
3. 당해 의무의 이행에 소요되는 금액을 신뢰성 있게 추정할 수 있다.

충당부채의 대표적인 예로는 수선충당금, 판매보증충당금, 공사보증충당금 등이 있다. 예를 들어 주택이나 자동차 혹은 고가의 전자제품을 판매했을 때에 사후관리서비스(A/S)라는 옵션이 제공되는 것이 일반적이다. 이럴 경우, 추가적인 비용이 지출될 것을 미리 예측하여 판매충당금이라는 부채를 설정한다.

2) 퇴직급여채무

퇴직급여제도는 종업원이 퇴직할 때를 대비해서 기업이 일정부분 비용을 적립하는 제도이며, 확정기여제도와 확정급여제도가 있다. 확정기여제도(defined contribution plans)는 기업이 일정 기여금을 매년 적립하며, 종업원은 그 기금의 운용성과에 따라 퇴직 후 퇴직급여를 받는다. 기업은 기여금의 운영성과와는 상관없이 매년 출연한 기여금만 비용처리 한다.

이에 비해 확정급여제도(defined benefit plans)에서는 향후 지급할 퇴직급여의 규모와 내용을 먼저 확정하고, 이를 기업이 부담한다. 이런 이유로 기업은 퇴직 후 지급예상총액을 예측하고 이를 기간별로 배분하여 현재가치로 평가한다.

3) 기타유동부채

선수금

선수금은 거래처에 상품이나 용역을 제공하기 전에 미리 현금을 받을 때 기록한다. 이 때 기업은 향후 상품 혹은 용역을 제공해야 하는 의무가 발생하기 때문에 부채다. 나중에 의무를 이행했을 때 선수금이라는 부채를 차감한다.

미지급금

미지급금은 일반적 상거래 이외에서 발생한 일시적인 채무를 기록하는 계정이다. 예를 들어 토지를 매입했으나 아직 토지대금을 지급하지 않았을 때 사용하는 계정이다. 한편 기업의 주된 영업활동을 위해서 외상으로 매입했을 때에는 매입채무에 기록한다.

미지급비용

미지급비용이란 발생주의에 의해서 이미 비용은 발생하였으나 아직 현금을 지급하지 않았을 때 기록하는 계정이다. 예를 들어 12월 25일에 12월분의 인건비를 지급하였다고 가정하자. 그렇다면 12월 26일부터 31일까지의 6일간의 비용은 이미 발생은 했으나 현금 지급은 1월 25일에 하게 될 것이다. 따라서 결산 수정사항으로 6일간의 비용을 인식하여 부채로 계상하여야 한다.

선수수익

선수수익이란 수익 중 현금으로는 이미 받았으나 아직 수익이 실현되지 않은 경우를 말한다. 예를 들어 12월 1일에 3개월분의 집세를 먼저 받았다고 가정하자. 12월 31일 현재, 한 달의 집세는 수익집세로 인식되지만 나머지 두 달의 집세는 다음 1월과 2월에 수익이 될 것이다. 따라서 12월 31일 현재 남은 2개월 집세는 먼저 받았기 때문에 선수수익으로 기록되는 부채이다.

예수금

예수금은 기업이 일시적으로 보관한 자금으로, 정해진 시일이 되면 종업원 등을 대신해서 납부한다. 대표적으로 기업은 종업원에게 급여를 지급할 때에 소득세를 미리 차감한 후 지급한다. 이처럼 먼저 징수된 소득세는 정해진 기일에 관할 세무서에 납부하게 되는데 기업은 종업원이 납부할 세금을 일시적으로 보관한 후 납부하게 되는데 이를 예수금이라 한다.

가수금

가수금은 기업이 현금을 수령하였지만 계정이 불분명하고, 금액도 아직 정산이 되지 않았을 때 임시적으로 사용하는 계정이다. 이런 계정을 미결산계정이라 하며, 결산 시에는 해당 과목으로 적절히 재분류해야 한다.

지금까지 열거된 단기성의 수취채권과 지급채무를 열거하면 다음 표와 같다.

수취채권과 지급채무의 구분(단기)

구분	명칭	
	채권(유동자산)	채무(유동부)
(1) 일반적인 상거래:		
미수채권/미지급채무	외상매출금	외상매입금
	받을어음	지급어음
선급채권/선수채무	선급금	선수금
(2) 일반적인 상거래 외(기말 수정분개):		
미수채권/미지급채무	미수수익	미지급비용
선급채권/선수채무	선급비용	선수수익
(3) 재고자산 이외의 자산매매:		
미수채권/미지급채무	미수금	미지급금
선급채권/선수채무	선급금	선수금
(4) 기타:		
계정이 확정되지 않은 지급금/수취액	가지급금	가수금
제3자에게 지급될 일시적 보관 금액		예수금

예제

1. 인식해야 할 미지급이자에 대한 회계처리를 하지 않았을 때 미치는 영향은?

① 부채의 과대계상, 자본의 과소계상 ② 순이익의 과대계상, 부채의 과소계상
③ 순이익의 과소계상, 자본의 과대계상 ④ 부채의 과소계상, 비용의 과대계상
⑤ 부채, 자본, 순이익에 아무런 영향을 미치지 않는다.

답 ②

2. 다음 중 사채가 할증발행되는 경우는?

① 액면이자율 10%, 유효이자율 10% ② 액면이자율 10%, 유효이자율 11%
③ 액면이자율 10%, 유효이자율 8%
④ 액면이자율 10% + 액면금액의 1%에 해당하는 사채발행비 발생, 유효이자율 10%

답 ③

3. 현대건설에서는 2년 전 발행한 사채(액면가: 10,000,000원, 사채할인발행차금잔액 800,000원)를 9,400,000원의 현금을 지급하고 조기상환하려고 한다. 사채상환손익은 얼마인가?

① 상환이익 1,000,000원 ② 상환손실 500,000원
③ 상환손실 200,000원 ④ 상환이익 200,000원

답 ③

4. 20×0년 12월 31일 이아둔 씨는 자신이 경작하던 논 중 일부를 김슬기 씨에게 처분하고 현금 50,000원과 5년 만기 4% 이자율의 액면금액 300,000원인 어음을 수취하였다. 어음의 이자는 1년 단위로 지급하며, 어음은 20×5년 말에 만기가 된다. 이아둔 씨는 토지판매와 관련하여 자신의 장부상에 다음과 같이 기록하였다.

(차) 현금	50,000	(대) 토지	310,000
장기성받을어음	300,000	토지처분이익	40,000

[요구사항]

(1) 이아둔 씨가 수취한 어음의 현재가치를 계산하라(단, 당시의 시장이자율은 15%이다). 단, 기간 5년의 현재가치계수는 이자율 4%시 0.8219, 15%시 0.4972이다. 연금의 현재가치계수는 4%시 4.4518, 15%시 3.3522이다.
(2) 20×0년 12월 31일 이아둔 씨가 행한 분개를, 현가 개념을 적용하여 올바른 분개로 수정 표시하되 정확한 계산근거를 제시하라.
(3) 이아둔 씨의 기장오류가 20×1년의 당기순이익에 미칠 영향을 설명하고 20×1년 말 시점의 어음의 현재가치를 계산하라 (단, 법인세비용의 영향은 무시한다).

답

(1) 5기간(년) 300,000원의 현가	300,000원×0.4972 =	149,160원
5년간 받을 이자수익의 현가	300,000원×0.04×3.3522 =	40,226
		189,385원

(2) (차) 현 금 50,000 (대) 토 지 310,000
장기성받을어음 300,000 현재가치할인차금 110,614**
토지처분손실 70,164*

* 토 지 원 가	310,000원
현 금	(50,000)
어음의 현가	(189,386)
토지처분손실	70,614원
** 어음액면가	300,000원
어음의 현가	(189,386)
현재가치할인차금	110,614원

(3) 현재가치할인차금 110,614원은 앞으로 5년 동안 인식해야 할 이자수익이다. 그러나 이아둔 씨가 이러한 회계처리를 하지 않았으므로 20×1년의 당기순수익이 동액만큼 과대계상되었다. 한편, 20×1년부터 20×5년까지 동 할인액에 대한 이자수익이 계상되지 않을 것이므로 5년간 총 110,614원의 당기순수익이 과소계상될 것이다.

20×1년 말의 어음의 현재가치

어음의 현재가치 189,386원 × 이자율 15% = 28,408원

어음의 현재가치 = 189,386원 + 28,408원 − 현금이자 수취액 12,000원 = 205,794원

5. 을회사는 20×1년 1월 1일에 다음과 같은 조건으로 발행된 채무증권을 취득하였다.

- 발행일 : 20×1년 1월 1일
- 액면금액 : 1,000,000원
- 이자지급 : 매년 12월 31일에 액면금액의 연 5%의 이자 지급
- 상환 : 20×3년 12월 31일에 일시 상환

채무증권 발행일의 유효이자율은 연 9%이다. 을회사는 채무증권을 단기매매증권으로 분류한다.

(1) 을회사의 채무증권 취득원가를 계산하라.

(2) 20×1년 12월 31일 을회사의 이자수익 인식 분개를 하라.

(3) 20×1년 12월 31일 현재 채무증권의 공정가치가 920,000원일 때 을회사의 평가손익 인식 분개를 하라.

답 (1) 채무증권 취득원가

= 50,000원 × 2.53129(기간 3, 9%, 연금현가계수)

+ 1,000,000 × 0.77218(기간 3, 9%, 1원의 현가계수)

= 898,745원

(2) 이자수익 인식분개

(차) 현 금 50,000 (대) 이 자 수 익 80,887(1)
단기매매증권 30,887

(1) 898,745원 × 9% = 80,887원

(3) 평가손익 인식분개

(차) 단기매매증권평가손실 9,632(2) (대) 단기매매증권 9,632

(2) 평가손익 인식전 채무증권 장부금액 = 898,745원 + 30,887 = 929,632원
평가손실 = 920,000원 − 929,632 = (−)9,632원

연습문제

1. 충당부채의 부채 인식요건을 설명하라.

2. 선수금과 선수수익의 개념과 차이를 설명하라.

3. 사채의 이자비용

A주식회사는 20×1년 7월 1일 액면 1,000,000원의 사채(표시이자율 12%, 이자지급일 매년 6월 30일, 만기 20×4년 6월 30일)를 발행하였다. 사채발행비 10,000원이 발생하였고, 사채발행시 유효이자율은 11%였다. A주식회사가 사채기간 동안 부담할 사채이자비용 총액은 얼마인가? 단, A주식회사 결산일은 12월 31일이고 관련 현가계수는 다음과 같다.
1원의 현재가치 : 0.73119(3년, 11%), 정상연금의 현재가치 : 2.44371(3년, 11%)

4. 이자지급일 사이의 사채 발행

B주식회사는 자금조달을 위하여 액면금액 1,000,000원(표시이자율 연 8%, 사채권면상 발행일 20×1년 1월 1일, 만기 3년, 매년말 이자지급)인 사채를 20×1년 4월 1일에 발행했다. 유효이자율이 10%인 경우 사채발행가액과 발행일, 이자지급일, 만기상환일에 필요한 회계처리를 하라. 단, B주식회사 결산일은 12월31일이고 관련 현가계수는 다음과 같다.
1원의 현재가치 : 0.75131(3년, 10%), 정상연금의 현재가치 : 2.48685(3년, 10%)

5. 사채의 조기상환

C주식회사는 액면가 2,000,000원인 사채(표시이자율 8%, 매년 12월31일 이자지급, 만기 3년)를 20×1년 1월 1일에 발행하였다. 사채발행 당시 유효이자율은 10%이다. (1) 사채 전부를 20×2년 1월 1일에 1,940,000원에 조기 상환하였을 경우, (2) 20×2년 7월 1일 경과이자를 포함하여 1,940,000원에 조기 상환하였을 경우 각각 필요한 회계처리를 하라. 단, C주식회사 결산일은 12월31일이고 관련 현가계수는 다음과 같다.
1원의 현재가치 : 0.75131(3년, 10%), 정상연금의 현재가치 : 2.48685(3년, 10%)

6. 장기미지급금의 회계처리

D주식회사는 20×1년 1월 1일에 토지를 4,000,000원에 취득하였으며, 취득대금은 20×1년 1월 1일에 1,000,000원을 지급하고 나머지는 매년 12월 31일에 1,000,000원씩 3회에 걸쳐 분할 지급하기로 하였다. 토지 취득일 현재 유효이자율은 연 12%이며, 토지 취득대금의 명목금액과 현재가치의 차이는 중요할 때, D주식회사의 토지 취득시 필요한 분개와 20×1년 12월 31일 해야 할 분개를 하라. 단, 현가계수는 다음과 같다.
정상연금의 현재가치 : 2.40183(3년, 12%)

7. 충당부채의 추정

E주식회사는 제품 구입 후 6개월 이내에 발생하는 제조상의 결함이나 다른 명백한 결함에 따른 하자에 대하여 제품보증을 실시하고 있다. 만일 20×1년도에 판매된 제품에서 중요하지 않은 결함이 발견된다면 500,000의 수리비용이 발생하고, 지명적인 결함이 발생하면 3,000,000의 수리비용이 발생할 것으로 예상된다. 기업의 과거 경험과 미래 예측의 결과 판매된 제품의 75%에는 하자가 없을 것으로 예상되며, 제품의 20%는 중요하지 않은 결함이 발견될 것으로 예상되고 5%는 치명적인 결함이 있을 것으로 예상된다.
(1) E주식회사가 20×1년 말에 제품보증에 대한 충당부채를 인식할 때 최선의 추정치를 계산하고 회계처리를 하라 (2) 또한 20×2년 중에 제품보증에 따른 수리비 300,000이 지출되었을 때 필요한 회계처리는 무엇인가?

8. 현대(주)는 20×0년 9월 1일에 3년 만기, 액면이자율 연 10%, 액면금액 3,000,000원인 사채를 발행하였다. 이자는 2월 28일과 8월 31일 연 2회에 걸쳐 지급된다. 현대(주)는 사채의 할인 또는 할증발행차금을 이자지급기간에 걸쳐 유효이자율법으로 상각(환입)하며, 그 상각액은 이자비용계정에 가감하는 방법을 따른다. 동회사의 회계연도는 12월 31일이다.

(1) 다음의 상황에 따라 사채발행시 현대(주)와 사채매입회사의 분개를 하라.
① 유효이자율이 12%인 경우 ② 유효이자율이 8%인 경우

(2) 위의 각 경우에 대하여 20×0년 9월 1일 현재 장기차입부채로 보고될 사채계정 순액을 계산하라.

(3) 현대(주)와 사채매입회사의 입장에서 20×0년 12월 31일의 분개를 하라.
단, 사채매입회사는 이 사채를 상각후 원가측정 금융자산으로 분류한다.

(4) 유효이자율이 12%일 때 20×1년 2월 28일의 분개를 하라.
(발생이자도 인식하고 사채할인발행차금도 상각할 것)

CHAPTER 8
자본

Synthesis Accounting Principle

기업에서의 자본이란 투자자들의 지분, 혹은 순자산 등으로 설명되지만 종국에는 결국 잔여지분(residual equity)이다. 즉 자본이 먼저 결정되는 것이 아니고 자산과 부채가 확정된 후 잔여분이 자본이다. 이를 다시 표현하면 '자본 = 자산 − 부채'다. 그러나 다수의 투자자 및 채권자 등 많은 이해관계자들의 이해충돌 가능성 때문에 자본의 구성, 처분 등에 대해서 법규로 지정된 경우가 많다.

8.1 자본계정의 분류

자본은 크게 두 가지로 분류된다. 하나는 주주가 납입한 자금이며, 다른 하나는 기업이 영업을 한 후 발생한 유보잉여금으로 구성된다. 주주가 납입한 자금은 원칙적으로 기업존재의 근간이므로 그 처분에 많은 제약이 따른다. 이에 비해 잉여금은 기업의 건전성을 유지하기 위해 유보하는 경우가 있으나 원칙적으로 임의적인 처분 혹은 배당 등이 가능하다. 자본을 좀더 세분하면, 납입자본금과 이익잉여금 외에 자본잉여금, 자본조정, 기타포괄이익 등이 있다.

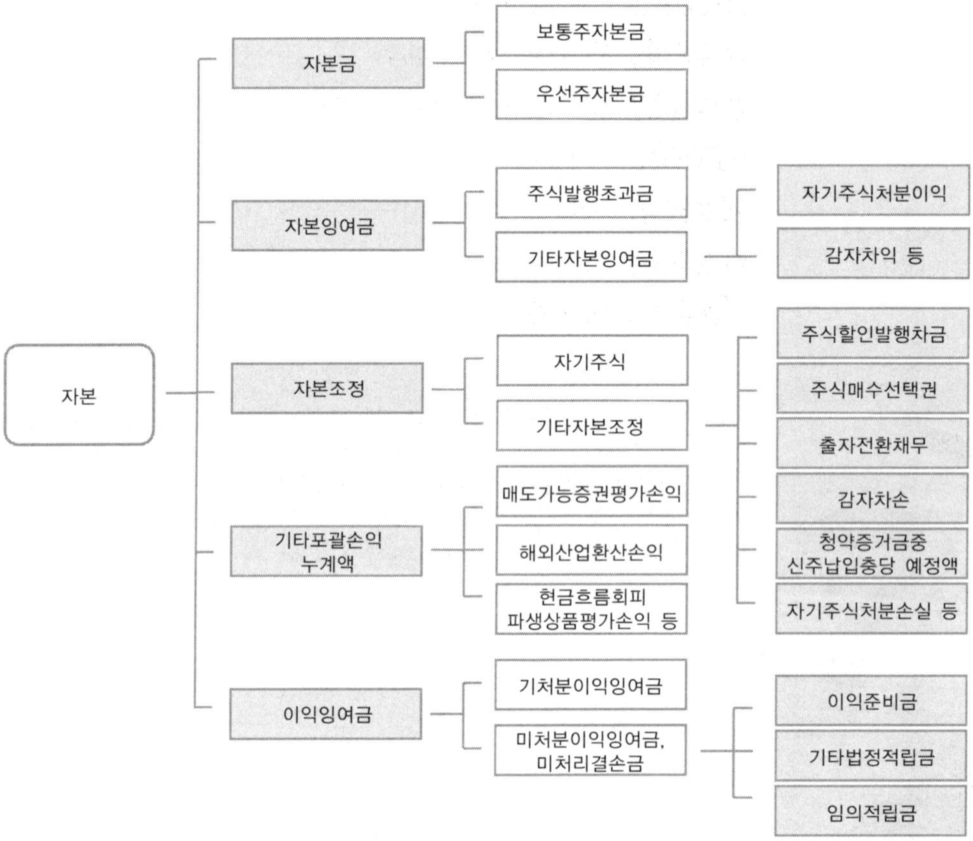

〈그림 8-1〉 자본의 분류

8.2 자기자본과 자본잉여금

1) 자본금

자본금은 법률의 규정에 따라 크게 보통주와 우선주로 나뉜다.

(1) 보통주자본금

보통주(common stock)는 주식회사의 근간이 되는 주식이다. 보통주는 의결권을 행사할 수 있으며 배당을 통해 기업의 이익을 배당받는다. 또한 추가적으로 주식을 발행할 때에도 우선적으로 배당받을 권리가 있다.

(2) 우선주자본금

우선주(preferred stock)는 배당금 지급이나 청산 시에 보통주에 비해 우선권이 부여된 주식이다. 보통주에 배당한 후 추가적인 배당에 참여할 수 있는지 여부에 따라 참가적/비참가적 우선주로 구분된다. 또한 전년도에 결손 등으로 배당을 못했을 때에 차후 연도에 소급하여 배당받을 수 있는지에 따라 누적적/비누적적 우선주로 구분되기도 한다. 그 밖에 상환을 청구할 수 있는 상환우선주(callable preferred stock), 보통주식으로 전환할 수 있는 권리가 부여된 전환우선주(convertible preferred stock)가 있다.

자본금의 증가

자본금이 증가하는 경우는 유상증자와 무상증자를 통해서이다. 유상증자는 실질적으로 현금 등 자산이 유입되는 증자이며, 무상증자는 자본금이 숫자적으로는 증가하나 현금 등 자산이 유입되지 않는 형식적인 증자이다. 무상증자의 경우, 자본잉여금을 자본으로 전입하여 증자하는 것이기 때문에 전체 자본의 총액에는 변동은 없다(엄밀한 의미에서는 자본 항목간의 재분류임).

자본금의 감소

기업은 필요시에는 자본금을 줄이는 경우가 있다. 자본의 감소에는 유상감자와 무상감자 두 종류가 있다.

① 유상감자(실질적 감자)

유상감자란 자본금을 감소하면서 주주에게 해당 지분만큼 대가를 지급하는 경우다. 일명 실질적 감자라고도 한다. 유상감자 액수가 액면금액보다 많고 적음에 따라 감자차손 혹은 감자차익이 발생한다. 자본금의 감소액 〉 현금지급액일 경우 감자차익이 발생하며 그 반대에는 감자차손이다.

자본금 1,500원을 소각하기로 하고 주주들에게 현금 1,200원을 지급했다면 분개는 다음과 같이 실시하며 감자차익이 발생한다.

(차) 자본금	1,500	(대) 현금	1,200
		감자차익	300

② 무상감자(형식적 감자)

무상감자란 자본금은 감소하지만 회사의 순자산은 감소하지 않는 형식적인 감자를 의미한다. 주로 결손을 보전하기 위한 것으로 자본금과 미처리결손금을 상계하는 것을 말한다. 무상감자의 경우에도 회사의 자본 총계에는 변동이 없다. 단 주식수를 줄이는 방법 혹은 주식수는 변동이 없으나 주당 액면가액을 줄이는 방법으로 감자를 실시한다.

2) 자본잉여금

자본잉여금은 납입자본금 자체는 아니라 하더라도 자본금의 변동에서 발생하는 것이다. 이에는 주식발행초과금, 자기주식처분이익과 감자차익 등이 있다.

(1) 자본잉여금의 종류 및 증가

① 주식발행초과금

주식의 발행가액이 액면가액을 초과할 때에는 그 초과액을 주식발행초과금(paid-in capital in excess of par)이라 하며 자본잉여금에 속한다. 주식발행초과금은 액면가에 기초한 법정 자본금이 아닌 점 이외에 현금이 납입되었다는 점에서 자본금과 성격이 동일하다.

② 감자차익

회사가 발행한 주식을 유상으로 재취득하여 소각하는 경우, 액면가액보다 적은 금액으로 주식을 매입하여 소각했다면 그 차액을 감자차익으로 하여 자본잉여금에 포함한다. 예를 들어, 자본금(액면가)이 10,000원인데 현금을 8,000원 지급하고 매입하여 소각하는 경우, 그 차액 2,000원이 감자차익이다.

(2) 자본잉여금의 감소

이익잉여금은 배당 등을 통해 주주에게 배분될 수 있다. 그러나 자본잉여금은 배당금 지급이 불가능하고 대신 자본전입 및 결손보전에 사용한다. 자본잉여금의 자본전입이란 무상증자를 의미하는 것으로 주주에게 무상으로 주식을 교부하는 경우다. 전체 자본의 총액은 변동이 없으나 자본잉여금이 줄고 보통주자본금이 증가하는 효과가 있다. 분개는 다음과 같이 한다.

(차) 자본잉여금	×××	(대) 보통주자본금	×××

자본잉여금이 감소하는 또 다른 경우는 결손을 보전할 때이다. 즉 재무건전성을 위해 결손금을 자본잉여금으로 상쇄 처리한다. 분개는 다음과 같이 한다.

(차) 자본잉여금	×××	(대) 미처리결손금	×××

8.3 자본조정과 기타포괄손익누계

1) 자본조정

자본조정(capital adjustment)이란 자본금, 자본잉여금, 이익잉여금 등으로 분류되지 않는 항목들을 모아 기록하는 계정이다. 대표적으로 자기주식, 주식할인발행차금, 배당건설이자, 주식선택권 등이 있다. 본 교재에서는 자기주식만 설명하기로 한다.

자기주식

자기주식(treasury stock)이란 주식이 발행되어 주식시장에서 유통되고 있는 주식 중에서 발행회사가 다시 재취득하여 보관하고 있는 주식을 말한다. 기업이 자기 회사의 주식을 다시 취득하는 이유는 주식가격의 하락을 방지하기 위해서일 수도 있으며 주식을 소각하기 위해서일 수 있다. 소각 전에 보유중인 자기주식은 비록 유통주식수에는 포함되지 않지만 발행주식수에는 포함된다. 자기주식에 관한 회계처리는 원가법과 액면금액법이 있으며, 원가법에 의하면 주식시장에서의 매입시 취득원가로 기록하였다가 재매각할 때에 처분손익을 계산한다. 이때 발생한 자기주식처분이익은 당기 영업에 의한 결과가 아니기 때문에 당기 손익이 아니고 자본잉여금에 포함된다.

예제 8.1 자기주식의 취득 및 처분

(주)살림은 201×년 1월 1일 액면 1,000원인 자기주식 10주를 주당 3,000원 취득하였다.

(차변) 자기주식	30,000	(대변) 현금	30,000

(주) 살림은 201×년 3월 31일 상기 주식 10주를 주당 4,000원에 다시 매각했다.

(차변) 현금	40,000	(대변) 자기주식	30,000
		자기주식처분이익	10,000

2) 기타포괄손익누계

기타포괄손익(comprehensive income)이란 정상적인 영업활동에 의한 잉여금 성격도 아니고 주주와의 자본거래도 아니나, 기업을 전체 차원에서 본다면 여전히 기업의 가치에 영향을 미친 거래를 총칭한다. 이러한 거래는 당기순이익에는 포함되지 않지만 당기총포괄이익에는 포함되며 재무상태표의 자본항목에 기타포괄손익누계액이라는 계정으로 포함된다. 이에는 재평가손익, 매도가능금융자산평가손익, 현금흐름위험회피파생금융상품평가손익, 외화재무제표환산손익 등이 포함된다.

8.4 이익잉여금

이익잉여금(retained earnings)은 기업의 영업활동 결과 회사에 유보된 잉여금을 의미한다. 이 잉여금은 앞에서 설명한 자본잉여금과는 구별된다. 즉 자본잉여금은 자본거래에서 발생한 것으로 배당이 금지되어 있지만 이익잉여금은 사내에 유보하여 여러 목적을 위해 적립할 수도 있고, 주주에게 배당도 한다. 전기 이월된 미처분이익잉여금에서 당기순이익과 임의적립금 등의 이입액을 합한 후, 당기 각종 잉여금의 처분(이익준비금 적립 등)을 실시하면 차기이월 미처분이익잉여금이 된다.

법정적립금

상법에서는 주식회사가 그 자본금의 50%에 달할 때까지 매 결산기에 이익배당의 10% 이상을 적립하도록 규정하고 있다. 이익준비금은 결손보전이나 자본전입 즉, 무상증자 이외의 목적으로 사용될 수 없다.

임의적립금

임의적립금(voluntary reserves)이란 정관이나 주주총회 결의에 의하여 당기순이익의 일부를 사내에 적립하는 것을 말한다. 이에는 사업확장적립금, 감채기금적립금, 우발손실적립금 등이 있으며 목적이 달성되면 미처분이익잉여금으로 다시 이입된다.

현금배당

기업은 주주들에게 지분에 따라 잉여금 중 일부를 주주들에게 일정한 비율로 회사의 자산을 배분하는 것을 배당이라고 한다. 배당의 회계처리를 위해서는 각각의 사안마다 일자에 따라 다름을 유의해야 한다.

〈배당 확정일〉 분개 없음

〈배당 선언일〉

(차) 이익잉여금	×××	(대) 미지급배당금	×××

〈배당금 지급일〉

(차) 미지급배당금	×××	(대) 현금	×××

주식배당

기업은 여러 목적상 현금배당 외에 주식배당도 실시한다. 현금을 실제로 지급하는 것은 아니지만 주주에게 추가적인 혜택을 주는 것으로 시장에서 매매도 가능하다. 한편 기업 차원에서의 자본 총액은 변동이 없다. 즉 이익잉여금을 보통주자본금으로 대체한 거래이다. 분개를 하면 다음과 같다.

(차) 이익잉여금	×××	(대) (보통주)자본금	×××

이익잉여금처분계산서(statement of appropriation of retained earnings)는 전기로부터 이월된 이익잉여금과 당기발생이익이 어떻게 처분되었는가를 보여주는 재무보고서이며 표준형태는 다음 그림과 같다. 과거의 회계기준에서는 기본 재무제표 중의 하나이었으나, 국제회계기준에서는 이익잉여금 처분내용을 주석사항으로 요구하고 있다.

이익잉여금처분계산서(예)

제20기 20×6년 1월 1일부터
제×기 20×6년 12월 31일까지
희망(주) 처분예정일 : 20×7년 2월 25일 (단위 : 천원)

과 목	금	액
Ⅰ. 미처분이익잉여금		
1. 전기이월 미처분이익잉여금		
2. 회계정책변경누적효과		
3. 전기오류수정이익		( )
Ⅱ. 임의적립금 등의 이입액		
1. 사업확장적립금		
2. 배당평균적립금		( )
합 계		( )
Ⅲ. 이익잉여금처분액		
1. 이익준비금		
2. 재무구조개선적립금		
3. 배당금		
4. 임의적립금		( )
Ⅳ. 차기이월 미처분이익잉여금		( )

8.5 주당순이익

주당순이익(EPS; earnings per share)이란 주식 1주당 이익이 얼마인가를 나타내는 것으로 기업의 수익력을 측정하는 매우 중요한 지표다. 즉 주당이익이 높다는 이야기는 그만큼 주주들에게 돌아가는 수익이 높다는 의미이므로 현재 뿐 아니라 미래의 투자자들에게도 긍정적인 정보를 제공한다. 또한 주당순이익은 주가수익비율(PER; price earning ratio; price/EPS)을 계산할 때에 분모로 사용된다. 주가수익비율이 높다는 이야기는 순이익에 비해서 이미 주식 가격이 많이 올랐다는 의미일 수 있으며 반대로 주가수익비율이 낮을 때에는 다른 조건이 동일하다면 앞으로 주식가격이 올라갈 가능성이 높다는 의미이다. 이처럼 투자자의 의사결정에 유익한 정보가 바로 주당순이익이다.

기본주당이익

주당순이익에는 기본주당순이익(primary EPS)과 희석주당순이익이 있다. 이 교재에서는 기본주당순이익만 설명하도록 한다. 기본주당순이익은 보통주에 귀속되는 당기순이익을 보통주식수로 나눈 값이다.

주당이익 = 보통주당기순손익(= 당기순손익 − 우선주배당금) / 가중평균 유통보통주식수

이를 좀더 설명하면, 보통주에만 해당되므로 우선주배당금은 당기순이익에서 차감하며, 주식수도 연중 평균값인 가중평균유통주식수를 사용한다. 가중평균을 구하기 위해서는 우선주를 제외하고, 유상증자, 무상증자, 주식배당, 주식분할 및 병합 등 각각의 경우를 반영해야 한다.

예제 8.2 주당순이익계산

(주)하늘의 201×년 1월 1일 현재 보유 주식가액은 주당 1,000원(액면)의 유통주식수 5,000주이다. 또한 연 6%의 우선주 (비참가적, 액면 주당 500원)의 유통주식수는 2,000주다. 9월 1일부로 보통주 1,000주를 추가로 발행하였다. 201×년 (주)하늘의 당기순이익은 300,000원이다. 기본주당순이익을 계산하라.

보통주 당기순이익 = 300,000 − 500 × 2,000 × 6% = 240,000
가중평균 유통보통주식수 = 5,000 × 8/12 + 6,000 × 4/12 = 3,333 + 2,000 = 5,333
기본주당순이익 = 240,000/5,333 = 45원/주

8.6 자본변동표

자본변동표는 주요재무제표의 하나다. 자본변동표는 자본 계정 즉 소유주지분의 일정기간 동안 변동을 표시한 것으로 구성항목으로는 자본금, 자본잉여금, 자본조정, 기타포괄손익누계액, 이익잉여금으로 나눈 후 기초금액, 당기의 증가와 감소, 그리고 기말 잔액을 일목요연하게 정리한 표이다. 〈표 8-1〉에 자본변동표의 형식이 제시되어 있다.

〈표 8-1〉

자 본 변 동 표

제x기 20x1년 1월 1일부터 20x1년 12월 31일까지
제x기 20x2년 1월 1일부터 20x2년 12월 31일까지

회사명 (단위 : 원)

구 분	자 본 금	자본 잉여금	자본조정	기타포괄 손익누계액	이익 잉여금	총 계
20x1. 1. 1(보고금액)	xxx	xxx	Xxx	xxx	xxx	xxx
회계정책변경누적효과					xxx	xxx
전기오류수정					xxx	xxx
수정후 이익잉여금					xxx	xxx
연차배당					(xxx)	(xxx)
처분후 이익잉여금					xxx	xxx
중간배당					(xxx)	(xxx)
유상증자	xxx	xxx				xxx
당기순이익					xxx	xxx
자기주식 취득			(xxx)			(xxx)
매도가능증권평가손익				(xxx)		(xxx)
해외사업환산손익				(xxx)		(xxx)
20x1. 12. 31	xxx	xxx	(xxx)	xxx	xxx	xxx
20x2. 1. 1(보고금액)	xxx	xxx	(xxx)	xxx	xxx	xxx
회계정책변경누적효과					xxx	xxx
전기오류수정					xxx	xxx
수정후 이익잉여금					xxx	xxx
연차배당					(xxx)	(xxx)
처분후 이익잉여금					Xxx	xxx
중간배당					(xxx)	(xxx)
유상증자	xxx	xxx				xxx
당기순이익					Xxx	xxx
자기주식 취득			(xxx)			(xxx)
매도가능증권평가손익				xxx		xxx
해외사업환산손익				(xxx)		(xxx)
20x2. 12. 31	xxx	xxx	(xxx)	xxx	xxx	xxx

8.7 현금흐름표

재무상태표는 일정시점 기업의 재무상태를 나타내며, 손익계산서는 기업의 경영성과와 이익잉여금의 증감원인이 되는 당기순손익의 발생내역을 나타낸다. 그러나 손익계산서는 발생주의에 입각해서 만들어지기 때문에 현금 유출, 유입에 대한 정보를 상세히 제공하지 못한다. 이익은 발생하나 당장 지급할 현금이 없어 부도가 발생하는, 즉 흑자도산(technical insolvency)을 예방할 수 있는 현금흐름에 대한 정보는 현금흐름표(statement of cash flows)를 통해서 자세히 알 수 있다.

현금흐름표는 기업의 영업, 투자 및 자금조달 활동과 관련한 현금의 유입과 유출과 관련된 거래내용을 제공하는 기본 재무제표 중의 하나이며, 그 표준 형태는 다음과 같다.

1) 활동유형별 현금흐름

현금흐름표에서는 기업 활동을 영업활동, 투자활동, 재무활동으로 구분하여 각각을 통한 현금흐름을 나누어 표시하게 하였다.

영업활동은 기업의 주된 수익창출 활동으로 제품생산, 재화의 판매와 관련된 활동이 여기에 속한다. 투자활동은 현금성자산이나 영업활동자산에 속하지 않는 자산을 취득, 처분하는 활동을 말하며, 토지, 기계의 처분, 취득으로 인한 현금 유출입이 해당된다. 재무활동은 납입자본과 차입금의 변동을 가져오는 활동으로 부채차입, 신주발행, 배당금 지급으로 현금유출입이 발생하는 경우가 해당된다.

2) 현금흐름의 계산

현금흐름의 계산은 활동 유형별로 구분하여 추정한다. '영업활동으로 인한 현금흐름'은 추정하기가 가장 복잡한데, 추정방법으로는 직접법과 간접법이 있다. 직접법(direct method)은 현금 증감을 일으키는 수익, 비용 항목들을 직접 이용하여 영업활동 현금흐름을 구하는 방법이다. 간접법(indirect method)은 손익계산서상의 법인세비용차

감전순이익에서 현금지출이 없는 비용 등을 더하고, 현금수입이 없는 수익을 차감하여 간접적으로 현금흐름을 계산하는 방법이다.

〈표 8-2〉 현금흐름표

20×6년 9월 1일부터 20×6년 9월 30일까지 (단위: 원)

Ⅰ. 영업활동으로 인한 현금흐름		
가. 매출로부터의 유입액	7,400,000원	
나. 매입에 대한 유출액	(3,200,000)	
다. 영업비의 지급	(2,000,000)	2,200,000원
Ⅱ. 투자활동으로 인한 현금흐름		
1. 투자활동으로 인한 현금유입액	–	
2. 투자활동으로 인한 현금유출액		
유가증권의 취득	(1,200,000)	
건물의 취득	(2,000,000)	(3,200,000)
Ⅲ. 재무활동으로 인한 현금흐름		
1. 재무활동으로 인한 현금유입액		
사채의 발행	3,000,000	
2. 재무활동으로 인한 현금유출액		
배당금의 지급	(200,000)	2,800,000
Ⅳ. 현금의 증가		1,800,000원
Ⅴ. 기초의 현금		4,000,000
Ⅵ. 기말의 현금		5,800,000원

예제

1. 다음 항목 중 자본잉여금에 포함되지 않는 것은?

① 자기주식처분이익　　② 감자차익
③ 자산재평가잉여금　　④ 주식발행초과금

답 ③

2. 이익잉여금 총액을 감소시키는 요인으로 볼 수 없는 것은?

① 당기순손실　　② 전기오류수정손실
③ 회계정책변경누적효과(손실)　　④ 이익준비금의 적립

답 ④

3. 세화주식회사는 보통주의 주식발행초과금 중 80,000,000원을 자본전입하기로 주주총회에서 의결하고 액면가 5,000원인 보통주 16,000주를 발행하였다. 세화주식회사의 이번 주식발행과 관련된 분개를 하라.

답 분개 (차) 보통주주식발행초과금　80,000,000　　(대) 보통주자본금　80,000,000

4. (주)영화는 20×6년의 당기순이익이 6,000,000원으로 계산되었다. (주)영화가 당기순이익을 재무상태표에 계상하기 위한 마감분개를 하라. 만약 4,000,000원의 당기순손실이 발생하였을 경우의 마감분개도 하라.

답 당기순이익 발생시의 마감분개

(차) 집합손익　6,000,000　　(대) 이익잉여금　6,000,000

당기순손실 발생시의 마감분개(이익잉여금이 있는 경우)

(차) 이익잉여금　4,000,000　　(대) 집합손익　4,000,000

당기순손실 발생시의 마감분개(결손금이 누적되어 있는 경우)

(차) 이월결손금　4,000,000　　(대) 당기순손실　4,000,000

5. 20×0년 말 가영(주)의 자본계정은 다음과 같다.

보 통 주(액면 5,000원)	2,100,000원
우 선 주(액면 10,000원, 연간배당 주당 950원)	1,800,000
보통주 주식발행초과금	6,510,000
감 자 차 익	500,000
이익잉여금	6,400,000
자본총계	17,310,000원

[요구사항]

(1) 발행된 보통주의 수는 얼마인가?

(2) 보통주의 평균발행금액은 얼마인가?

(3) 우선주에 대한 매년 총배당액은 얼마인가?

(4) 20×0년에 가영(주)는 총 1,011,000원의 배당을 결의하고 지급하였다. 20×0년 초에 이익잉여금이 5,184,000원이었다면 올해의 당기순이익은 얼마이겠는가?

답

(1)	보통주자본금	2,100,000 원
	(÷) 보통주의 주당액면가	÷ 5,000
	보통주발행수	420 (주)

(2)	보통주자본금	2,100,000 원
	(+) 주식발행초과금	+ 6,510,000
	보통주불입자본금	8,610,000 원
	(÷) 보통주의 발행수	÷ 420 (주)
	평균발행금액	20,500 원

(3)	우선주에 대한 주당배당액	950 원
	(×) 우선주발행수	× 180 (주)
	우선주에 대한 총배당금	171,000

(4)	기말이익잉여금	6,400,000 원
	(−) 기초이익잉여금	− 5,184,000
	기중잉여금증가액	1,216,000 원
	(+) 당기배당금지급액	+ 1,011,000
	당기순이익	2,227,000 원

연습문제

1. 주식의 종류를 설명하라.

2. 유상감자

자동차 부품을 제조하는 상장회사인 A주식회사는 액면가 500인 주식 10,000주를 주당 800에 발행하였다. A주식회사의 경영진은 현재의 영업실적 대비 주가가 낮다고 판단하여 주가관리 차원에서 유통주식수를 줄이기 위해 보통주 2,000주를 주당 400에 시장에서 매입하여 소각하였다. (1) 이 경우 회계처리를 하라. (2) 또한 보통주 1,000주를 900에 추가적으로 매입하여 소각하였다면 회계처리는 어떻게 되는가?

3. 이익잉여금의 처분

B주식회사 20×1년 초에 보통주 10,000주와 우선주 3,000주를 발행하여 설립되었다. 우선주는 누적적 · 비참가적이고 약정배당률은 10%이다. 회사가 보고한 3년간 연도별 당기순손익은 20×1년 당기순손실 290,000, 20×2년 당기순손실 220,000, 20×3년 당기순이익 840,000이다. 보통주와 우선주의 주당 액면가액은 각각 100이다. B주식회사의 자본금은 설립일 이후 변동이 없었다. 20×3년 12월 31일 보통주주에게 배당가능한 이익은 얼마인가? 단, 모든 배당은 현금배당이며, 이익준비금은 법정 최소한을 적립하고, 20×3년에 이익준비금을 적립하더라도 자본금의 1/2에 미달한다. (세무사 2006 수정)

4. 결손금처리

C주식회사의 결손금처리를 하기 전 자본잉여금 및 이익잉여금 계정의 내역은 아래와 같다.

당기순손실	1,000,000	이익준비금	3,400,000	조특법상 준비금	1,000,000
주식발행초과금	1,500,000	전기미처리결손금	3,500,000		

C주식회사는 당기 말에 미처리결손금 전액을 잉여금으로 보전하기로 하였다. 당기 결손금 처리 후 주식발행초과금의 잔액은 얼마인가?

5. 보통주 가중평균주식수

다음은 D주식회사의 주당이익을 계산하기 위한 보통주 자료이다. 20×1년의 주당이익을 계산할 때 사용할 가중평균주식수는 얼마인가? 단 가중평균은 월할 계산한다.

날짜	내용	
20×1년 1월 1일	액면 5,000의 유통 보통주식수	20,000주 발행
20×1년 4월 1일	구주 1주당 신주 2주로 주식분할	20,000주 증가
20×1년 7월 1일	유상증자 신주발행	10,000주 발행

추가적인 정보로 20×1년 1월 1일에 우선주 액면 5,000에 5% 배당을 확정한 누적적우선주 4,000를 보통주와 함께 발행하였다. (세무사 2004 수정)

6. 주당순이익

E주식회사의 회계연도는 1월1일부터 12월31일까지이다. 20×1년 E주식회사의 발행주식은 보통주 9,000주(주당 액면가 1,000)와 우선주 5,000주(배당률 10%, 비누적적, 비참가적, 주당 액면가 1,000)이다. 다음은 20×1년도 중 E주식회사의 보통주와 우선주의 변동사항이다.

날짜	내용		
20×1년 1월 1일	유통주식수	보통주 9,000주	우선주 5,000주
20×1년 4월 1일	유상증자 20%	보통주 1,800주,	우선주 1,000주
20×1년 7월 1일	무상증자 10%	보통주 1,080주,	우선주 600주
20×1년10월 1일	자기주식 취득	보통주 2,000주	

보통주 유상신주의 주당 발행가액은 1,000이며 3월 31일의 종가는 1,800이다. 우선주 유상신주의 주당 발행가액은 1,000이며, 3월 31일 종가는 1,400이다. 유상신주의 배당기산일은 납입한 때이고, 무상신주는 원구주에 따른다. 20×5년도의 당기순이익이 1,672,000원일 때 기본주당이익은 얼마인가? (단, 유통보통주식수를 구하기 위한 유통기간의 가중평균은 월할 계산하며, 기본주당이익 계산시 소수점 첫째자리에서 반올림) (CPA 2006 수정)

7. 자본변동표

F주식회사의 20×0년 12월 31일 현재 재무상태표의 자본내역과 이와 관련된 추가정보이다.

420×1년 자본변동표상에 나타날 20×1년 12월 31일 현재 이익잉여금, 자본총계 그리고 20×1년 포괄손익계산상의 총포괄이익은 각각 얼마인가? 자본변동표를 작성하여 설명하라. (단, 법인세효과는 고려하지 않는다.)

〈20×0년도 말 자본내역〉

자본금 2,000,000, 매도가능금융자산평가이익 30,000, 해외사업장외화환산이익 50,000
이익잉여금총계 500,000
자본총계 = 2,000,000 + 30,000 + 50,000+ 500,000 = 2,580,000

〈추가정보〉

20×1년 중 주당액면금액 500의 주식 1,000주를 주당 800에 발행하였다.

20×1년 중 자기주식 50주를 주당 900에 취득하였다.

매도가능금융자산평가이익과 해외사업장외화환산이익은 각각 자산의 공정가치 및 환율의 변동에 기인한 것이다. 20×1년 12월 31일 현재 재무상태표상 잔액은 각각 40,000과 10,000이다.

20×0년에 비용화해야 할 지출을 자산으로 회계처리한 중요한 오류를 20×1년도 장부를 마감한 후 재무제표 발행 승인일 전에 발견하였다. 이 오류로 인하여 20×0년의 비용이 400,000 과소계상되었고, 20×1년의 비용은 100,000 과대계상되었다. 이 오류가 반영되기 전 20×1년 당기순이익은 400,000이다.

20×0년에 취득하여 사용해 오던 기계장치의 감가상각방법을 20×1년 중에 변경하였다. 이 회계변경의 20×1년도에 대한 효과는 재무제표에 이미 반영되었다. 그러나 이 회계변경을 소급하여 적용하면 20×0년도의 비용은 40,000감소한다.

8. 당기순이익

E주식회사의 20×1년말 재무상태표 및 손익계산서에 관한 자료이다.

기초자본	120,000	기말자본	200,000	당기중 자본금 유상증자	50,000
기타포괄이익증가	10,000	주주에 대한 현금배당금 지급	50,000		

당기순이익을 계산하라.

PART Ⅲ

원가와 관리회계

CHAPTER 9

원가회계

기술회계의 영역에서 원가의 분석과 추정도 중요한 영역이다. 이 장에서는 원가계산을 기본으로 하는 관리회계와 재무회계의 차이점과 제조원가명세서에 대해 알아본다. 나아가 원가를 분류하여 보고 다양한 방법의 원가계산에 대해 공부한다.

9.1 원가회계와 제조원가명세서

1) 원가회계의 의의와 목적

회계란 이미 설명한 바와 같이 기업의 경제적 정보를 정보이용자들에게 제공하는 것이다. 회계는 주주, 채권자, 정부 등 기업 외부의 이해관계자에게 경제적 의사결정과 관련한 정보를 제공하는 재무회계(financial accounting)와 기업 내부의 의사결정자를 위한 관리회계(managerial accounting)로 구분된다.

재무회계는 일반적으로 인정된 회계원칙(GAAP)에 따라 재무제표를 작성하여 보고하게 된다. 반면, 관리회계는 기업 내부의 정보이용자들의 합리적인 의사결정 및 성과평가를 위한 정보를 제공하는 것이 목적이므로 특별한 회계원칙의 제한 없이 작성된다.

〈표 9-1〉 재무회계와 관리회계의 비교

구분	재무회계	관리회계
목적	외부 보고	내부적인 의사결정 및 성과평가
보고대상	주주, 채권단, 정부 등 외부 이해관계자	내부 정보이용자
준거기준	일반적으로 인정된 회계원칙	특별한 준거기준 없음
특징	주로 과거지향적 정보	주로 미래지향적 정보

원가회계(cost accounting)란 원가의 계산이 주된 목적이며, 좀더 넓은 의미로는 원가와 관련된 계획 및 통제를 위한 원가정보를 제공하는 것을 목적으로 하는 회계를 말한다. 원가회계가 원가의 계산이 주된 목적이라면, 관리회계는 이러한 원가 정보를 바탕으로 원가의 관리 및 통제를 위한 의사결정과 관련된 회계라고 구분할 수 있다. 원가회계와 관리회계를 포함하여 원가관리회계라고 부른다.

원가회계를 통해서 원가관리와 통제를 좀더 쉽게 수행할 수 있으며, 생산설비의 교체, 신제품 가격결정에 필요한 원가 정보를 얻는 등 의사결정에 도움이 된다. 예산통제를 통해 이익관리를 할 수 있으며, 제품별, 생산단위별 소요비용 정보를 알 수 있어 업적평가에도 활용할 수 있다.

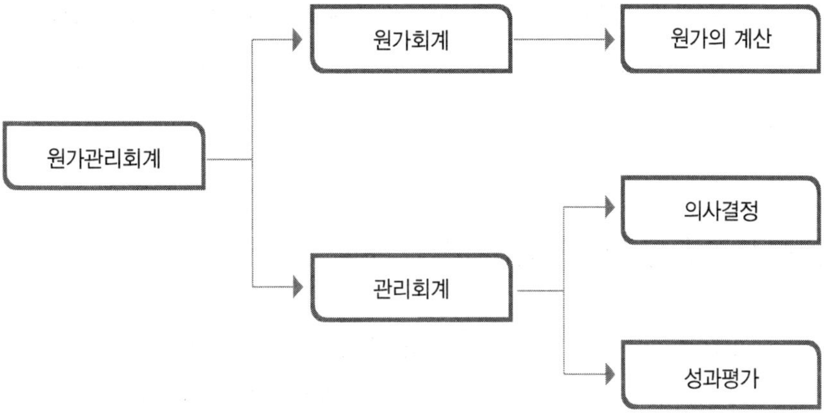

〈그림 9-1〉 원가관리회계의 분류

2) 제조업의 영업순환과정

상품매매기업은 외부에서 구매한 상품을 그대로 외부에 판매한다. 반면 제조기업은 원재료, 노동력, 제조생산설비 등을 외부에서 구입한 후, 이를 이용하여 제품을 생산, 판매하여 이익을 창출하며 이러한 제조활동이 기업의 주요 활동이다. 제조기업에서는 상품매매기업과는 달리 제조활동을 수행하는 과정에서 발생되는 제조원가의 회계처리 문제가 대두된다. 제조기업의 활동은 다음과 같이 구매활동, 제조활동, 판매활동의 3가지로 나눌 수 있다.

3) 손익계산서 상의 제조원가 위치

상품매매기업과 제조기업의 손익계산서는 매출원가의 구성항목이 각각 당기상품매입액과 당기제품제조원가로 차이가 난다. 즉, 상품매매기업은 외부에서 상품을 매입하여 외부로 판매하는 영업활동을 하는 반면, 제조기업의 경우 외부에서 제품 제조를 위한 원재료 등을 구입한 후 가공하여 제품을 제조하여 판매하는 활동을 한다.

상품매매기업과 제조기업의 손익계산서 양식

상품 매매기업			제조기업		
Ⅰ. 매출액		100,000	Ⅰ. 매출액		100,000
Ⅱ. 매출원가			Ⅱ. 매출원가		
1. 기초상품재고액	20,000		1. 기초제품재고액	20,000	
2. 당기상품매입액	80,000		2. 당기제품제조원가	80,000	
3. 계	100,000		3. 계	100,000	
4. 기말상품재고액	(−) 30,000	70,000	4. 기말제품재고액	(−)30,000	70,000
Ⅲ. 매출총이익		30,000	Ⅲ. 매출총이익		30,000
Ⅳ. 판매비와 관리비		16,000	Ⅳ. 판매비와 관리비		16,000
Ⅴ. 영업이익		14,000	Ⅴ. 영업이익		14,000

상품매매기업의 상품 매입과정은 단순하지만 제품제조 과정은 복잡하므로 제조원가명세서는 제조기업의 경우 반드시 작성해야 하는 필수적 부속명세서이다. 한편,

제조원가명세서

Ⅰ. 직접재료비		
1.기초원재료재고액	15,000	
2.당기원재료매입액	55,000	
3.기말원재료재고액	(10,000)	60,000
Ⅱ. 직접노무비		10,000
Ⅲ. 제조간접비		15,000
Ⅳ. 당기총제조원가		85,000
Ⅴ. 기초재공품7원가		10,000
Ⅵ. 합계		95,000
Ⅶ. 기말재공품원가		(15,000)
Ⅷ. 당기제품제조원가		80,000

위의 제조원가명세서상의 당기제품제조원가 금액은 손익계산서 상의 매출원가의 구성항목 중 하나인 당기제품제조원가의 금액과 일치하여야 한다.

위 표에서 재공품(work in process)이란 생산 과정 중에 있는 미완성제품을 말한다. 제조원가명세서에서 아래의 관계식을 얻을 수 있다.

당기총제조원가 = 직접재료비 + 직접노무비 + 제조간접비

당기제품제조원가 = 당기총제조원가 + 기초재공품원가 − 기말재공품원가

9.2 원가의 분류

원가(cost)란 특정 목적을 달성하기 위하여 정상적인 상태에서 소비된 재화나 용역과 같은 경제적 자원을 화폐단위로 측정한 것을 말한다. 제조활동이란 공장 종업원의 노동력과 공장 및 기계장치 등의 생산시설을 이용하여 생산과정에 투입된 원재료를 제품으로 전환하는 활동을 의미한다. 이러한 제조활동에서 발생한 원가를 제조원가라고 하며,

직접재료비, 직접노무비, 제조간접비를 제조원가의 3요소라고 한다. 이러한 원가의 구조는 아래 원가구성표와 같이 분류될 수 있다.

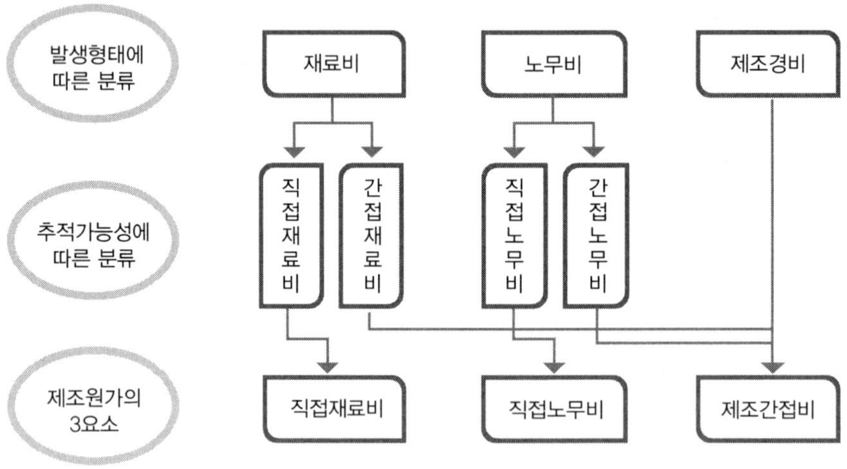

〈그림 9-2〉 원가구성표

1) 원가의 구성

(1) 직접재료비

직접재료비는 제품을 생산하는데 사용된 재료 중에서 제품의 실체를 구성하는 주요 재료의 원가로서 특정 제품에 추적할 수 있는 원가를 말한다. 직접재료비의 예로는 자동차에 투입된 철판과 타이어의 원가, 가구에 투입된 목재의 원가 등이 있다.

(2) 직접노무비

직접노무비는 제품의 제조에 직접 참여하는 제조부문 작업자들에게 지급되는 임금으로 특정 제품에 추적할 수 있는 원가를 말한다.

(3) 제조간접비

제품의 생산에 투입되는 원가 중 직접재료비, 직접노무비 이외의 모든 제조원가를 제조간접비(manufacturing overhead costs)라고 한다. 공장토지세, 재산세, 보험료, 수선유지비 등의 제조활동에 소요되는 원가가 이에 해당되며, 특정 제품에 직접 추적할 수 없는 간접재료비, 간접노무비도 제조간접비에 포함된다.

2) 판매가격과 원가의 구성

모든 원가의 구성요소는 아래 표와 같이 표시할 수 있다. 제조원가는 직접노무비, 직접재료비와 제조간접비로 구성되며, 제조원가에 판매비와 일반관리비를 더하면 총원가가 된다. 총원가에 판매이익을 더하면 비로소 판매가격이 결정된다.

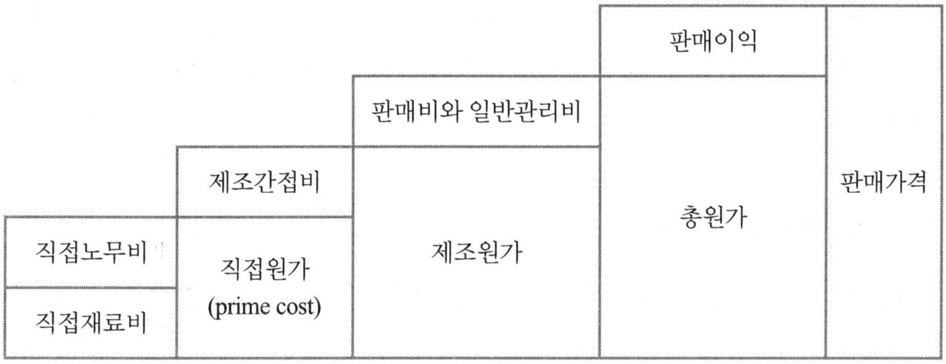

〈그림 9-3〉 판매가격과 원가의 구성

9.3 개별원가계산과 종합원가계산

원가계산의 중요한 기능은 제품이나 서비스의 창출에 소요된 원가를 계산하는 것이다. 정확한 제품원가계산은 외부보고를 위한 재고자산의 평가와 매출원가를 계산하는데 필수적이며, 가격결정, 특별주문 수락여부 결정 등과 같은 의사결정 및 사후적 성과평가에 유용한 정보를 제공한다.

제품원가계산은 각 기업의 생산형태에 따라 또는 원가의 집계방법에 따라 개별원가계산과 종합원가계산으로 나눌 수 있다. 개별원가계산(job-order costing)은 주로 조선업, 항공기산업, 건축업, 기계공업 등과 같이 고객의 주문에 따라 특정 제품을 개별적으로 생산하는 기업에서 사용하는 원가계산방법으로 제조원가를 개별 작업별로 구분하여 집계한다. 종합원가계산(process costing)은 정유업, 제지업, 시멘트공업 등과 같이 동종 제품을 연속적으로 대량생산하는 기업에서 사용하는 원가계산방법으로, 제조공정별로 원가를 구분하여 집계한다.

1) 개별원가계산

개별원가계산은 각 작업별로 독립적으로 원가를 집계한다. 따라서, 개별원가를 적용하기 위해서는 우선 원가계산 대상이 되는 작업을 설정해야 한다. 작업이 설정되고 나면 제조원가를 작업별로 집계해야 하는데 그 과정은 다음과 같이 두 단계로 나눌 수 있다.

1단계: 직접원가의 집계

작업별로 추적가능한 직접원가인 직접재료비와 직접노무비를 파악하여 작업별로 바로 집계한다. 즉, 원재료가 작업에 투입될 때마다 직접재료비를 작업별로 바로 집계하고, 생산작업자가 작업시간을 사용할 때마다 직접노무비로 바로 집계한다.

2단계: 제조간접비의 배분

작업별로 추적할 수 없는 제조간접비는 구성항목이 다양하므로 우선 제조간접비라는 계정에 집계한다. 여기에는 간접재료비, 간접노무비, 감가상각비, 동력비 등이 포함된다. 제조간접비를 집계하고 나면 이를 적절한 배부기준에 따라 개별작업에 배부한다.

제조간접비는 개별제품이나 작업과 직접적인 관련이 없으므로 제조간접비를 각 작업에 배분하기 위해서는 작업별로 측정가능한 공통적인 배부기준을 선택해서 배분해야 한다. 제조간접비를 배분하기 위한 기준으로는 노동시간이나 기계사용시간 또는 직접노무비가 많이 사용된다. 제조간접비 배부기준 중에서 제조간접원가와 상관관계가 높고, 논리적으로 타당한 인과관계가 있으며, 쉽게 적용할 수 있는 기준을 선택해서 사용한다. 즉, 공장 건물의 감가상각비는 단위 공정별로 사용하고 있는 건물의 점유면적, 건물가액이 적용되고 복리후생비의 경우 단위공정별 종업원 수, 기계 수선비의 경우 작업시간을 적용하는 것이 합리적일 것이다.

제조간접비 배부기준을 결정하고 나면 제조간접비 계정에 집계된 금액을 배부기준의 조업도로 나누어서 제조간접비 배부율을 결정한다.

제조간접비 배부율 = 제조간접비 ÷ 배부기준의 조업도 수준

작업원가표에는 각 작업이 사용한 제조간접비 배부기준의 수준이 기록되어 있으므로 작업별로 집계된 배부기준량에 제조간접비 배부율을 곱해서 개별작업에 제조간접비를 배부한다. 작업원가표에는 직접재료비와 직접노무비는 이미 집계되어 있으므로 제조간접비를 배부하고 나면 개별작업의 원가는 모두 집계된다.

예제 9.1

ABC조선주식회사는 20×1년초 A(LNG선), B(벌크선), C(해양시추선)의 제작을 시작하여 20×1년말 작업 B는 완료하였으나, A와 C는 아직 작업 중에 있다. 회사는 제조간접비 배분을 기계시간으로 하고 있다. 다음의 자료를 이용하여 아래의 질문에 답하시오.

	작업 A	작업 B	작업 C	합계
직접재료비	50억 원	25억 원	40억 원	115억 원
직접노무비	25억 원	15억 원	20억 원	60억 원
직접노동시간	250,000시간	150,000시간	200,000시간	600,000시간
기계시간	200,000시간	120,000시간	80,000시간	400,000시간
제조간접비	80억 원			

1. 제조간접비 배부율을 계산하시오.

(풀이) 제조간접비 배부율: 80억 원 / (400,000시간) = 20,000원/기계시간

2. 작업별로 제조원가를 계산하시오.

	작업 A	작업 B	작업 C	합계
직접재료비	50억 원	25억 원	40억 원	115억 원
직접노무비	25억 원	15억 원	20억 원	60억 원
기계시간	200,000시간	120,000시간	80,000시간	400,000시간
제조간접비배부액	40억 원	24억 원	16억 원	80억 원
당기 총 제조원가	115억 원	64억 원	76억 원	255억 원

2) 종합원가계산

(1) 종합원가계산의 의의

종합원가계산은 제약업, 석유화학산업, 제지업, 시멘트제조업, 식품가공업 등과 같이 표준화된 작업공정을 통해 한 가지 제품만을 대량생산하는 제조환경에서 사용하는 원가계산방법으로 공정별 원가계산이라고도 한다. 종합원가계산은 제품별로 원가를 집계하지 않고, 생산라인에서 일정 기간 동안 발생한 제조원가를 집계하여 같은 기간 동안에 생산된 제품의 총 수량으로 나누어 제품의 단위당 원가를 계산한다.

제품 단위당 제조원가 = 공장에서 발생한 제조원가 ÷ 공장에서 생산된 수량

이와 같이 종합원가계산은 직접원가와 간접원가를 구분하지 않고 제조공정에서 일정기간 동안 발생한 제조원가를 일정기간 동안 생산된 산출량으로 나누어 평균화된 단가를 계산하는 방식을 사용한다. 다만, 실제 기업의 산출물 중에는 기말에 미완성된 재공품이 존재하기 때문에 재공품이 포함된 산출물의 수량을 결정하는 것이 중요한 과제가 된다.

종합원가계산에서 공정에 투입된 원가(기초재공품원가 + 당기총제조원가)를 당기 제품제조원가와 기말재공품에 배분할 때 사용하는 배분기준은 산출 물량 자체를 직접 사용하지 않고 완성품환산량을 사용한다. 완성품환산량(equivalent unit)이란 특정 공정에서 모든 노력이 완성품을 생산하는 데 사용하였다고 보고 완료된 완성품의 수량을 말한다.

(2) 종합원가계산의 절차

① 물량의 흐름 파악

공정에 투입된 기초재공품과 당기투입량을 파악하고 공정에서 산출된 완성물량과 기말 재공품 물량도 파악한다.

② 완성품환산량 계산

물량흐름 자료를 기초로 공정에 투입되는 시점이 다른 재료원가와 가공원가를 구분해서 원가요소별로 산출물의 완성품환산량을 계산한다.

③ 총원가의 요약

기초재공품원가와 당기발생원가를 파악하고, 원가요소별(재료원가와 가공원가)로 구분해서 배분대상이 되는 원가를 집계한다.

④ 단위당 원가의 계산

원가요소별(재료원가와 가공원가)로 배부대상원가를 완성품환산량으로 나누어 완성품 환산량 단위당 원가를 계산한다.

⑤ 원가의 배분

완성품의 완성품환산량에 단위당 원가를 곱해서 완성품원가를 계산하고 기말재공품의 완성품환산량에 단위당 원가를 곱해서 기말재공품원가를 계산하여 산출물원가를 결정한다.

예제 9.2

(주)종합은 종합원가계산을 사용하고 있으며, 재료는 공정의 초기에서 전량 투입하고, 가공비는 공정의 진행에 따라 균일하게 발생된다. 기초재공품의 완성도는 40%, 기말재공품의 완성도는 60%이다. 이 회사는 원재료 10kg으로 제품 1개를 생산한다.

〈 수량자료 〉

기초재공품	5,000개
당기투입재료	40,000kg
기말재공품	1,500개

〈 원가자료 〉 (단위: 원)

	재료비	가공비	계
기초재공품원가	2,500,000,000	1,500,000,000	4,000,000,000
당기투입원가	6,000,000,000	3,500,000,000	9,500,000,000

1. 선입선출법(기초재공품이 먼저 당기 생산에 투입)을 이용하여 완성품원가와 기말재공품원가를 계산하시오.

풀이

〈 당기투입원가 배분 〉 (단위: 개수)

	재료비	가공비
기초재공품	0	3,000
당기착수완성품	2,500	3,100
기말재공품	1,500	900
합계	4,000	7,000

〈 완성품 환산량 단위원가 계산 〉

	재료비	가공비
당기투입원가	6,000,000,000원	3,500,000,000원
완성품 환산량	4,000개	7,000개
단위원가	1,500,000원	500,000원

〈 당기 완성품원가 및 기말재공품원가 계산 〉

선입선출법을 채택하므로 기초재공품 5,000개는 전부 당기완성품이 됨

완성품원가 = 기초재공품원가 + (재료비의 당기착수완성품 개수 × 재료비의 단위원가)
+ 가공비의 (기초재공품+당기착수완성품) 환산개수 × 가공비의 단위원가)
= 4,000,000,000원 + 2,500개 × 1,500,000원 + 6,100개 × 500,000원
= 10,800,000,000원

기말재공품원가 = (기말재공품 재료비 개수 × 재료비의 단위원가) + (기말 재공품 가공비 개수 × 가공비의 단위원가)
= (1,500개 × 1,500,000원) + (7,000개 × 500,000원) = 5,750,000,000원

3) 개별원가계산과 종합원가계산의 비교

종합원가계산은 동일제품을 대량생산하는 업종에 적용되는 반면에 개별원가계산은 여러 종류의 제품을 소량으로 생산하는 업종에 적용된다. 종합원가계산은 생산되는 제품 전체를 대상으로 원가를 집계하므로 개별작업별로 원가를 집계하지 않고 각 제조공정별로 원가를 집계한다. 반면에 개별원가계산은 특정의 작업별로 원가를 집계한다. 이런 이유로 종합원가계산을 적용하는 경우에는 제품단위별로 원가통제와 성과평가를 할 수 없으며, 제조공정별로 해야만 한다. 반면에 개별원가계산을 적용하는 경우에는 특정제품별로 실제원가를 보고하므로 제품단위별로 원가통제와 성과평가를 한다.

〈표 9–2〉 개별원가계산과 종합원가계산의 비교

구분	개별원가계산	종합원가계산
생산형태	종류와 규격이 다른 개별 제품의 주문생산	동일한 제품의 반복 대량생산
적용대상 산업	건설업, 조선업, 항공업, 주문가구 제작업, 회계법인	정유업, 제분업, 철강업, 식품가공업, 제지업 등
제조원가 계산방법	각 작업별로 집계되며 그 작업에서 생산된 제품단위에 원가를 배분	공정별로 집계되며 해당 공정을 통과한 제품단위에 원가를 배분
원가배분기준	노동시간, 기계 사용시간	완성품 환산량
장점	• 보다 정확한 원가계산 가능 • 효율성 통제 및 미래작업 평가	• 보다 경제적이며 복잡하지 않음 • 부문별로 집계되어 책임, 통제 용이
단점	• 상세기록으로 회계비용 증가 • 작업기록 복잡, 오류 가능성	• 원가가 비교적 부정확 • 작업, 제품별 손익 비교가 어려움

9.4 활동기준원가계산

1) 활동기준원가계산의 의의

최근의 기업들은 제조기술이 발달되고 공장이 자동화되면서 제조원가에서 제조간접비가 차지하는 비중이 커짐에 따라 정확한 제품원가를 계산하기 위해서는 제조간접비를 어떻게 배부할 것인지가 핵심적인 요소로 대두되고 있다. 이처럼 제조간접비의 정확한 배부를 목적으로 개별원가계산을 발전시켜 개발한 원가계산방법이 활동기준원가계산이다. 활동기준원가계산(Activity Based Costing; ABC)은 수익창출 과정에서 원가가 발생하는 원인을 체계적으로 분석하여 자원과 활동 및 제품 사이의 인과관계에 따라 원가를 배분함으로써 정확한 개별제품원가를 계산하는 원가계산방법이다. 활동기준원가계산에서는 기업이 자원을 획득하는 과정에서 원가가 발생하고, 자원을 소비하여 활동들을 수행함으로써 제품이 생산된다고 본다. 여기서 자원은 기업의 수익창출활동에 이용되는 물적 자료, 노동력, 기술 등을 말하며, 활동은 기업이 수익창출과정에서 수행하는 반복적인 업무를 의미한다.

2) 활동기준원가계산의 기본절차

활동기준원가계산에서는 제품생산과정에 대하여 자원이 원가를 발생시키고, 활동이 자원을 소비하여 제품을 생산한다고 파악하므로, 제품원가 계산은 자원원가를 활동별로 집계하는 단계와 활동원가를 제품에 배부하는 두 단계를 거쳐서 계산한다. 즉, 기업이 자원을 확보하기 위해 지출한 자원원가를 각 활동별로 소비된 자원을 기준으로 활동에 배부하여 활동원가를 집계한다. 그리고 활동별로 집계된 원가는 활동을 소비한 활동원가동인을 기준으로 개별제품이나 작업에 배부하게 된다.

3) 활동기준원가계산의 장점

① 원가배분시 각 활동별로 인과관계를 추적하여 배분하므로 전통적인 원가배분방식에 비해 정확한 제품원가계산이 가능하며 이 원가자료를 토대로 경영자가 제품의 수익성에 대해 올바른 의사결정을 할 수 있도록 한다

② 활동별로 원가를 관리함으로써 상대적으로 많은 자원을 소비하는 활동을 줄여나가거나 불필요한 활동(비부가가치활동)을 제거함으로써 효율적인 원가통제가 가능하다.

③ 실제로 수행된 활동의 원가와 원가동인을 측정하여 성과를 평가하므로 업무실적과 성과평가의 인과관계가 명확해진다.

④ 활동을 기준으로 원가계산을 수행하므로 제품 구성이 변화하더라도 신축적으로 원가계산이 가능하다.

4) 활동기준원가계산의 단점

① 활동기준원가계산은 도입 초기와 운영하는 과정에서 활동을 분석하고 활동중심점 별로 원가동인을 결정하고 측정하는 방법이므로 개발하는 과정에서 많은 비용이 지출된다.

② 활동기준원가계산에서도 설비 수준원가에 대해서는 자의적인 배분을 피할 수 없다. 예를 들어 공장의 감가상각비, 공장의 냉난방비 등 공장설비 수준원가는 그 원가동인이 명확하지 않기 때문에 기계사용시간이나 직접노동시간 등의 자의적인 배부기준으로 개별 작업이나 제품에 원가를 배부하게 된다. 따라서 개별제품이나 서비스의 수익성을 파악할 때에는 공장설비 수준원가를 제외시킨 자료를 사용하는 것이 보다 바람직하다.

③ 기업이 수행하는 수많은 활동들을 정의하고 이를 구분하기 위한 명확하고 일반적인 기준이 현재까지 정립되어 있지 않은 상태이다.

④ 활동기준원가계산을 적용하면서 원가절감방안을 모색하다 보면 묶음크기를 증가시켜 묶음수준활동원가를 절감하는 경우가 많은데, 그 과정에서 재고자산이 증가하여 재무적인 성과에 악영향을 미칠 수도 있다.

9.5 표준원가계산

1) 표준원가계산의 의의

표준원가계산(standard costing)이란 직접재료비, 직접노무비, 제조간접비에 대하여 미리 설정해 놓은 표준원가를 이용하여 제품원가를 계산하는 원가계산방법이다. 표준원가를 이용하면 실제원가를 집계하기 전에도 제품원가를 계산할 수 있으며, 기간별로 제품단위원가가 변동되지 않기 때문에 실제원가계산의 문제점을 극복할 수도 있다. 또한, 표준원가계산은 정상적이고 효율적인 상황에서 발생할 것으로 예상되는 표준원가와 실제원가를 비교하여 그 차이를 분석함으로써 성과평가에 유용한 정보를 제공해 준다.

2) 표준원가계산의 유용성

① 기초에 수립된 계획에 따라 화폐가치로 표시한 예산으로 편성할 때에 표준원가가 많이 이용된다.

② 표준원가를 기초로 한 예산과 실제원가를 기초로 한 실제성과의 차이를 분석하여 성과평가에 이용할 수 있다. 또한, 차이가 발생하게 된 원인을 규명할 수 있으므로 예외에 의한 관리(management by exception)[1]를 통해 효율적인 원가통제를 할 수 있게 된다. 여기서 원가통제란, 제품의 품질을 일정하게 유지하면서 원가가 일정한 범위 내에서 발생하도록 관리하는 것을 말한다.

③ 사전에 설정된 표준원가를 이용하여 원가계산을 하므로 원가흐름의 가정이 필요없으며 수량만 파악하면 당기제품제조원가, 매출원가, 기말재고자산금액을 쉽게 계산할 수 있다. 즉, 제품원가계산과 회계처리가 신속, 간편해진다.

1) 예외에 의한 관리: 표준원가계산을 사용하면 경영자는 표준수량과 표준가격에 비추어 실제수량과 실제가격이 표준의 한계 내에서 투입되고 지급되었는지를 파악할 수 있다. 실제수량이나 실제가격이 설정된 표준 한계를 초과하게 되면, 경영자는 그 차이에 관심을 가지고 이에 대한 통제에 노력을 집중할 수 있는데, 이 과정을 예외에 의한 관리라고 한다.

3) 표준원가의 설정

제품단위당 표준직접재료비 = 제품단위당 직접재료 표준수량[1] × 직접재료단위당 표준가격[2]

1) 능률적인 생산조건에서 제품 1단위를 생산하기 위하여 투입해야 하는 직접재료의 수량. 공손, 감손, 증발, 작업폐물 등을 고려하여 설정.

2) 직접재료 1단위의 표준구입가격을 말하여 시장 가격동향, 거래조건 등을 고려하여 설정.

제품단위당 표준직접노무비 = 제품단위당 표준직접노동시간[3] × 직접노동시간당 표준임률[4]

3) 능률적인 생산조건에서 제품 1단위를 생산하기 위하여 투입해야 하는 직접노동시간을 의미하며 시간 및 동작연구 등을 이용하여 설정.

4) 일정기간 직접노동시간당 지불해야 하는 임률을 의미

제품단위당 표준변동제조간접비 = 제품단위당 표준배부기준수 × 배부기준단위당 변동제조간접비 표준배부율

제품단위당 표준고정제조간접비 = 제품단위당 표준배부기준수 × 배부기준단위당 고정제조간접비 표준배부율

4) 표준원가계산의 차이분석

(1) 차이분석

차이분석이란 실제성과를 고정예산 및 변동예산과 비교하여 그 차이를 분석하는 기법으로 통제 및 성과평가에 이용되며, 결과는 다음 연도 계획수립에 반영된다.

- 고정예산: 하나의 특정조업도(목표조업도)를 기준으로 사전에 편성된 예산으로, 사후에 실제조업도가 특정조업도와 일치하지 않더라도 바뀌지 않는 예산
- 변동예산: 통제목적을 위한 예산은 실제조업도에 근거하여야 한다는 관점에서 회계연도말에 실제조업도의 변동에 따라 조정되어 편성되는 예산

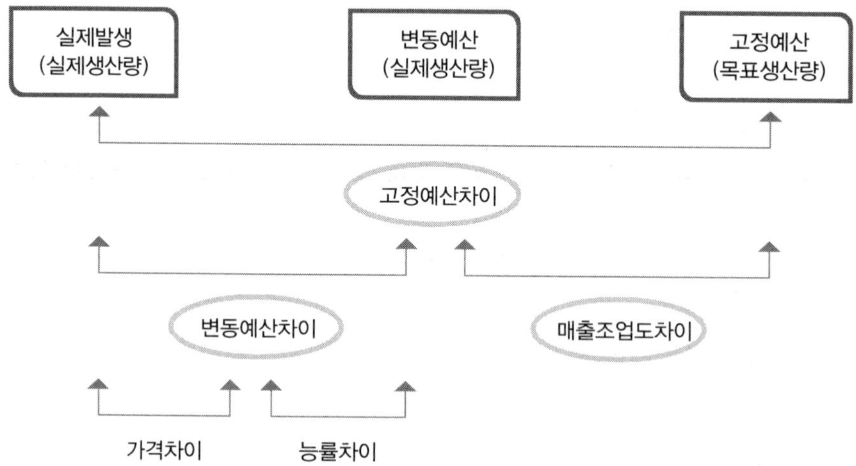

〈그림 9-4〉 차이분석의 체계

(2) 변동예산차이

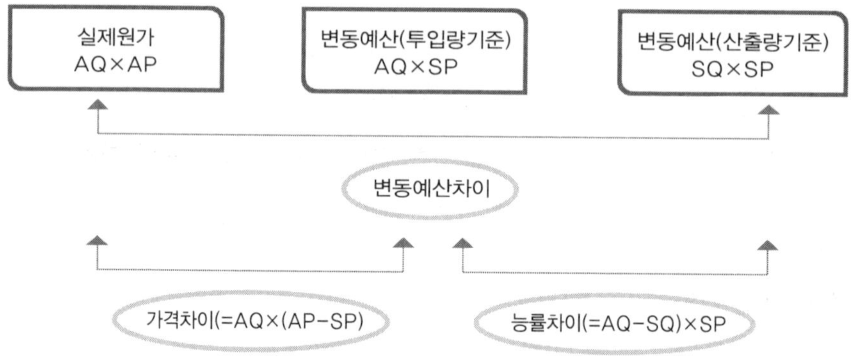

〈그림 9-5〉 변동예산차이의 구성

AQ: 투입요소의 실제투입량(실제배부기준수)

AP: 투입요소단위당 실제가격

SQ: 실제산출량에 허용된 표준투입량

SP: 투입요소단위당 표준가격

참고로 원가차이는 다음과 같이 유리한 차이(favorable variance)와 불리한 차이(unfavorable variance)로 구분된다. 유리한 차이란 실제원가가 예산상의 원가보다 적게 발생하여, 실제 성과상의 영업이익을 증가시키는 차이를 말한다. 불리한 차이란 실제원가가 예산상의 원가보다 많이 발생하여, 실제 성과상의 영업이익을 감소시키는 차이를 말한다.

① 변동제조원가의 가격차이

변동제조원가의 가격차이는 기업이 사전에 설정한 투입요소의 표준가격과 실제가격의 차이 때문에 발생한다. 가격차이는 생산과정에서 투입하는 직접재료의 단위당 실제구입가격, 생산활동에 종사하는 근로자의 시간당 실제 임금률 또는 제품생산과정에서 발생하는 변동제조간접비의 실제가격이 사전에 설정한 각 투입요소의 표준가격과 얼마나 차이가 발생하였는지에 대한 정보를 제공한다. 가격차이는 투입량을 고정(실제투입량으로 고정)하고, 실제가격과 표준가격을 비교하여 계산한다.

② 변동제조원가의 능률차이

변동제조원가의 능률차이는 제품을 생산하는 과정에서 투입한 투입요소의 실제수량과 실제산출량에 대해 허용되는 표준수량과의 차이 때문에 발생한다. 능률차이는 제품의 생산과정에서 투입하는 재료의 실제투입량과 근로자의 실제 직접노동시간 등이 당기의 실제산출량수준에서 허용되는 표준투입량 또는 표준직접노동시간과 얼마나 차이가 났는지에 대한 정보를 제공한다. 능률차이는 생산과정에서 투입되는 투입요소의 가격을 고정(표준가격으로 고정)하고, 실제투입량과 표준투입량을 비교하여 계산한다.

예제 9.3

(주)표준은 표준원가계산을 채택하고 있으며, 올해 재료비와 관련된 자료는 다음과 같다

제품단위당 표준투입량	2kg	재료단위당 표준가격	40만 원
실제직접재료비	620만 원	재료단위당 실제구입가격	45만 원
올해 제품생산량	150개		

직접재료비의 능률차이는 얼마인가?

AQ x AP		AQ x SP		SQ x SP
= 290kg × 45만 원		= 290kg × 40만 원		= 300kg × 40만 원
= 13,050만 원		= 11,600만 원		= 12,000만 원
	가격차이 1,450만 원 (불리)		능률차이 400만 원 (유리)	

(3) 고정제조간접비 차이분석 (매출조업도 차이)

① 고정제조간접비 차이분석의 의의

변동제조원가는 투입과 산출사이에 비례관계가 존재하므로 원가통제(성과평가)목적으로 설정한 단위당 표준이 제품원가 계산 목적에 그대로 사용된다. 따라서, 원가통제목적을 위한 변동예산(SQ×SP)과 제품원가계산을 위하여 재공품계정에 집계(배부)되는 금액(SQ×SP)은 일치한다. 그러나 고정제조간접비는 변동제조원가와는 달리 투입과 산출 사이에 비례관계가 존재하지 않으므로 원가통제(성과평가)목적으로는 고정제조간접비예산을 사용하지만, 제품원가계산 목적상으로는 고정제조간접비 표준배부율을 이용하므로 원가통제 목적을 위한 변동예산(고정제조간접비예산)과 제품원가계산을 위하여 재공품계정에 배부되는 금액(SQ×SP)은 일치하지 않는다. 원가통제목적인 변동예산과 제품원가계산을 위하여 재공품계정에 배부되는 금액 간의 차이를 조업도차이라고 하는데 조업도차이는 고정제조간접비에서만 발생한다.

② 고정제조간접비 차이분석 방법

고정제조간접비 차이분석은 앞에서 설명한 변동제조원가의 차이분석과는 다른 형태를 가진다. 고정제조간접비예산은 조업도 수준과는 관계없이 관련범위 내에서는 동일한 금액을 갖기 때문에 투입과 산출 사이에 비례관계가 존재하지 않으므로 직접재료, 직접노동시간, 기계시간 등이 제조과정에서 얼마나 효율적으로 사용되었는가를 나타내는 능률차이의 개념은 존재하지 않는다. 따라서 원가통제 목적상으로 수행하는 원가차이분석에서는 고정제조간접비 실제발생액과 예산총액을 비교하여 예산차이를 구하게 되는데 능률차이가 존재하지 않으므로 예산차이는 모두 소비차이가 된다. 또한 제품원가계산을 위하여 고정제조간접비를 배부하면 예산총액과 배부액 간에 차이가 발생하는데 이를 조업도차이라고 한다.

③ 조업도차이의 발생원인과 의미

고정제조간접비에 대한 조업도차이가 발생하는 원인은 고정제조간접비예산(기준조업도×SP)은 조업도수준에 영향을 받지 않고 일정한데 반해, 고정제조간접비 배부액(SQ×SP)은 실제산출량에 따라 변동하는 행태를 보이기 때문이다. 조업도차이는 표준배부율을 계산하기 위한 기준조업도와 실제산출량에 허용된 표준조업도가 다르기 때문에 발생한다. 조업도차이는 다음과 같은 이유 때문에 경제적 의미가 불분명하여 이에 대한 책임을 어느 부문에게도 귀속시키지 않는다.

1. 조업도차이에 영향을 미치는 실제산출량이 판매부문의 통제하에 있는 판매량에 영향을 받는다.
2. 조업도차이는 이론적 최대조업도, 실제적 최대조업도, 정상조업도, 예산조업도 등 어느 것을 기준조업도로 선택하는가에 따라 영향을 받는다.

〈표 9-3〉 원가차이의 발생 원인

구분	직접재료비	직접노무비	제조간접비
가격차이 (제조간접비: 소비차이)	• 재료시장 가격의 변동 • 긴급 주문 • 가격할인 • 운송방법 및 거리의 변경	• 임률의 변경 • 정시외 작업의 증가 • 고임률근로자 배치	• 물가의 변동 • 계절적인 소비량의 증감 • 예산편성의 오류 • 소모품, 전력 등의 낭비
능률차이	• 생산방법의 변경 • 불량재료 사용 • 가공상의 실패 • 기계, 공구의 정비 불량	• 근로자의 과다 배치 • 작업방법, 조건의 변경 • 작업자의 불성실 • 불량재료의 사용 • 기계, 공구의 정비 불량 • 미숙련노동자의 배치	• 능률차이: - 직접노무비와 동일 • 조업도차이: - 제품수요 감소 - 기계 고장 - 기준조업도 설정오류

예제

1. 다음 원가에 대한 설명중 맞지 않는 것은?
   ① 제조원가는 직접재료비, 직접노무비와 제조간접비로 구성된다.
   ② 제품 판매가격은 제조원가에 판매이익을 더하여 결정된다.
   ③ 간접원가는 여러 제품에 공통적으로 발생하여 개별제품별로 원가 추정이 어렵다.
   ④ 보조부분 원가는 제조활동을 지원하는 수선, 동력부문에서 발생하는 비용도 포함된다.

   답 ②

2. 개별 및 종합원가계산의 특징 중 맞지 않는 것은?
   ① 종합원가계산은 동일 제품을 대량생산하는 식품, 제분, 정유업에 적합하다.
   ② 표준원가 계산시 표준과 실제조업과의 차이는 능률, 가격, 수량차이로 조정한다.
   ③ 개별원가계산은 조선, 항공 등 규격이 다른 제품을 생산할 때 적합하며 원가를 재료비와 가공비로 구분하여 계산한다.
   ④ 표준원가의 장점은 회계기록을 간소화할 수 있고, 재고자산 평가가 간단하다는 점이다.

   답 ③

3. 다음 중 원가회계 용어에 대한 설명으로 틀린 것은?
   ① 원가대상이란 직접적인 대응이나 간접적인 원가배분방법에 의한 원가측정을 통하여 원가가 집계되는 활동을 의미한다.
   ② 원가집합에 집계된 간접원가를 일정한 배분기준에 따라 원가대상에 배분하는 과정을 원가배분이라고 한다.
   ③ 원가동인이란 원가측정대상 또는 원가대상의 총원가를 발생시키는 요인 또는 활동을 의미한다.
   ④ 조업도란 기업이 보유한 자원의 활용정도를 나타내는 수치로서 산출량인 생산량, 판매량 등은 조업도가 될 수 있으나 투입량은 조업도가 될 수 없다.

   답 ④

4. 다음 중 제조원가의 일부가 아닌 것은 어느 것인가?
   ① 재료원가　　② 관리비
   ③ 경비　　④ 노무원가

   답 ②

5. 당기 재료매입액이 13억 원이고 기말의 재료재고가 기초보다 3억 원이 늘었다면 당기의 재료원가는 얼마인가?

① 10억 원 ② 11억 원
③ 12억 원 ④ 13억 원

답 ②

6. 다음 중 우리나라 기업의 제조원가명세서에 포함되지 않는 항목은?

① 당기 제조경비 ② 당기 재료원가
③ 매출원가 ④ 당기 제품제조원가

답 ③

7. 다음은 대영상사의 20××년 5월 중 원가자료이다.

	20××년 5월 1일	20××년 5월 31일
원 재 료	40,000원	50,000원
재 공 품	35,000원	60,000원
제 품	100,000원	220,000원

대영상사의 20××년 5월 중의 원재료 매입액은 250,000원이고, 제조간접원가는 직접노무원가의 50%이었으며, 매출원가는 680,000원이었다. 대영상사의 20××년 5월의 기초원가는 얼마인가?

답 540,000원

직접재료원가 = 40,000 + 250,000 − 50,000 = 240,000

당기제품제조원가 = 기말제품재고 + 매출원가 − 기초제품재고

220,000 + 680,000 − 200,000 = 700,000

당기총제조비용 = 기말재공품재고 + 당기제품제조원가 − 기초재공품재고

60,000 + 700,000 − 70,000 = 690,000

240,000 + 직접노무원가 × 1.5 = 690,000

직접노무원가 = 300,000

기본원가 = 직접재료원가 + 직접노무원가 = 240,000 + 300,000 = 540,000

연습문제

1. 제조기업의 경우 (포괄)손익계산서와 제조원가명세서의 각각의 역할과 상호 연결관계에 대해 설명하라.

2. 개별원가 계산이 적절한 상황과 종합원가계산이 적절한 상황을 구별하라.

3. (주)삼일은 개별원가계산제도를 채택하고 있으며, 제품 파랑과 초록을 생산하고 있다. 기초재공품은 없으며 제품 파랑과 초록은 기말에 완성되었다. 관련자료는 아래와 같고, 제조간접원가를 직접노무원가 발생액에 비례하여 배부하는 경우 제품 파랑의 제조원가는 얼마인가? (재경관리사 기출)

		파랑	초록
직접재료원가	기초재고액	500,000	150,000
	당기매입액	500,000	220,000
	기말재고액	150,000	110,000
직접노무원가	전기말 미지급액	220,000	200,000
	당기지급액	450,000	670,000
	당기말 미지급액	180,000	120,000
당기발생된 제조간접원가		200,000	

① 993,000 ② 1,042,000 ③ 1,332,000 ④ 1,360,000

4. 다음 중 활동기준원가계산(Activity Based Costing)이 추구하는 목적과 가장 거리가 먼 것은? (CPA 기출 '99)
① 다양한 원가유발요인(cost driver)을 인식하여 적정한 가격결정에 이용한다.
② 정확한 제품원가를 계산하고자 한다.
③ 제품별 또는 고객별로 보다 정확한 원가분석을 할 수 있다.
④ 직접재료원가 외에는 고정원가로 처리하고자 한다.
⑤ 제품별 또는 부문별 성과평가를 신뢰성 있게 할 수 있다.

5. B사는 개별원가계산시스템을 이용하고 있으며 제조간접원가를 직접노무원가에 의하여 제조지시서별로 배부하고 있다. 19X2년도 부문 A에 대한 제조간접원가배부율은 200%이고, 부문 B에 대한 제조간접원가배부율은 50%이다. 작업 #123이 19X2년도에 시작되어 완성되었고 다음과 같은 원가가 발생하였다. (CPA 기출)

	부 문	
	A	B
직접재료원가	25,000달러	5,000달러
직접노무원가	?	30,000
제조간접원가	40,000	?

〈요구사항〉 작업 #123에 배부된 총제조원가를 결정하라.

6. W사의 19×7년 12월 동안 제조활동에 관한 자료는 다음과 같다. (CPA 기출)

재 고 자 산		
원재료 (12월 1일)		9,000달러
원재료 (12월 31일)		4,500
재공품 :		
12월 1일 (3,000단위)		
12월 31일 (2,000단위)		
12월 1일과 12월 31일 단위당원가는 동일하며, 단위당 직접재료원가 2.40달러와 단위당 직접노무원가 0.80달러를 포함하고 있다.		
제품 (12월 1일)		12,000
제품 (12월 31일) :		
직접재료원가	5,000달러	
직접노무원가	3,000	
기타계정		
매입한 원재료		84,000
원재료의 매입운임		1,500

당기제조원가는 180,000달러이고, 12월 제조간접원가 배부율은 직접노무원가의 200%이다. W사는 운임을 원재료계정에 배부하고 있다.

〈요구사항〉 다음 각각을 계산하여라.

(a) 19X7년 12월에 사용한 원재료

(b) 19X7년 12월 31일 재공품

(c) 19X7년 12월의 제품제조원가

(d) 19X7년 12월 31일 제품재고

(e) 19X7년 12월 매출원가

7. D사는 단 한 종류의 제품을 생산하고 있다. D사는 기계부문과 완성부문 두 개의 부문에서 계속적으로 제품을 생산하고 있다. 제조과정에서 생산수량을 증가시키지 않으면서 각 부문의 제품에 원재료가 투입된다. 19×5년 6월 각 부문에 대한 자료는 다음과 같다.

	기계부문	완성부문
19X5년 6월 1일 기초재공품 수량	0	0
전부문에서 대체된 수량	0	60,000
제조착수 수량	80,000	0
완성되어 대체된 수량	60,000	50,000
19X5년 6월 30일 기말재공품 수량*	20,000	8,000
공손품 수량	0	2,000
*19X5년 6월 30일 기말재공품 완성도		
재료원가	100%	100%
노무원가	50%	70%
제조간접원가	25%	70%

제조공정에서 공손된 수량은 잔존가치가 없으며 재료원가, 노무원가, 제조간접원가가 50% 완성되었다. 공손품원가는 공손품이 발생한 부문의 손실로 처리하고 있다.
6월의 원가자료는 다음과 같다.

	기계부문	완성부문
재료원가	240,000달러	88,500달러
노무원가	140,000	141,500
제조간접원가	65,000	56,600

〈요구사항〉 각 부문에 대한 제조원가명세서를 작성하라. (CPA 기출)

CHAPTER 10

관리회계

Synthesis Accounting Principle

앞에서 배운 원가분류와 원가계산방법을 토대로 원가를 변동비와 고정비로 구분하고 원가관리의 중요 영역인 원가-조업도-이익분석(CVP분석)에 대해 공부한다. 나아가 원가와 관련된 다양한 합리적인 의사결정방법에 대해 알아본다.

10.1 변동원가와 고정원가

원가와 관련된 다양한 의사결정을 수행하기 위해서는 우선 원가의 종류와 특성에 대한 이해가 필요하다. 일정기간 관련범위 내에서 조업도의 변동에 따라 총원가가 일정한 모습으로 변동할 때, 그 모습을 원가행태(cost behavior)라고 하며, 원가행태에 따라 원가를 변동원가와 고정원가로 구분한다. 또한 변동원가와 고정원가의 성격이 혼합되어 있는 혼합원가(mixed cost)는 준변동원가 또는 준고정원가로 구분된다.

1) 변동원가

변동원가(variable cost)란 관련범위 내에서 조업도가 변동함에 따라 정비례하여 총원가가 변동하는 원가를 말한다. 변동원가는 조업도 수준이 변동하면 원가총액이 정비례해서 증감하는 원가로 단위당 변동원가는 조업도에 관계없이 일정하다. 예를 들어, 완성 자동차 생산에 필요한 자동차 엔진의 경우, 자동차 생산이 두 배 증가하면 자동차 엔진 또한 두 배가 필요하다. 자동차의 생산량이 증가함에 따라 투입되는 엔진의 원가 또한 비례적으로 증가하는데 이러한 원가를 변동원가라라고 한다.

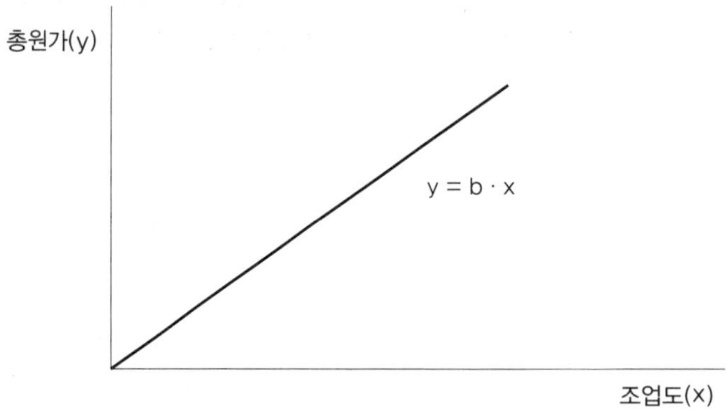

y: 총원가, x: 조업도, b: 조업도 단위당 변동원가

2) 고정원가

고정원가(fixed cost)란 관련범위 내에서 조업도의 변동에 관계없이 총원가가 일정한 원가를 말한다. 즉, 가격변화와 같은 외부요인의 변동이 없는 한 조업도가 증가하거나 감소하더라도 총액이 항상 일정하게 발생하는 원가를 말한다. 공장건물의 임차료나 정액법에 의한 감가상각비 등이 고정원가의 예로 들 수 있다.

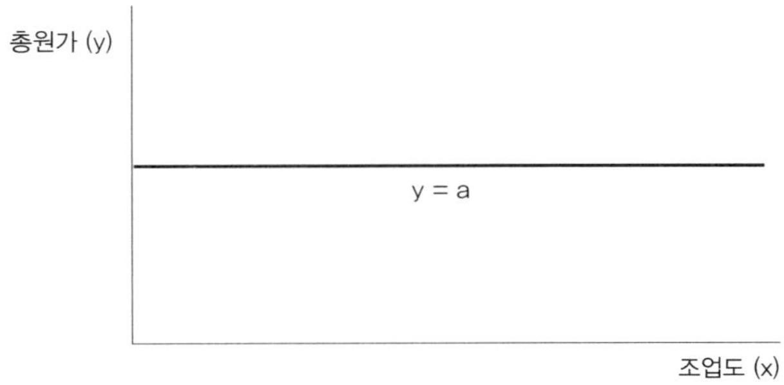

y:총원가, a:조업도 단위당 변동원가

3) 준변동원가

준변동원가(semi-variable cost)란 조업도와 관계없이 발생하는 고정원가와 조업도의 변동에 비례하여 발생하는 변동원가로 구성된 원가를 말한다. 따라서 준변동원가는 조업도가 '0'일 때에도 고정원가 부분만큼의 원가가 발생하며 조업도가 증가함에 따라 비례해서 선형으로 증가한다. 준변동원가의 예로 전화를 사용하지 않아도 발생하는 기본요금과 전화사용량에 비례하는 요금으로 구성된 전화요금을 들 수 있다.

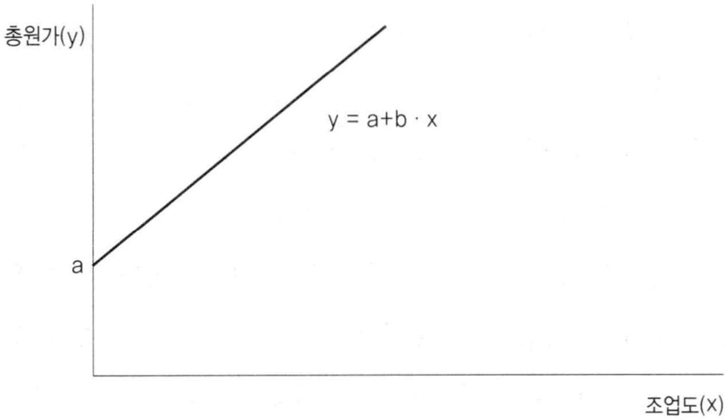

y: 총원가, x: 조업도, a: 고정원가 총액, b: 조업도 단위당 변동원가

4) 준고정원가

준고정원가(semi-fixed cost)란 일정한 조업도 범위 내에서는 총원가가 일정하지만, 조업도가 그 범위를 벗어나면 총원가가 일정액만큼 증가 또는 감소하는 원가를 말한다. 예를 들어 품질검사직원 1명이 100개의 제품을 검사할 수 있다면, 제품생산량이 101개일 경우에는 품질검사직원을 1명을 추가로 고용하여야 한다.

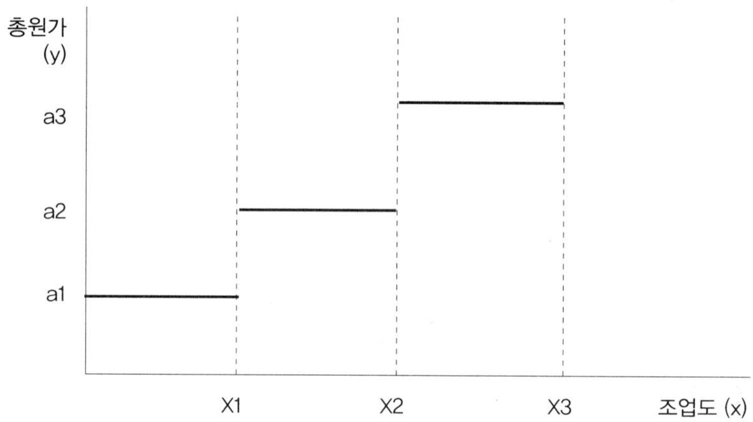

10.2 원가-조업도-이익분석

1) 원가-조업도-이익분석의 의의

원가-조업도-이익 분석(cost-volume-profit analysis: CVP분석)은 조업도의 변화가 원가와 이익에 어떠한 영향을 미치는가를 분석하는 기법이다. 특히 사전에 손익분기점의 판매량과 매출액은 얼마인지, 특정 판매량에서 획득 가능한 이익은 얼마인지를 알아두면 판매계획 수립, 가격결정 등의 의사결정에 유용하다.

CVP분석을 하는 기본적인 방법으로 도표를 이용한 방법이 있으며, 다음의 도표를 CVP 도표라고 한다. CVP도표는 조업도를 독립 변수로 하는 수익선과 비용선을 도출해서 조업도가 변동될 때 수익, 비용 및 손익이 어떻게 변동되는지를 그림으로 나타낸 것이다.

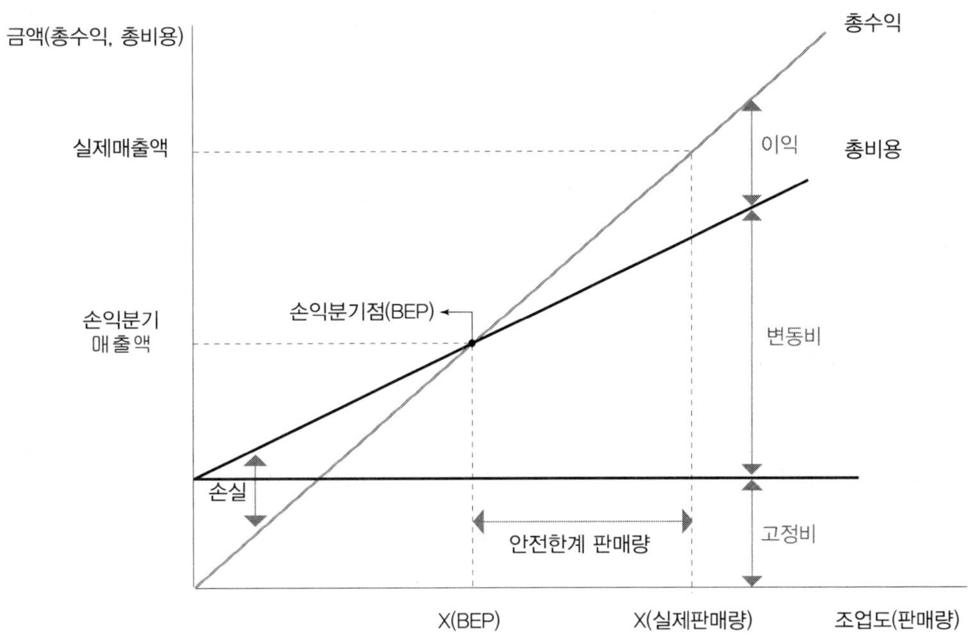

〈그림 10-1〉 원가-조업도-이익 도표(CVP Chart)

총수익선은 원점에서 출발하며 기울기가 단위당 판매가격인 직선이며, 변동비선은 원점에서 출발하고 기울기가 단위당 변동비인 직선으로 표현할 수 있으며, 총수익선과 변동비선의 차이는 공헌이익을 의미한다.

변동비선을 고정비만큼 위로 이동시키면 총비용선을 유도할 수 있다. 총수익선과 총비용선이 만나는 점에서는 이익이 0이 되는 지점으로 손익분기점(BEP; break-even point)이라고 부른다. 손익분기점 오른쪽에서는 총수익이 총비용보다 크므로 이익이 발생하고, 손익분기점 왼쪽에서는 총수익이 총비용보다 작으므로 손실이 발생한다.

2) 공헌이익

(1) 공헌이익의 개념

공헌이익(contribution margin)은 매출액에서 변동비를 차감한 금액을 말하며, 이 금액이 증가함에 따라 점차 고정비가 회수되어 이익 증가에 공헌하게 된다. 공헌이익이 고정비보다 클 경우에는 이익이 발생하고, 고정비보다 작을 경우에는 손실이 발생한다.

공헌이익 = 매출액 − 변동비
= (단위당 판매가격 − 단위당 변동비) × 판매량
= 고정비 + 이익

(2) 단위당 공헌이익

단위당 공헌이익은 단위당 판매가격에서 단위당 변동비를 차감한 금액을 말한다. 제품을 한 단위 추가 판매하면 총수익은 단위당 판매가격만큼, 총비용은 단위당 변동비만큼 증가하므로 이익은 단위당 공헌이익만큼 증가한다. 따라서 단위당 공헌이익은 제품 한 단위를 추가로 판매할 경우 이익의 증가분을 말하며, 판매한 제품 1단위가 고정비를 회수하고 이익을 창출하는 데 얼마나 공헌하는지를 알려준다.

단위당 공헌이익 = 단위당 판매가격 − 단위당 변동원가

(3) 공헌이익률

공헌이익률은 매출액에 대한 공헌이익의 비율로서 매출액에서 공헌이익이 차지하는 비율을 나타내 주는 개념이다.

공헌이익률 = 공헌이익 ÷ 매출액 = (단위당 공헌이익 ÷ 단위당 판매가격)

3) 기본가정하의 CVP 분석

(1) 손익분기점

손익분기점(BEP; break-even point)이란 총수익과 총비용이 일치하여 이익도 손실도

발생하지 않는 판매량 또는 매출액을 의미하며, 산출과정은 다음과 같이 표시된다.

손익분기점 판매량 = 고정비/단위당 공헌이익
* 이익 = 단위당 공헌이익 × 판매량 − 고정비 ⇨ 손익분기점판매량

손익분기점 매출액 = 고정비/공헌이익률
* 이익 = 공헌이익률 × 매출액 − 고정비

세전목표이익과 세후목표이익은 공헌이익과 판매량, 고정비 등의 항목으로 아래와 같이 계산할 수 있다.

세전목표이익 = 단위당 공헌이익 × 판매량 − 고정비
⇨ 세전목표이익을 달성하기 위한 판매량 = (세전목표이익 + 고정비)/단위당공헌이익

세전목표이익 = 공헌이익률 × 매출액 − 고정비
⇨ 세전목표이익을 달성하기 위한 매출액 = (세전목표이익 + 고정비)/공헌이익률

세후목표이익 = 세전이익 × (1−법인세율)
= (단위당 공헌이익 × 판매량 − 고정비) × (1 − 법인세율)
⇨ 세후목표이익을 달성하기 위한 판매량
= {(세후목표이익)/(1−법인세율) + 고정비}/(단위당 공헌이익)

세후목표이익 = 세전이익 × (1 − 법인세율)
= (공헌이익률 × 매출액 − 고정비) × (1 − 법인세율)

예제 10.1

ABC 제품을 생산하는 (주)XYZ의 20×0년의 자료는 다음과 같다.

단위당 판매가격: 150원

단위당 변동비: 90원

연간 고정비 총액: 150,000원

1) 단위당 공헌이익과 공헌이익률을 구하시오.

공헌이익 = 150원 − 90원 = 60원

공헌이익률 = 60원 / 150원 = 0.4

2) 손익분기점 판매량과 매출액을 구하시오.

손익분기점 판매량 = 고정비 / 단위당 공헌이익 = 150,000원 / 60원 = 2,500개

손익분기점 매출액 = 고정비 / 공헌이익률 = 150,000원 / 0.4 = 375,000원

3) 30,000원의 영업이익을 얻기 위한 판매량과 매출액을 구하시오.

(목표) 판매량 = (세전목표이익 + 고정비) / 단위당 공헌이익

= (30,000원 + 150,000원) / 60원 = 3,000개

(목표) 매출액 = (세전목표이익 + 고정비) / 공헌이익률

= (30,000원 + 150,000원) / 0.4 = 450,000원

(2) 안전한계

안전한계(M/S, margin of safety)는 실제 또는 예상판매량(매출액)이 손익분기점의 판매량(매출액)을 초과하는 판매량(매출액)을 의미한다. 안전한계는 현재 상황에서 손실을 발생시키지 않으면서 허용할 수 있는 판매량(매출액)의 최대 감소폭을 나타내기 때문에 기업 안정성을 측정하는 지표로 활용된다.

안전한계 판매량(매출액) = 실제 판매량(매출액) − 손익분기점 판매량(매출액)

안전한계 판매량(매출액)을 판매량(매출액)으로 나눈 값을 안전한계율이라고 하며,

이 비율은 판매량(매출액) 중에서 안전한계 판매량(매출액)이 몇 %를 차지하는지를 나타낸다.

> 안전한계율 = 안전한계 판매량(매출액)/판매량(매출액)
> = {판매량(매출액)-손익분기점 판매량(매출액)}/{판매량(매출액)}
> = 영업이익/공헌이익
> = 1-{손익분기점판매량(매출액)}/{판매량(매출액)}

(3) 원가구조의 선택

원가구조란 기업의 고정비와 변동비의 상대적 구성관계를 말한다. 각 기업의 원가구조는 기업이 자본집약적 방법 또는 노동집약적 방법과 같은 특정방법을 선택하여 어느 범위까지는 조정할 수 있다.

노동집약적 방법을 선택하면 직접노무비의 비중이 커져 단위당 변동비와 변동비율은 커지나 고정비의 비중은 작아진다. 반면에 자본집약적인 방법을 선택하면 직접노무비의 비중이 작아져 단위당 변동비와 변동비율은 작아지고 고정비의 비중이 커진다. 자본집약적 방법을 선택하면 단위당 공헌이익과 공헌이익률이 커지므로 판매량과 매출액의 변화에 따라 영업이익이 크게 변한다. 반면에 노동집약적 방법을 선택하면 단위당 공헌이익과 공헌이익률이 작아지므로 판매량과 매출액의 변화에 이익이 적게 변한다.

경기가 호황이라면 판매량과 매출액이 증가하므로 자본집약적 방법이 유리하고, 불황인 경우에는 판매량과 매출액이 감소하므로 노동집약적 방법이 상대적으로 유리하다. 따라서 어떤 원가구조가 최적인가 하는 것은 일률적으로 말할 수 없으며, 경영자의 위험에 대한 태도, 경기상황 등에 따라 달라질 수 있다.

① 노동집약접 방법의 원가구조 선택

> 고정비(L)/단위당변동비(H) → 단위당 공헌이익(L), 공헌이익률(L)
> → 판매량과 매출액의 유리

*단 (L)은 해당수치가 낮은 경우, (H)는 높은 경우를 의미함

② 자본집약적 방법의 원가 구조 선택

> 고정비(H)/단위당변동비(L) → 단위당 공헌이익(H), 공헌이익률(H)
> → 판매량과 매출액의 변화에 따른 영업이익 영향(H) → 이익의 안정성(L)
> → 호황시 유리, 불황시 불리

(4) 영업레버리지

영업레버리지(operating leverage)란 총비용 중 고정비가 차지하는 정도를 의미한다. 따라서 기업이 제품을 생산할 때 변동비 대신 고정비를 많이 사용하는 경우에는 높은 영업레버리지를 갖는다고 한다. 영업레버리지가 높은 경우 매출액이 변할 때 영업이익은 매출액이 변하는 비율보다 큰 비율로 변하게 되는데 이를 영업레버리지효과라고 한다.

영업레버리지효과는 영업레버리지도로 측정할 수 있다. 영업레버리지도(degree of operating leverage: DOL)는 매출액의 변화에 대한 영업이익의 변화의 정보를 측정하는 지표로서 다음과 같이 계산한다.

> 영업레버리지(DOL) = 영업이익 변화율/매출액 변화율 = 공헌이익/영업이익
> = 공헌이익/(공헌이익 − 고정비) = 1/안전한계율

영업레버리지도는 매출액이 1% 변할 때 영업이익이 몇 % 변하는지를 나타내며, 위의 첫째 식을 변형하면 다음과 같은 식이 유도된다.

> 영업이익 변화율 = 매출액 변화율 × 영업레버리지도(DOL)

예제 10.2

다음은 (주)ABC와 (주)XYZ의 손익계산서 자료이다.

	ABC	XYZ
매출액	360억 원	360억 원
변동비	240억 원	180억 원
공헌이익	120억 원	180억 원
고정비	100억 원	160억 원
영업이익	20억 원	20억 원

1. 각 회사의 영업레버리지도를 계산하시오.

	ABC	XYZ
공헌이익	120억 원	180억 원
영업이익	20억 원	20억 원
영업레버리지도	6	9

2. 다음의 경우 각 회사의 영업이익을 계산하시오.

(1) 매출액이 10% 증가하는 경우

ABC의 영업이익 = 20억 원×(1+10%×6) = 32억 원

XYZ의 영업이익 = 20억 원×(1+10%×9) = 38억 원

(2) 매출액이 10% 감소하는 경우

ABC의 영업이익 = 20억 원×(1−10%×6) = 8억 원

XYZ의 영업이익 = 20억 원×(1−10%×9) = 2억 원

10.3 원가와 경영의사결정

1) 원가관련 장단기 경영의사결정

원가와 관련된 의사결정이란 일정한 목표를 달성하기 위하여 여러 가지 선택 가능

한 대체적 대안들 중에서 최적의 대안을 선택하는 것을 말하며, 의사결정의 효과가 나타나는 기간에 따라 단기적 의사결정과 장기적 의사결정으로 구분할 수 있다.

단기적 의사결정은 효과가 비교적 짧은 기간 내(보통 1년 이내)에 나타나는 의사결정이다. 단기적 의사결정에는 제품생산계획과 같이 일상적으로 발생하는 업무적 의사결정과 특별주문 수락여부 결정, 생산중단여부 결정 등과 같은 특수의사결정이 포함되는데 이 중 특수의사결정을 관련원가분석이라고 부른다.

장기적 의사결정은 생산설비 취득, 공장신축, 신제품의 개발 등과 같이 의사결정 효과가 장기간에 걸쳐 나타나는 것을 말한다. 단기적 의사결정은 효과가 짧은 기간 내에 나타나므로 화폐의 시간가치를 고려하지 않아도 합리적이지만, 장기적 의사결정은 효과가 장기간에 걸쳐 나타나므로 시간가치를 고려해야 한다. 기업가치의 원천은 이익이 아닌 현금흐름에 있으므로 현금흐름을 기초로 의사결정을 하여야 한다. 장기적 의사결정은 단기적 의사결정과 비교시 이익과 현금흐름 간에 차이가 크므로 현금흐름을 토대로 의사결정을 한다.

2) 의사결정과 관련된 원가 개념

(1) 기회비용

기회비용(opportunity cost)은 재화, 용역 또는 생산설비를 특정 용도 이외의 다른 대체적인 용도로 사용할 경우에 얻을 수 있는 최대금액을 말한다. 즉, 자원을 특정 용도가 아닌 차선의 용도에 사용하였을 경우 얻을 수 있는 최대이익을 말한다. 기회비용은 장부상에는 기록되지 않지만 의사결정에서는 반드시 고려하여야 한다.

예) 기존 정규시장의 이익 감소분, 유휴생산 능력의 대체적 용도를 통한 이익 상실분

(2) 매몰원가

매몰원가(sunk cost)는 경영자가 통제할 수 없는 과거의 의사결정으로부터 발생한 역사적 원가(historical cost)로서 현재 또는 미래의 의사결정과 관련이 없는 원가이다. 매몰원가는 현재 또는 미래에 어떠한 의사결정을 하여도 변경될 수 없으므로 의사결정과는 아무런 관련이 없는 비관련원가가 된다.

(3) 관련원가와 관련수익

관련원가(relevant cost)는 의사결정과 관련이 있는 원가로, 고려중인 대체적 관계에 있는 대안들 사이에 차이가 발생하는 미래원가를 말한다. 따라서 관련원가가 되기 위해서는 미래원가이어야 하고 차액원가이어야 한다. 반면에 비관련원가는 의사결정에 영향을 미치지 못하는 원가로 과거에 이미 발생된 원가와 각 대체적 대안들 간에 차이가 발생하지 않는 미래원가이다.

관련수익이란 의사결정과 관련이 있는 수익으로, 고려중인 대체안 간에 차이가 발생하는 미래수익을 말한다. 미래수익 중에서 대체적 대안들 간에 차이가 있으면 관련수익이 되지만, 과거에 이미 발생한 수익이나 각 대체안 사이에 차이가 없는 미래수익은 의사결정과 관련이 없는 비관련수익이 된다.

3) 의사결정의 접근방법

(1) 총액접근법

총액접근법은 각 대안별로 총수익과 총비용을 구하여 이익을 계산한 후 이익이 가장 큰 대안을 선택하는 방법이다. 이 방법으로 접근하면 관련수익, 관련원가 뿐만 아니라 비관련수익, 비관련원가까지도 분석대상에 포함하게 된다.

- 총액접근법의 장점: 차액접근법에 비하여 이해하기 쉽고, 세가지 이상의 대안이 있을 경우 의사결정을 하기 편리함
- 총액접근법의 단점: 모든 수익과 원가를 추정하여야 하므로 비용과 시간이 많이 소요된다. 비관련수익, 비관련원가까지도 분석대상에 포함되므로, 의사결정과 관련된 관련수익, 관련원가에 관심을 적게 갖게 된다.

(2) 차액접근법(증분접근법)

차액접근법은 각 대안 간에 차이가 발생하는 항목만을 가지고 증분수익과 증분비용을 구하고 증분수익에서 증분비용을 차감하여 계산되는 증분이익으로 의사결정을 하는 방법이다. 차액접근법에서는 각 대안 간에 차이가 없는 항목인 비관련수익과 비관련원가는 고려대상에서 제외된다.

- 차액접근법의 장점: 각 대안간의 차이가 발생하는 항목만을 고려하므로 의사결정을 할 때 시간이 절약된다. 의사결정과 직접 관련이 있는 항목에 관심이 집중된다.
- 차액접근법의 단점: 총액접근법에 비하여 이해하기 어려우며, 대안이 세 가지 이상 있을 경우 의사결정에 어려움이 있다.

(3) 차액접근법에 의한 의사결정모형

설명한 차액접근법에 따른 실제 의사결정모형의 분석 사례 도표를 아래에 표시하였다.

[의사결정모형]		
Ⅰ. (계획안 채택시) 증분수익 (계획안 채택시 영업이익을 증가시키는 항목)		
1. 매출액 증가분	×××	
2. 비용감소분	×××	×××
Ⅱ. (계획안채택시) 증분비용 (계획안 채택시 영업이익을 감소시키는 항목)		
1. 비용증가분	×××	
2. 매출액감소분	×××	×××
기회비용 (계획안을 채택하기 위하여 포기해야 하는 이익)		
3. 기존 정규시장의 이익감소분	×××	
4. 유휴생산능력의 대체적 용도를 통한 이익상실분	×××	×××
Ⅲ. (계획안 채택시) 증분이익		×××
[의사결정]		
(계획안 채택시) 증분이익 > 0 (증분수익 > 증분비용): 계획안 채택		
(계획안 채택시) 증분이익 < 0 (증분수익 < 증분비용): 현재안 유지		

예제 10.3

(주)ABC는 작년 총제조원가 200억원을 투입하여 X제품 100,000단위를 생산하였는데 이 제품은 현재 진부화되어 정상적으로 판매할 수 없다. X제품을 현재 상태로 판매한다면 40억 원을 받을 수 있으나, 50억 원이 소요되는 재작업을 한 후에 판매하면 150억 원을 받을 수 있다. 단, 어느 대안을 선택하더라도 운송비 20억 원은 (주)ABC가 부담하여야 한다. 총액접근법 및 차액접근법을 이용하여 상기의 2가지 대안(1안: 그대로 판매, 2안: 재작업 후 판매) 중 채택할 하나의 대안을 선택하라.

〈 총액접근법 〉

	1안(그대로 판매)	2안(재작업 후 판매)
수익	40억 원	150억 원
비용		
매출원가(매몰원가)	200억 원	200억 원
운송비	20억 원	20억 원
재작업원가	-	50억 원
이익	(−)180억 원	(−)120억 원

그대로 판매하는 대안의 이익보다 재작업 후 판매하는 대안의 이익이 더 크므로 재작업 후 판매한다.

〈 차액접근법 〉

I. 2안 채택시 증분수익	
1. 매출액 증가분	110억 원
II. 2안 채택시 증분비용	
1. 비용 증가분	50억 원
III. 2안 채택시 증분이익	60억 원

재작업 후 판매시 증분이익이 0 이상이므로 재작업 후 판매한다.

4) 관련원가 분석시의 유의사항

원가 요소를 기초로 의사결정을 시행할 때에는 양적 요소와 질적 요소를 함께 고려하여야 한다. 관련원가분석에서는 주로 재무적 요소에 중점을 두지만 실제 의사결정을 할 때에는 비재무적요인인 양적요소와 질적요소도 반드시 고려하여야 한다.

양적 요소(quantitative factor)는 수치로 표현될 수 있는 요소를 말하며, 직접재료비, 직접노무비, 마케팅원가, 연구개발비 등과 같이 화폐금액으로 표현될 수 있는 재무적 요소와 항공사의 정시도착비율, 수율, 시장점유율, 제품개발기간 등과 같이 수치로는 표현될 수 있지만 화폐금액으로는 표현될 수 없는 비재무적 요소로 구분될 수 있다.

질적 요소(qualitative factor)는 종업원의 사기, 경영자의 경영철학, 공급업체와의 유대관계 등과 같이 수치로 표현되기 어려운 경영요소를 말한다.

10.4 원가관련 특수 의사결정

1) 특별주문 수락여부 결정

(1) 의의

기업은 예상하지 않았던 일회성 특별 주문을 요청 받는 경우가 있다. 이 경우 제의를 수락할 것인가 또는 거절할 것인가를 결정하여야 하는데 이를 특별주문 수락여부 의사결정이라고 한다. 특별주문을 수락할 것인지 여부를 결정할 때, 증분수익의 계산은 비교적 간단하므로 증분비용에 관심을 가져야 한다.

특히 특별주문 수락여부에 대한 의사결정을 할 때 주의할 점은 현재 사용하지 않는 유휴생산설비가 존재하는지의 여부이다. 유휴생산설비가 존재하는 경우 유휴생산설비를 이용해서 특별주문량을 생산하여 기회비용이 '0'이 되므로 분석에 특별한 주의를 기울이지 않아도 된다. 그러나 유휴생산설비가 존재하지 않는 경우에는 특정 대안을 선택할 때 생산설비를 늘려야 하거나 기존에 생산하던 제품의 생산을 줄여야 하므로 주의를 기울여야 한다.

(2) 유휴생산능력이 존재하는 경우 (특별주문량 < 유휴생산능력)

특별주문을 수락하더라도 기존 생산설비로 충분히 생산할 수 있으므로 특별주문 수락으로 인하여 증가되는 수익과 증가되는 비용을 고려하여 의사결정을 한다.

(3) 유휴생산능력이 부족한 경우 (특별주문량 > 유휴생산능력)

특별주문을 수락하기 위하여 아래의 세 가지 방법 중 하나를 선택해야 한다.

방법 1: 생산능력 확장(생산능력을 추가 구입 또는 임차→감가상각비 또는 임차료 증가)
방법 2: 외부에서 구입(외부 구입원가 증가)
방법 3: 정규판매량을 감소시켜 특별주문에 충당. 특별주문을 수락키 위해 포기하는 이익발생. 기존 정규시장의 이익 감소분(기회비용) 발생

(4) 유휴생산능력의 대체적 용도가 있는 경우

유휴생산능력을 다른 제품의 생산에 이용할 수 있거나 임대할 수 있는 경우가 있다. 이때 특별주문을 수락하기 위해서는 유휴생산능력을 다른 제품의 생산에 이용할 경우에 얻을 수 있는 이익이나 임대할 경우에 얻을 수 있는 임대료를 포기해야 한다. 즉, 특별주문을 수락할 경우 포기해야 하는 이익(기회비용)이 발생되는데 이 기회비용을 유휴생산능력의 대체적 용도를 통한 이익상실분이라 표현한다.

(5) 특별주문의 수락이 기존 시장에 영향을 미치는 경우

특별주문을 수락할 경우 특별주문 가격보다 높은 가격으로 제품을 구입하던 기존 고객들의 반발로 기존 시장의 판매가격이 하락하거나 판매량이 감소할 수 있다. 이 경우에는 기존 정규시장의 매출이 감소하여 기존 정규시장의 이익이 감소한다. 즉 기존 정규시장의 이익 감소분(기회비용)이 발생되므로 이를 증분비용에 포함시켜야 한다.

(6) 의사결정모형

이러한 특수주문의 경우 의사결정모형을 도표 사례로 표시해 보면 다음과 같다.

[의사결정모형]		
I. (특별주문 수락시) 증분수익		
1. 매출액 증가분	×××	×××
II. (특별주문 수락시) 증분비용		
1. 변동비 증가분	×××	
2. 고정비 증가분	×××	×××
기회비용 (계획안을 채택하기 위하여 포기해야 하는 이익)		
3. 기존 정규시장의 이익감소분	×××	
4. 유휴생산능력의 대체적 용도를 통한 이익상실분	×××	×××
III. (특별주문 수락시) 증분이익		×××
[의사결정]		
(특별주문 수락시) 증분이익 > 0 (증분수익 > 증분비용): 계획안 채택		
(특별주문 수락시) 증분이익 < 0 (증분수익 < 증분비용): 현재안 유지		

특별주문 수락여부에 관한 의사결정을 할 때 위의 재무적 요소 외에 고려해야 할 질적 요소는 다음과 같다.

- 회사의 평판에 미치는 영향: 낮은 가격으로 공급하는 사실을 고객들이 알게 되면 회사의 평판이 나빠질 수 있으며, 고객의 충성도가 떨어질 수 있다.
- 장기적인 측면에서의 생산능력: 갑자기 수요가 증가하면 유휴생산능력의 부족으로 수요에 대처할 수 없게 되며, 수요에 대처하기 위하여 생산능력을 증가시킬 경우 많은 원가가 발생할 수 있다.
- 기존 유통업자들의 불만: 낮은 가격으로 공급하는 사실을 기존 유통업자들이 알게 되면 그들은 회사의 제품을 취급하지 않거나 전보다 소극적으로 제품을 판매할 가능성이 있다. 이 때문에 기존 유통업자를 통한 매출이 감소할 수 있다.

• 장기적인 가격구조에 미치는 영향: 할인판매가 지속되면 장기적으로 가격이 떨어질 수 있다.

2) 제품의 생산중단여부 결정

기업이 현재 생산 판매하고 있는 제품 중에 손실이 발생하는 제품이 있다면 이 제품을 계속 생산할 것인가 아니면 생산을 중단할 것인가를 결정하여야 한다. 이 의사결정을 할 때에는 제품의 생산중단으로 감소되는 비용과 감소되는 수익을 각각 증분수익과 증분비용에 포함시켜야 하는데 제품의 생산중단으로 감소되는 비용을 계산할 때에는 각 제품에 배부되는 고정비에 유의하여야 한다. 왜냐하면 제품 생산을 중단하는 경우에 고정비가 감소된다는 단서가 없는 한 고정비는 계속해서 발생하기 때문이다.

또한 제품 생산을 중단하면 유휴생산능력이 발생하므로 이에 대한 활용방안이 있다면 이로 인한 이익을 증분수익에 추가로 포함시켜야 한다. 아래에 제품 생산중단시의 의사결정표를 예로 들었다.

[의사결정모형]		
I. (제품의 생산중단시) 증분수익		
1. 변동비 감소분	×××	
2. 고정비 감소분	×××	
3. 유휴생산능력의 대체적 용도를 통한 이익	×××	×××
II. (제품의 생산중단시) 증분비용		
1. 매출액 감소분	×××	×××
III. (제품의 생산중단시) 증분이익		×××
[의사결정]		
(제품의 생산중단시) 증분이익 > 0 (증분수익 > 증분비용): 계획안 채택		
(제품의 생산중단시) 증분이익 < 0 (증분수익 < 증분비용): 현재안 유지		

제품의 생산중단 여부에 대한 의사결정을 할 때 위의 재무적 요소 외에 고려해야 할 질적 요소는 다음과 같다.

- 기존 제품의 생산중단이 기업의 대외적 이미지에 미치는 영향
- 다른 제품의 판매에 미치는 영향
- 종업원의 감원에 따른 노동조합의 반발가능성
- 유휴 생산능력의 활용방안

3) 자가제조 또는 외부구입 결정

제조기업은 부품의 안정적인 공급과 품질유지 측면에서 부품을 자신이 직접 제조하는 즉, 자가제조할 것인가, 외부에서 구입할 것인가 또는 OEM(Original Equipment Manufacturing) 방식을 이용하여 외부에서 구입할 것인가를 고민한다. 이에 대한 의사결정을 자가제조 또는 외부구입 결정이라고 한다. 의사결정모형은 현재 외부에서 구입하고 있는가 또는 자가제조하고 있는가에 따라 달라지는데 이를 구체적인 의사결정표를 통해 살펴보면 다음과 같다.

(1) 현재 외부에서 구입하고 있는 경우

[의사결정모형]		
Ⅰ. (자가제조시) 증분수익		
1. 외부구입원가 감소분	×××	×××
Ⅱ. (자가제조시) 증분비용		
1. 보조부문 운영에 따른 원가 증가분(제조원가증가분)	×××	
2. 유휴생산능력의 대체적 용도를 통한 이익상실분*	×××	×××
Ⅲ. (자가제조시) 증분이익		×××
[의사결정]		
(자가제조시) 증분이익 > 0 (증분수익 > 증분비용): 계획안 채택		
(자가제조시) 증분이익 < 0 (증분수익 < 증분비용): 현재안 유지		

* 현재(외부구입) 기존 유휴생산능력을 임대하고 있거나 다른 부품이나 제품을 생산하는데 이용하고 있는데, 이 유휴생산능력을 이용하여 부품을 자가제조하면 임대료나 다른 부품이나 제품을 생산하여 얻을 수 있는 이익을 포기(기회비용)해야 하므로 의사결정을 할 때 이를 반영하여야 한다.

현재 외부에서 구입하고 있는 경우 의사결정시에 계산식에 이미 고려된 재무적인 요소 외에 고려해야 할 질적 요소는 다음과 같다.

- 기존 공급업자와의 유대관계
- 과대투자의 위험성
- 종업원의 증권으로 인한 추가 노사문제

(2) 현재 자가제조하고 있는 경우

[의사결정모형]		
I. (외부구입시) 증분수익		
1. 제조원가 감소분	×××	
2. 유휴생산능력의 대체적 용도를 통한 이익*	×××	×××
II. (외부구입시) 증분비용		
1. 외부구입원가 증가분	×××	×××
III. (외부구입시) 증분이익		×××
[의사결정]		
(외부구입시) 증분이익 > 0 (증분수익 > 증분비용): 계획안 채택		
(외부구입시) 증분이익 < 0 (증분수익 < 증분비용): 현재안 유지		

* 외부에서 구입할 경우에 기존 유휴생산능력을 임대하거나 다른 부품이나 제품을 생산하는데 이용할 수 있다면, 임대수익이나 다른 부품이나 제품을 생산함으로 인한 이익도 증분수익에 포함시켜야 한다.

현재 자가제조하고 있는 경우 의사결정시 위의 재무적 요소 외에 고려해야 할 질적 요소는 다음과 같다.

- 신규 공급업자의 안정적인 공급능력과 품질수준
- 종업원의 감원에 따른 노동조합의 반발 가능성
- 기존 설비의 대체적 이용가능성 여부

4) 보조부문 운영여부 결정

보조부문은 제조부문이나 다른 보조부문의 원활한 운영을 위하여 용역을 제공한다.

보조부문이 제공하는 용역을 외부에서 구입할 수 있는 기회가 생긴다면, 기업은 보조부문을 운영하여 용역을 직접 제공할 것인가 또는 보조부문을 폐쇄하고 용역을 외부에서 구입할 것인가에 대한 의사결정을 하여야 한다. 이를 보조부문 운영여부 결정이라고 하는데 의사결정방법 및 고려해야 할 질적 요소는 앞에서 살펴본 자가제조 또는 외부구입과 기본적으로 동일하다.

(1) 현재 용역을 외부에서 구입하고 있는 경우

[의사결정모형]		
I. (보조부문 운영시) 증분수익		
1. 외부구입원가 감소분	×××	×××
II. (보조부문 운영시) 증분비용		
1. 보조부문 운영에 따른 원가 증가분	×××	
2. 유휴생산능력의 대체적 용도를 통한 이익상실분	×××	×××
III. (보조부문 운영시) 증분이익		×××
[의사결정]		
(보조부문 운영시) 증분이익 > 0 (증분수익 > 증분비용): 계획안 채택		
(보조부문 운영시) 증분이익 < 0 (증분수익 < 증분비용): 현재안 유지		

(2) 현재 보조부문을 운영하고 있는 경우

[의사결정모형]		
I. (용역 외부구입시) 증분수익		
1. 보조부문원가 감소분	xxx	
2. 유휴생산능력의 대체적 용도를 통한 이익	xxx	xxx
II. (용역 외부구입시) 증분비용		
1. 외부구입원가 증가분 (용역 외부구입량 x 용역단위당 구입가격)	xxx	xxx
III. (용역 외부구입시) 증분이익		xxx
[의사결정]		
(용역 외부구입시) 증분이익 > 0 (증분수익 > 증분비용): 계획안 채택		
(용역 외부구입시) 증분이익 < 0 (증분수익 < 증분비용): 현재안 유지		

예제

1. 라면을 생산하는 A 공장의 고정비는 매년 600억 원이며 라면 1개의 변동재료비 120원을 포함한 총변동비는 220원, 판매점으로의 상품인도가격은 평균 620원(실제 소비자 판매가 820원)이다. 이때 A 공장의 손익분기 매출액(BEP 매출액)은 몇 개인가?

① 1.2억 개 ② 약 1천만 개
③ 1억 개 ④ 1.5억 개

답 ④

2. 원가와 일정한 관계가 유지되는 조업도 구간인 관련범위 내에서 단위당 변동원가의 행태를 바르게 설명한 것은?

① 각 생산수준에서 일정하지 않다.
② 각 생산수준에서 서로 같게 변화한다.
③ 생산량이 증가함에 따라 증가한다.
④ 생산량이 증가함에 따라 감소한다.

답 ②

3. 다음 중 CVP분석의 목적이 아닌 것은?

① 일정한 조업도 수준에서 원가와 이익의 관계를 분석하는 기법이다.
② 다양한 조업도 수준에서의 원가와 이익의 관계를 분석하는 기법이다.
③ 고정원가를 보상하는데 필요한 매출액을 파악하는데 유용하다.
④ 1년 이내의 단기투자의사결정에 유용한 분석방법이다.

답 ①

4. CVP분석과 관련한 다음 설명 중 옳지 않은 것은?

① 공헌이익률은 원가구조와 밀접한 관련이 있으며 변동원가 비중이 높으면 공헌이익률이 높게 나타난다.
② 영업레버리지도 3이라는 의미는 매출액이 1% 변화항 때 영업이익이 3% 변화한다는 것이다.
③ 법인세를 고려하건 고려하지 않건 간에 손익분기점은 영향을 받지 않는다.
④ 제약조건이 둘 이상인 경우에도 공헌이익을 극대화하기 위한 CVP분석이 가능하다.

답 ①

5. 다음 자료는 H회사의 올해 영업활동에 관한 자료이다.

단위당 변동원가	720원
공헌이익률	40%
손익분기매출액	240,000,000원

H 회사는 내년에는 올해보다 제품 100,000개를 더 많이 판매하려고 한다. 단위당 판매가격과 단위당 변동원가가 변하지 않는다고 가정하고, 내년에는 제품 100,000개에 해당하는 매출액의 15%만큼의 목표이익을 달성하고자 할 경우 고정원가를 추가로 얼마만큼 증가시킬 수 있는가?

답 15,000,000원

우선, 단위당 변동원가와 공헌이익률을 이용하여 판매가를 구한다.

공헌이익률 = (판매가 − 단위당 변동원가) / 판매가

= (판매가 − 720) / 판매가 = 40%

⇒ 0.6 판매가 = 720

⇒ 판매가 = 1,200 / 개

다음, 손익분기매출액과 공헌이익률을 이용하여 고정원가를 구한다.

손익분기매출액 = 고정원가 / 공헌이익률

= 고정원가 / 0.4 = 240,000,000

⇒ 고정원가 = 0.4 × 240,000,000 = 96,000,000

올해 손익분기를 달성하였으므로 내년의 목표이익은 올해 대비 이익증가액이다.

이익증가분 = 판매량 증가분의 공헌이익 증가분 − 고정원가 증가분

100,000개 × 1200 / 개 × 15% = (1200/개 − 720/개) × 100,000개 − 고정원가 증가분

⇒ 고정원가 증가분 = 15,000,000

연습문제

1. 공헌이익율이란 어떻게 계산되며, 제조기업의 가동율과 어떤 관계에 있는가?

2. 원가-조업도-이익 도표(CVP Chart)를 이용한 분석시의 기본적인 전제사항을 설명하라.

3. 기업이 자체 제조할 것인가 또는 외부 구입을 할 것인가에 대한 의사결정시에 필요한 재무자료는 어떠한 것이 있는가?

4. 변동원가가 매출액의 70%, 판매액이 S, 연간 총고정원가가 FC일 때 총판매액의 20%의 목표이익을 내려고 할 때 목표판매액은 얼마인가? (CPA 기출 '94)

5. E회사는 극심한 경제 불황과 원가구조의 취약성을 극복하기 위해 A제품의 생산계획과 이익목표를 세우려 한다. 다음은 판매가격과 원가구조에 대한 자료이다. 이 회사제품 A의 공헌이익률이 20%일 때, 순이익 ₩4,000,000을 달성하기 위한 판매단위는? (CPA 기출 '98)

단위당 판매가격		5,000
고정원가	생산단위 10,000 미만	8,000,000
	생산단위 10,000 이상	10,000,000

① 10,000단위　② 12,000단위　③ 14,000단위　④ 16,000단위　⑤ 18,000단위

6. 다음 중 원가구조에 관한 설명으로 적절하기 않은 것은? (세무사 기출 '03)
① 원가구조란 조직내 고정비와 변동비의 상대적 비율을 의미한다.
② 원가구조는 영업레버리지에 영향을 미친다.
③ 고정비 비율이 클수록 이익의 안정성이 커진다.
④ 고정비 비율이 클수록 매출 증가시 유리하다.
⑤ 변동비 비율이 클수록 매출 감소시 유리하다.

7. L사는 한 종류의 제품을 생산하고 있다. 지난 해에 L사는 30,000단위를 생산 및 판매하였고 그 결과는 다음과 같다.

판매량을 증가시키기 위하여 L사는 단위당 재료원가가 3.00달러인 현재의 제품을 단위당 재료원가가 5.00달러인 고품질의 제품으로 변경하려고 한다. 이를 위해서는 새로운 기계가 필요한데 그 가격은 20,000달러이고 내용연수는 5년, 잔존가치는 0이다. L사는 모든 설비자산의 감가상각방법으로 직선법을 채택하고 있다.

	손익계산서	
L사		19X5. 1. 1. ~ 19X5. 12. 31
매 출 액		750,000달러
변동원가	450,000달러	
고정원가	180,000	−630,000
법인세차감전 순이익		120,000달러
법인세 (45%)		−54,000
법인세차감후 순이익		66,000달러

〈요구사항〉

(a) 19X5년의 손익분기점 매출수량은 얼마인가?

(b) 19X5년의 법인세 차감후 순이익 110,000달러를 달성하기 위해서는 몇 단위를 판매하여야 하는가?

(c) 판매가격에는 변화가 없고 제안된 변경안을 받아들일 경우 19X6년의 손익분기점 매출수량을 계산하라.

(d) 판매가격에는 변화가 없고 제안된 변경안을 받아들일 경우 19X6년의 법인세 차감후 순이익을 19X5년의 법인세 차감후 순이익과 같게 하는 매출수량을 계산하라.

(e) L사가 법인세 차감후 공헌이익율을 일정하게 유지하려고 하는 경우 인상된 재료원가를 보상하기 위해서는 단위당 판매가격이 얼마만큼 인상되어야 하는가?

(CMA 기출)

8. J사의 생산 · 설비능력은 연간 30,000단위이다. 19X5년 12월 31일의 영업 결과는 다음과 같다.

매출액 (18,000단위 @ 100달러)	1,800,000달러
변동제조 및 판매비	−990,000
공헌이익	810,000달러
고정원가	−495,000
영업이익	315,000달러

외국의 판매회사가 19X6년 동안 제품 15,000단위를 90달러에 구입할 것을 제안하였다. J사의 원가는 19X5년과 19X6년이 동일하다고 가정한다. 만일 J사가 이 주문을 수락한다면 여유설비가 없기 때문에 다른 단골 고객과의 거래를 거절하여야 한다.

(CPA 기출)

〈요구사항〉

(a) 주문을 수락하는 경우 차액수익과 차액원가를 결정하라.

(b) 주문을 수락하는 경우 기회원가는 얼마인가?

(c) J사는 이 주문을 수락해야 하는가, 거절해야 하는가? 그 이유는 무엇인가?

(d) 생산 · 설비능력이 30,000단위가 아니라 45,000단위라면 J사는 이 주문을 수락해야 하는가, 거절해야 하는가?

(e) J사가 의사결정을 하는 데 고려해야 할 비계량적 요인은 무엇인가?

9. H사는 시계의 시간을 정확하게 조정하는 데 이용되는 제품 R을 제조하여 판매하고 있다. 제품 R의 판매시장은 제한되어 있으며 판매가격에 따라 판매수량이 결정된다. 결과적으로 H사는 제품 R의 생산수량과 판매가격을 경제적 개념과 미적분을 이용하여 결정하기로 하였다.

조사에 의하여 판매가격과 판매가격에 따른 수요량의 관계를 기준으로 하여 경영자는 다음과 같은 수요함수를 도출하였다.

D = 2,000 − 2P

단, D = 연간수요량, P = 단위당 가격

다음 해의 예상제조원가와 판매비는 다음과 같다.

변동원가 :		
제 조	단위당	100달러
판 매	단위당	50
추적가능한 고정원가 :		
제 조	연 간	30,000달러
판 매	연 간	10,000

〈요구사항〉 H사의 이익을 극대화하기 위한 제품 R의 판매수량과 판매가격을 결정하라.

(CMA 기출)

CHAPTER 11

재무제표분석

Synthesis Accounting Principle

실제 사회나 기업에서는 재무제표를 만드는 데 종사하는 사람보다 만들어진 재무제표를 활용하고 분석하는 일에 종사하는 사람이 많다. 여기에서는 재무제표를 분석하는 방법과 분석지표에 대해서 배운다.

11.1 재무제표분석의 의의와 종류

1) 재무제표분석의 의의

회계의 목적은 다양한 이해관계자들의 경제적 의사결정에 유용한 정보를 제공하는 것이다. 이를 위해 1부와 2부에서는 회계정보의 핵심인 재무제표의 내용을 이해하고, 생성하는 과정과 작성 방법에 대해 설명하였다.

재무제표분석(financial statement analysis)이란 경제적 의사결정에 유용하도록 재무제표(재무상태표, 포괄손익계산서, 자본변동표, 현금흐름표 등)를 여러 기법을 활용하여 분석하는 절차이다. 재무제표분석의 목적은 정보이용자에 따라 달라진다. 경영자는 기업 경영환경이 복잡해짐에 따라 보다 적절한 경영관리상의 의사결정을 위하여 재무제표를 분석할 필요가 있다. 또한 투자자와 채권자는 투자의사결정과 신용도 파악을 위하여 재무제표를 이용하는데, 이것은 재무제표가 기업활동의 결과로 나타나는 재무상태와 재무상태의 변화 그리고 경영성과를 요약한 정보이기 때문이다.

2) 재무제표분석의 종류

이와 같은 재무제표분석은 재무제표 외에 주가자료, 기업위험자료 등을 이용한 재무론적 분석인 재무분석(financial analysis), 회계, 재무자료 외에 생산, 인사자료, 비계량자료인 경영전략, 산업분석 등을 포함한 경영실태를 분석하고 성과를 측정하는 경영분석(business analysis)과 차별된다.

재무제표분석 시 일반적으로 사용되는 방법이 회계수치 간의 비율 또는 백분율로 표시하는 재무비율분석이다. 비율분석 위주의 분석방법은 적은 노력과 저렴한 비용으로 기업 전반에 대한 이해, 각종 추세 및 원인 파악 등 매우 유용한 내용을 전달할 수 있어 실무적으로 매우 유용하다. 재무비율분석을 보조하는 기법으로 일정기간 동안 재무제표 수치의 변화를 분석하는 추세분석과 재무제표에서 가장 기본이 되는 항목에 대한 비율로 분석하는 구성비율분석법이 있다.

11.2 재무비율분석

1) 재무비율분석의 의의 및 분류

재무비율분석(financial ratio analysis)이란 재무제표에 나타난 두 개 이상 항목 간의 관계를 비율로 산정하고 그 경제적 의미나 상관관계를 파악하여 기업의 경영실태나 재무건전도를 분석 · 평가하는 것이다. 단순한 수치를 비교하는 것 외에 회계정책 등을 포함한 주석사항 그리고 부속명세서 등도 함께 분석하는 것이 필요하다. 예를 들어 특정 기업의 수익성은 어떤지, 유동성은 확보가 되어 있는지, 기업은 안전한지, 장래에 성장할 가능성은 있는지 등이 주요 분석 대상이다.

재무비율은 의도나 목적에 따라 다양하게 분류된다. 특히 발생주의 회계원칙에 의하여 작성된 재무상태표와 손익계산서를 바탕으로 하는 전통적인 재무비율에 더하여,

재무비율의 분류

기본비율	세부비율	의미
유동성비율 (liquidity ratio)	유동비율, 당좌비율, 순운전자본구성비율 등	기업의 단기지급능력을 측정하는 비율
안정성비율 (safety ratio)	부채비율, 자기자본비율, 고정비율, 이자보상비율 등	기업의 부채의존도를 나타내는 것으로 장기채무지급 능력을 측정하는 비율
활동성비율 (activity ratio)	매출채권회전율, 재고자산회전율, 유형자산회전율, 매출채권평균회수기간, 재고자산평균보유기간 등	기업이 보유하는 자산의 운용 효율성을 측정하는 비율
수익성비율 (profitability ratio)	매출액이익률, 총자산순이익율, 자기자본이익율, 주당순이익 등	기업의 경영성과를 매출액이나 투자한 자본에 대한 수익으로 나타낸 비율
성장성비율 (growth ratio)	매출액증가율, 총자산증가율, 순이익증가율 등	기업의 자산규모나 수익성이 얼마나 성장하고 있는가를 측정하는 비율
시장가치비율 (market value ratio)	주가수익비율, 주가순자산비율, 토빈의 q 비율 등	주식시장에서의 주가와 기업의 위험, 수익성을 종합적으로 측정하는 비율

최근에는 현금주의에 근거한 현금흐름표를 활용하여 현금창출능력에 대한 비율분석이 강조되고 있다.

이 장에서는 ① 유동성(liquidity), ② 안정성(safety), ③ 활동성(activity), ④ 수익성(profitability), ⑤ 성장성(growth), ⑥ 시장가치(market value) 비율로 나누어 설명하고자 한다.

2) 표준비율

특정 기업의 재무상태나 경영성과를 평가하기 위해서는 다른 기업과의 비교가 필요하다. 이때 비교분석의 기준이 되는 비율을 표준비율이라고 하며, 일반적으로 동종산업의 평균비율, 당해기업의 과거비율, 이상적인 표준비율 등이 표준으로 사용된다.

동종산업의 평균비율(산업평균)

동종산업의 평균비율(산업평균)은 가장 널리 사용되는 표준비율로 동종산업의 평균(mean)이나 중앙값(median)을 가지고 특정기업의 재무비율을 비교 분석하는 것이다. 이때 동종산업에 속한 전체 기업의 평균을 사용할 수도 있고, 그 중의 일부 기업, 즉 기업의 규모 등이 당해기업과 유사하거나 경쟁상대가 되는 기업을 선정하여 비교할 수도 있다.

산업평균을 표준비율로 사용할 때 주의할 점은 동종산업에 속하는 기업들의 회계처리 방법에서 큰 차이가 없어야 한다는 것이다. 일반적으로 동종산업에 속하는 기업들은 유사한 회계처리 방법을 사용할 수 있으나, 산업분류에 따라서는 달라질 수 있으므로 이 점을 유의할 필요가 있다.

당해기업의 과거비율

당해기업의 과거 평균비율을 비교기준으로 이용할 수도 있다. 이 비율은 경영자가 기업의 성과가 개선되고 있는지 혹은 악화되고 있는지를 평가하는 데 도움이 된다. 과거 평균비율을 표준비율로 사용할 때에는 당해기업의 회계변경을 고려하여야 한다.

만약 과거 동 기간 동안 회계변경이 있었다면 이를 감안하여 평균비율을 계산한다.

이상적인 표준비율

업종이나 과거의 추세와는 관계없이 해당기업의 경영자가 이상적인 표준(benchmark)을 설정하여 경영관리의 목표로 이용할 수 있다. 이때 설정되는 이상적인 표준비율은 과거의 경험이나 혹은 동종산업에서 우량기업 또는 경쟁기업의 비율, 경영환경의 변화 등을 고려하여 설정될 수 있다.

3) 주요 재무비율

① 유동성비율

유동성(liquidity)이란 단기간에 자산을 현금화시킬 수 있는 능력을 의미하며 단기채무지급능력비율(short-term solvency ratios)이라고도 한다. 여기서 단기란 기업의 정상적인 영업주기(operating cycle), 즉 원재료 구입, 생산, 판매, 대금회수가 이루어지는 기간으로 통상 1년 이내이다.

유동성비율이 중요한 이유는, 특정기업이 자산을 많이 보유하고 있으며 수익성이 높다 하여도 단기부채를 갚을 능력이 부족하다면 유동성의 어려움, 즉 도산할 가능성이 있기 때문이다. 유동성을 나타내는 비율은 유동자산과 유동부채의 상대적 크기에 의해서 결정된다. 유동성비율은 특히 기업에 운전자금을 대출한 금융기관이나 신용으로 제품을 공급한 공급자 등 단기채권자들이 주요 관심사다. 그러나 현금 및 현금성자산, 수취채권, 단기금융자산, 재고자산 등과 같은 유동자산은 판매활동을 지원하기 위하여 보유하는 자산이기 때문에 수익성이 낮지만 대신 유동성은 높은 자산이다. 따라서 유동성비율을 분석할 때에는 유동성부족으로 인한 손실과, 높은 유동성으로 인한 수익성 감소라는 두 측면을 고려하여 적절한 수준에서 유동성을 유지해야 한다.

유동성비율에 속하는 세부비율

세부비율	계산 방식	의미
유동비율 (current ratio)	(유동자산 / 유동부채)×100	단기채무지급능력 지표로 유동비율이 높을수록 단기채무에 대한 대응력이 상승하며, 일반적인 기준으로 유동비율이 200% 이상이면 바람직한 것으로 판단된다. 그러나 유동비율의 적정수준에 대한 판단은 상황에 따라 상이할 수 있다.
당좌비율 (quick ratio)	(유동자산－재고자산*) / 유동부채 ×100 *선급비용의 금액이 중요할 경우 포함	단기부채에 대한 현금화 가능자산(유동자산 중 재고자산, 선급비용 등을 제외)비율, 경기민감 업종 또는 재고진부화가 큰 업종에 유용하다. 재고자산은 판매과정을 통해서 현금으로 전환되는 속도가 비교적 늦을 수 있고 청산 시 손실의 발생위험이 가장 큰 자산이다. 유동비율의 보조비율로서 유동성 측면을 더 강조하는 비율이라 할 수 있다.
순운전자본구성비율 (net working capital ratio)	(순운전자본 / 총자산)×100	순운전자본은 유동자산에서 유동부채를 차감하여 측정되는데, 순운전자본이 양(+)의 값을 갖는다면 유동자산으로 유동부채를 상환한 후 여유가 있다는 것을 의미한다. 기업규모에 따라 필요한 순운전자본이 달라질 수 있기 때문에 총 자산에서 순운전자본이 차지하는 비율인 순운전자본구성비율로 단기유동성을 측정할 수 있다.

② 안정성비율

안정성(safety)비율은 장기지급능력비율(long-term solvency ratios)이라고도 하며, 기업의 장기채무불이행위험을 평가하는 비율이다. 가장 대표적인 안정성비율로는 부채비율이며 이는 총부채를 자기자본으로 나눈 값이다.

안정성비율은 채권자에게는 장기채무에 대한 원금과 이자의 지급능력을 평가하는데 도움이 되며, 기업의 경영자에게는 자본조달에 관한 의사결정을 효율적으로 하는데 이용된다. 일반적으로 기업의 부채의존도는 채권회수에 대한 위험의 부담 정도를 나타내기 때문에 기업의 부채의존도가 낮을수록 안전하다고 평가하게 된다.

안정성비율에는 부채비율, 자기자본비율, 이자보상비율, 현금 이자보상비율, 현금 총부채보상비율, 고정장기적합률과 고정비율 등이 포함된다.

안정성비율에 속하는 세부비율

세부비율	계산 방식	의미
부채비율 (dept ratio)	(총부채 / 자기자본) × 100	부채비율은 총부채를 자기자본으로 나누어 계산한 비율이다. 채권자가 제공한 자금은 자기자본과는 달리 일정기간마다 이자를 지급해야 하며, 또한 만기일에는 원금을 상환해야 할 의무가 있기 때문에 자기자본에 대한 부채의 상대적인 크기는 기업의 재무위험을 나타내며, 장기지급능력을 측정하는 데 이용된다.
자기자본비율 (stockholders' equity to total assets)	(자기자본 / 총자산) × 100	자기자본비율은 기업의 총자산 중에서 소유주의 몫이 얼마인가를 나타내주는 비율이다. 자기자본비율이 높을수록 기업의 안정성이 높아진다고 볼 수 있다. 금융기관에서는 제조업과는 달리 자기자본과 보완자본을 더한 값을 위험가중자산으로 나누는 국제결제은행 기준 자기자본비율(BIS)을 이용한다.
이자보상비율 (interest coverage ratio)	영업이익(or EBIT*) / 이자비용 EBIT(earnings before interests and taxes) : 이자 및 법인세비용 차감전순이익	이자보상비율은 영업이익으로 이자비용의 몇 배까지 지급할 수 있는가를 측정하는 비율이기 때문에 적정수준의 이자보상비율을 유지해야만 이자비용의 지급능력이 양호한 것으로 평가 받게 된다. 즉 채권자에게 지급해야 할 고정비용인 이자비용을 영업이익을 통해서 지급할 수 있는가를 나타낸다.
고정비율 (fixed ratio)	(고정자산/자기자본) × 100	고정비율은 고정자산을 자기자본으로 나눈 비율로 기업이 보유하고 있는 고정적 자산은 장기자본의 조달로 충당하는 것이 기업의 장기적 안정성 면에서 바람직하다는 관점에서 자본의 고정화 정도를 측정하는 비율이다.

③ **활동성비율**

활동성(activity)비율은 기업이 보유하고 있는 자산을 얼마나 효율적으로 활용하고 있는가를 측정하는 비율로서 효율성(efficiency)비율이라고도 하며, 회전율에 의하여

활동성비율에 속하는 세부비율

<table>
<tr><th>세부비율</th><th>계산 방식</th><th>의미</th></tr>
<tr><td>매출채권회전율
(receivable turnover)</td><td>매출액 / 연평균 매출채권</td><td rowspan="2">매출채권의 잔액이 얼마나 신속하게 회수되는가는 매출채권 회수 효율성을 나타낸다고 볼 수 있다. 매출채권회전율은 매출액을 연평균매출채권으로 나눈 비율로 매출채권의 현금화 속도를 측정하는 지표이다.
매출채권평균회수기간은 365일을 매출채권회전율로 나누어 구하며 매출채권이 현금으로 회수되는데 걸리는 평균일수를 뜻한다. 매출채권회전율은 높을수록, 매출채권평균회수기간은 작을수록 매출채권의 효율성이 높다고 볼 수 있다.</td></tr>
<tr><td>매출채권평균회수기간
(average collection period of account receivable)</td><td>365일 / 매출채권 회전율</td></tr>
<tr><td>재고자산회전율
(inventory turnover)</td><td>매출액 / 재고자산 연평균잔액</td><td rowspan="2">재고자산 효율성은 회전율과 평균보유기간으로 효율성을 측정한다. 재고자산회전율은 매출액을 재고자산의 연평균잔액으로 나누어 구하고, 재고자산의 평균보유기간은 365일을 재고자산회전율로 나누어 계산한다. 재고자산회전율은 기업의 수익성과 밀접한 관계를 가지고 있다. 즉, 같은 금액을 재고자산에 투자하고, 한번 회전할 때 얻을 수 있는 수익이 동일하다면 회전율이 높은 기업과 낮은 기업은 수익성에 있어 차이가 발생할 수 있다. 일반적으로 재고자산회전율은 높을수록, 재고자산평균보유기간은 작을수록 효율성이 높다고 볼 수 있다.</td></tr>
<tr><td>재고자산평균보유기간
(days to sell inventory)</td><td>365일 / 재고자산 회전율</td></tr>
<tr><td>총자산회전율
(total assets turnover)</td><td>매출액 / 총자산</td><td rowspan="2">총(유형)자산회전율은 매출액을 총(유형)자산으로 나누어 구하는 비율로 자산의 효율적 이용도를 측정한다. 자산이라는 경제적 자원 한 단위에 의해 창출되는 수익이 얼마인가를 측정하는 것은 경영자나 투자자와, 채권자들에게 중요한 정보가 될 수 있다. 총(유형)자산회전율이 높다는 것은 보유하고 있는 자산이 효율적으로 이용되고 있음을 나타내나 해당기업이 속한 산업의 특성을 고려하여 분석해야 한다.</td></tr>
<tr><td>유형자산회전율
(tangible asset turnover)</td><td>매출액 / 유형자산</td></tr>
</table>

계산된다. 수익발생의 원천이 매출이기 때문에, 매출액을 기준으로 특정자산 혹은 전체자산의 상대적 비중을 계산한다. 즉 특정자산이 매출을 창출하는데 어느 정도 공헌하는지를 봄으로써 자산의 효율성 혹은 활동성을 측정하는 것이다.

회전율이 높을수록 매출액이 특정자산에 비해 상대적으로 높다는 것이며, 이는 일정 자산을 투입하여 많은 매출을 실현하고 있다는 것을 의미하기 때문에 자산을 효율적으로 운용하고 있다는 지표가 된다. 한편 재고자산 회전율을 구할 때 분자를 매출액으로 하기도 하나 재고자산이 원가로 기록된 점을 감안하여 매출액 대신 매출원가를 사용하기도 한다.

④ 수익성비율

기업정보 이용자는 해당기업의 수익성에 특히 관심이 많다. 이런 목적을 위해 수익성비율을 분석한다. 수익성비율은 기업의 이익창출능력을 나타내는 지표로 기업활동의 성과를 집약한 비율이다. 수익성은 통상 투하된 자본에 대한 수익성을 측정하는 자본수익성과 영업활동으로부터의 이익창출능력을 평가하는 영업수익성으로 나눌 수 있다. 수익성 정보는 기업이 목표로 하는 대로 순조롭게 경영이 되고 있는지를 보여주며, 기업의 미래가치 변화에 대한 정보를 제공한다.

구체적으로 수익성비율의 분자는 손익계산서상의 이익을, 분모는 재무상태표의 투자금액 혹은 손익계산서의 매출액을 대입하여 구한다. 즉 매출 혹은 자본 중 얼마만큼의 이익을 실현했는지를 분석하여 해당 회사의 수익성을 측정한다. 당연히 수익성비율이 높은 기업이 그렇지 않는 기업에 비해서 우수하다고 볼 수 있다. 수익성비율에 포함되는 비율에는 매출액순이익율, 총자산이익율, 자기자본이익율, 주당순이익 등이 있다.

수익성비율에 속하는 세부비율

세부비율	계산 방식	의미
매출액순이익율 (net margin on sales)	(순이익 / 매출액) ×100	매출액순이익율은 순이익과 매출액의 관계를 측정한 것으로 경영성과를 총괄적으로 나타내는 지표로 이 비율이 높을수록 양호하다. 기업의 가장 중요한 활동인 영업활동을 통하여 달성된 매출액 단위당 얼마의 마진을 얻고 있는가를 의미한다. 이 비율은 사용목적에 따라 분자에 어떤 형태의 이익을 사용하느냐에 따라 매출액총이익율, 매출액영업이익율, 매출액경상이익율 등이 있다.
자기자본순이익율 (return on equity)	(순이익 / 자기자본) ×100	자기자본순이익율은 자기자본의 성과를 나타내는 비율로 순이익을 자기자본으로 나누어 계산한다. 자기자본순이익율은 주주들이 요구하는 투자 수익률을 의미하며, 자기자본순이익율이 높다는 것은 자기자본이 매우 효율적으로 운용되고 있음을 의미한다.
총자산순이익율 (return on assets)	(순이익 / 총자산) ×100	총자산순이익율은 총자산을 수익창출에 얼마나 효율적으로 이용하는가를 측정하는 비율로 순이익을 총자산으로 나누어 구한다. 총자산순이익율은 투자수익률(ROI)이라고도 하며, 매출액순이익율과 총자산회전률의 곱으로 구성된다.
주당순이익 (earning per share; EPS)	당기순이익 / 보통주 유통주식수	주당순이익은 보통주 1주당 순이익을 표시한 것으로 당기순이익과 함께 경영성과를 측정하는 중요한 지표이다. 이 지표의 계산시 분자는 당기순이익에서 우선주 배당금을 차감한 금액이며, 분모는 보통주의 연간 가중평균유통주식수이다. 규모가 다른 기업의 수익성을 비교할 때 이익의 절대적 규모만으로 불가능하기 때문에 주당순이익을 이용하여 수익성을 비교할 수 있다.

⑤ 성장성비율

기업의 수익성과 더불어 기업의 장래 발전 잠재력을 보기 위해서는 성장성을 검토할 필요가 있다. 성장성(growth) 비율은 기업의 경영규모와 경영성과가 전년도(혹은 비교연도)에 비해서 얼마나 증대되었는가를 나타내는 비율이다.

성장성비율 분석시 유의할 것은 단순한 숫자의 비교 외에 기타 변수도 고려해야 한다는 점이다. 예를 들어, 성장률이 매우 높은 기업은 성장에 따른 부작용으로 일시적인 유동성 부족을 초래할 수 있으므로 유동성 분석을 병행하는 것이 바람직하다. 또한 산업의 특성, 경쟁구조 등 성장률에 영향을 주는 질적 요인에 대한 분석도 병행하여 실시하는 것이 유용하다.

성장성비율에는 매출액증가율, 총자산증가율, 순이익증가율 등이 있다.

성장성비율에 속하는 세부비율

세부비율	계산 방식	의미
총자산증가율 (growth rate of total assets)	(기말총자산 − 기초총자산) / 기초총자산×100	총자산증가율은 일정기간 동안 총자산이 얼마나 증가하였는가를 나타내며 전체적 성장규모를 측정하는 지표이다. 총자산증가율이 높다는 것은 투자활동이 적극적으로 이루어져 기업규모가 빠른 속도로 증가하고 있다는 것을 의미한다. 자산재평가가 이루어진 경우에는 새로운 자산의 취득 없이도 자산규모가 증가됨을 유의하여야 한다.
매출액증가율 (growth rate of sales)	(당기매출액 − 전기매출액) / 전기매출액×100	매출액증가율은 일정기간동안 매출액이 얼마나 증가하였는가를 나타내며 기업의 외형적인 성장세를 나타내는 대표적인 지표이다. 판매단가의 인상(물가변동)이나 판매수량의 증가에 따라 매출액이 증가하기 때문에 증가원인에 대한 분석이 필요하며, 매출액이 증가하여도 순이익이 감소할 수 있으므로 순이익증가율에 대한 분석이 병행되어야 한다.
순이익증가율 (growth rate of net income)	(당기순이익 − 전기순이익) / 전기순이익×100	순이익증가율은 일정기간 동안 순이익이 얼마나 증가하였는가를 나타내며 성장의 지표가 된다. 그러나 일정기간 동안 자본금의 변화가 있는 경우에는 순이익증가율이 왜곡될 수 있으며, 이와 같은 경우 주주에게 귀속되는 주당순이익의 증가율이 바람직한 성장지표라 할 수 있다. 순이익증가율을 계산할 때 전년도에 당기순손실이 발생한 경우나 금액이 아주 작은 경우 값을 구할 수 없거나 비정상적인 값이 될 수 있다는 것에 유의하도록 하자.

⑥ 시장가치비율

지금까지 살펴보았던 재무비율분석은 특정 기업의 자체 데이터를 활용하여 분석을 한 반면에, 시장가치(market value) 비율분석은 시장가치 측면을 분석에 포함한다. 즉 기업의 재무상태와 경영성과에 대하여 증권시장이 어떻게 평가하고 있는가를 나타내는 비율이다. 기업의 가치는 주식시장에서 주식가격으로 대표될 수 있기 때문에 기업의 유동성, 안정성, 효율성, 수익성, 성장성 등이 양호하면 시장가치비율도 높아지게 된다.

시장가치비율에 속하는 세부비율

세부비율	계산 방식	의미
주가수익비율 (price earning ratio; PER)	주가 / 주당순이익	주가수익비율은 주가를 주당순이익(EPS)으로 나눈 것으로 P/E비율이라고 한다. 주가수익비율은 주가가 주당순이익의 몇 배인가를 나타내는 것으로 기업의 주당순이익 1원에 대한 시장에서 평가를 의미한다. 일반적으로 주당수익비율은 성장성이 높거나 위험이 낮을수록 높아진다. 주가수익비율이 높다면 주당순이익은 평균 수준인데 주가가 높아서인 경우와 주가는 평균 수준인데 주당순이익이 낮은 경우 두 가지로 볼 수 있다.
주당순자산비율 (price book-value ratio)	주가 / 주당장부가치	주당순자산비율은 보통주 1주당 시장가격과 순자산의 장부가치의 비율이다. 보통주 1주당 장부가치는 주당장부가치(book-value per share)라고 하며, 보통주에 대한 순자산의 장부가치를 보통주의 가중평균유통주식수로 나누어 계산한다. 주당순자산비율은 주당 순자산의 장부가치가 증권시장에서 얼마의 가치로 평가되고 있는가를 나타낸다. 이 비율이 높다는 것은 장부가치와 시장가치의 차이가 크다는 것을 의미하고 자본시장이 효율적이라고 가정할 때 이 주식의 성장가능성이 시장가치에 높게 반영되어 있다는 의미이다.
토빈의 q비율 (Tobin's q ratio)	자산의 시장가치 / 자산의 대체원가	토빈의 q비율은 기업이 보유하고 있는 자산의 시장가치를 그 자산에 대한 대체원가(replacement cost)로 나눈 비율이다. q비율이 1보다 큰 경우에는 기업들이 투자하려는 동기를 갖게 되며, 투자 수익성이 좋고 경영이 효율적이라고 할 수 있겠지만 q비율이 1보다 적으면 투자유인이 없다고 할 수 있다.

11.3 기타 분석법과 비율분석의 한계

위에서 설명한 비율분석의 공통점은 특정 기업의 재무제표 자료를 이용하여 항목간 혹은 시장과의 비교를 통해 수익성, 유동성 등을 분석한 것이다. 비율분석 외에도 추세분석, 구성비율분석 방법이 보조적인 재무제표분석 수단으로 이용된다.

1) 추세분석(수평분석)

추세분석(trend analysis)은 수평분석(horizontal analysis)이라고도 하며, 시간의 경과에 따라 재무제표의 각 항목이 시계열적으로 변화하는 추세를 파악하기 위한 방법이다. 기준연도를 설정하여 그 연도의 금액을 100%로 설정하고 그 이후 기간의 금액을 백분비율로 나타낸다. 이러한 분석을 장기간 동안 수행하면 재무비율의 방향을 검토할 수 있으며, 기업의 미래가치 예측뿐만 아니라 여러 가지 경영관리에 유용한 정보를 획득할 수 있다.

또한 기준연도와 비교연도를 상호 비교할 때 금액상의 차이인 변동액으로 분석하는 방법과 변동의 비율인 변동률로 분석하는 방법이 있다.

$$\text{변동액} = \text{비교연도금액} - \text{기준연도금액}$$

$$\text{변동률} = \frac{\text{비교연도금액} - \text{기준연도금액}}{\text{기준연도금액}} \times 100$$

2) 구성비율분석(수직분석)

구성비율분석은 수직분석(vertical analysis)이라고도 하며, 재무제표를 구성하고 있는 각 항목을 기준항목과 대비하여 상대적 비율을 구한다. 예컨대 재무상태표의 총자산을 기준으로 하여 각 구성항목의 비율을 구하게 되면 각 항목의 상대적인 비중과 시간의 흐름에 따라 어떻게 변동하는가를 비교할 수 있다. 구성비율분석에서는 일반적으로 손익계산서는 순매출액, 재무상태표는 총자산(또는 부채와자본 총액) 금액이 기준금액이 된다.

3) 재무비율간의 상관관계

분석한 재무비율간에는 상호 연관이 지어진다. 다음 그림은 주요재무비율간의 상관관계를 보여준다. 총자산, 매출액, 자기자본, 순이익 등의 항목이 조합되어 각각 총자산회전율, 부채비율, 총자분이익률, 매출액순이익률, 자기자본이익률 등의 값으로 표시되는데 이들 간에 상호 연관성이 있음을 보여준다.

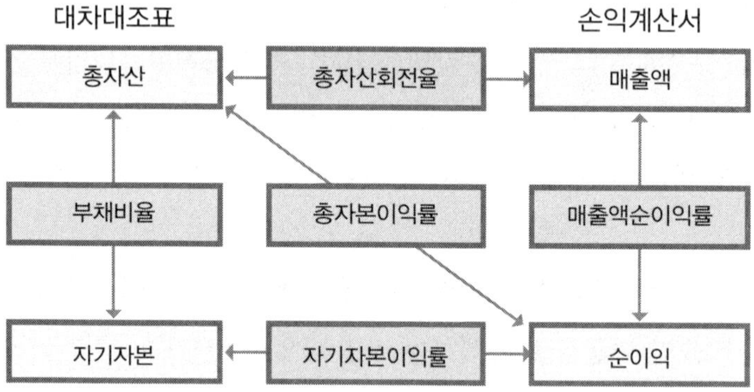

〈그림 11-1〉 주요재무비율간의 상관관계

4) 비율분석의 한계점

비율분석은 재무제표를 이용하여 합리적 의사결정을 내리는데 유용한 정보를 제공하기 때문에 도산예측, 신용평가, 여신심사, 주식평가, 경영전략 수립 등에 널리 이용된다. 특히 재무제표 수집이 비교적 용이할 뿐만 아니라 이해하기가 쉽다는 장점이 있으나 다음과 같은 한계점이 있으므로 분석과 해석에 주의를 기울여야 한다.

첫째, 비율분석은 과거 일정기간 경영성과와 재무상태가 미래에도 계속될 것이라는 가정하에서 분석된다. 그러나 과거 상황이 미래에도 지속된다는 보장이 없다.

기업의 재무정보는 어디에서 얻는가?

우리는 실제 사회 활동을 하면서 주식투자, 기업분석 등의 목적으로 특정기업의 재무정보를 필요로 하는 경우가 종종 발생한다. 이러한 경우 기업의 재무정보는 아래와 같은 소스에서 얻을 수 있다.

- 인터넷, 일간신문 자료
- 금융감독원(http://dart.fss.or.kr): 상세한 기업 재무자료
- 증권거래소(www.kse.or.kr), 한국공인회계사회 홈페이지
- 증권회사의 상장회사 투자분석자료, 상장회사협의회 자료
- 한국신용평가(주)의 주가 및 재무제표 데이터(KIS-value)
- 개별 기업의 홍보자료, 해당 산업의 국책연구원 홈페이지

금융감독원 홈페이지(http://dart.fss.or.kr)에서 기업 재무제표 찾기

풍부한 기업재무자료를 얻을 수 있는 금융감독원의 기업공시자료 찾는 법을 소개한다.

① 금융감독원 홈페이지(http://dart.fss.or.kr) 접속 후 상단 검색창의 회사명 입력

② 원하는 기간 설정 후 아래의 정기공시 클릭

③ 이후 알고 싶은 내용을 클릭하여 찾을 수 있다.

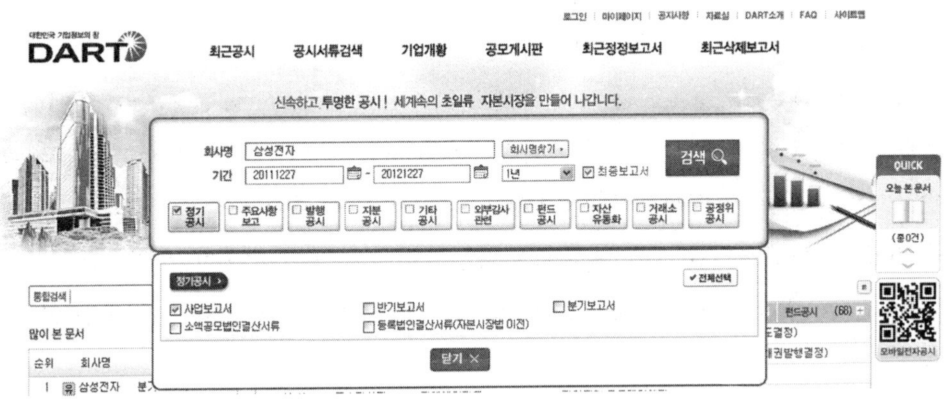

둘째, 분석결과를 판단하기 위해서는 표준비율이 필요한데, 현실적으로 표준비율을 합리적으로 산정하기가 쉽지 않다. 표준비율 자체도 일정한 조건 아래에서 계산된 점을 고려해야 하며 결과 해석에 유의할 필요가 있다.

셋째, 재무제표분석은 재무제표에 기초하고 있기 때문에 재무제표의 한계점이 재무제표분석에도 그대로 적용된다. 즉 기업마다 다양한 회계처리 방법을 사용하기 때문에 기업 간의 재무제표분석 결과를 비교하는 데 제약이 있다. 또한 일부 재무제표 항목은 역사적 원가자료에 근거하여 작성된 점도 분석 상에서의 한계점이다.

넷째, 재무제표에 반영되지 않은 인적자원, 기술개발 능력, 노사관계, 경영노하우 등을 고려하여 판단하여야 할 것이다.

11.4 경제적 부가가치(EVA)

1) 개념 및 측정

지금까지의 경영환경은 매출 혹은 이익중심의 경영을 중시하였으나 이런 경영전략은 단기적인 면을 지나치게 강조하고 있으며 지속가능성이 결여될 수 있다는 지적이 제기되었다. 이를 보완하는 차원에서 기업가치의 증대에 초점을 맞춘 장기적인 관점이 대두되었는데 가장 대표적인 개념이 경제적부가가치(economic value added)이다.

앞에서 살펴본 수익성비율 분석은 타인자본에 대한 비용만을 반영하고 자기자본의 사용에 대한 비용은 반영하지 않는 단점이 있다. 이에 비해 경제적부가가치는 투자수익률(ROIC, return on invested capital)과 채권자와 주주들이 제공한 투자금의 자본비용(WACC, weighted average cost of capital)을 고려하기 때문에 보다 종합적인 분석방법이다.

경제적부가가치는 기업이 영업활동을 통하여 얻은 이익에서 자본비용을 차감한 것과 같으며 수식은 다음과 같다.

$$EVA = IC \times (ROIC - WACC)$$
$$= NOPLAT - IC \times WACC$$

IC : 영업활동에 투자된 자본
$ROIC$: 투자수익률 (NOPLAT / IC)
NOPLAT(net operating profit less adjusted tax) : 세후영업이익, 영업이익(1 − 법인세율)

경제적부가가치의 창출에 필요한 조치를 아래와 같이 단순화시킬 수 있기 때문에 경제적부가가치는 유용한 지표가 될 수 있다.

첫째, 영업비용을 감소시키거나 매출을 증가시킴으로써 세후 영업이익을 증가시켜야 한다.

둘째, 자본구조를 변경함으로써 가중평균자본비용을 감소시켜야 한다.

셋째, 운전자본에 대한 투자 또는 쓸모없는 자산을 줄이는 등 영업이익에 영향을 미치지 않는 범위 내에서 투자자본을 축소시켜야 한다.

이와 같은 접근법에 의하면 투자수익률과 자본비용의 차이가 양(+)의 값을 갖는 사업에 대한 투자를 증가시키는 한편 차이가 음(−)이 되는 사업으로부터 자본을 철수시킴으로써 효율적으로 투자자본을 재배치할 수 있는 장점이 있다. 따라서 경제적부가가치는 다양한 방면에 활용할 수 있다. 기업의 내재가치를 측정하여 투자의사결정의 기준을 만들어 시규사업의 진출, 기존사업의 매각, 기업의 구조조정 등 기업 운영에 중요한 결정들을 내릴 때 유용하게 사용할 수 있다. 또한 주주가 투자한 자기자본에 대한 재무상의 이익을 측정할 수 있는 성과평과에도 쓰인다.

2) 경제적부가가치 모형에 의한 기업가치 평가

경제적부가가치의 평가모형에 기초한 기업 가치평가는 투하자본의 현재 장부가치에 미래에 창출될 가치를 현재가치화한 값을 합한 것과 같다.

$$\text{기업가치} = IC \times \text{예상 EVA의 현재가치}$$
$$= IC + \sum_{t=1}^{n} IC_{t-1} \times (ROIC_t - WACC) / (1 + WACC)^t$$

위 산식에 투하자본에 대해 매년 동일한 경제적부가가치가 발생하고 일정한 성장률로 성장하다고 가정하면, 영구연금의 가치평가 방법을 준용할 수 있다.

이와 같이 영구성장률로 성장하는 영구할인모형을 적용하면 아래와 같이 단순화 된다.

$$\text{기업가치} = IC + IC \times (ROIC - WACC)) / (WACC - g)$$
$$= IC + EVA / (WACC - g)$$

g : 영구성장률

3) 가치창조경영과 경제적부가가치

가치창조경영(value based management)은 기업가치창출의 핵심요인에 초점을 맞춤으로써 전제 조직분야에 대한 전략적 또는 운영적 의사결정을 개선시키기 위해 고안된 통합과정이다. 가치창조경영에 사용되는 직접적인 성과지표는 기업가치이지만 보다 단기적이고 객관적인 재무지표는 경제적부가가치라 할 수 있다. 아래는 경제적부가가치에 의해 도출된 핵심가치 창출 요인을 나타낸 것이다.

예를 들어 매출액영업이익률은 경쟁사와 유사하지만 투자자본회전율이 떨어진다고 가정해보자. 투자자본회전율이 낮은 것은 다시 여러 가지 요인으로 분해할 수 있다. 경쟁사보다 운전자본이 과다하거나, 비싼 기계장치를 사용하거나 하는 등의 원인을 생각해 볼 수 있다. 만약 운전자본의 관리에 문제가 있다면 이것은 다시 매출채권, 매입채무, 재고자산의 관리로 구분할 수 있다. 이러한 운전자본의 관리문제는 결국 판매전략, 구매정책, 생산관리 등과 결부지어 문제점 파악 및 해결책을 모색해야 할 것이다. 이와 같은 과정을 통하여 문제의 발생원인을 찾아내고 이것을 기업가치에 어떻게 영향을 미치는가를 정확하게 파악할 수 있다.

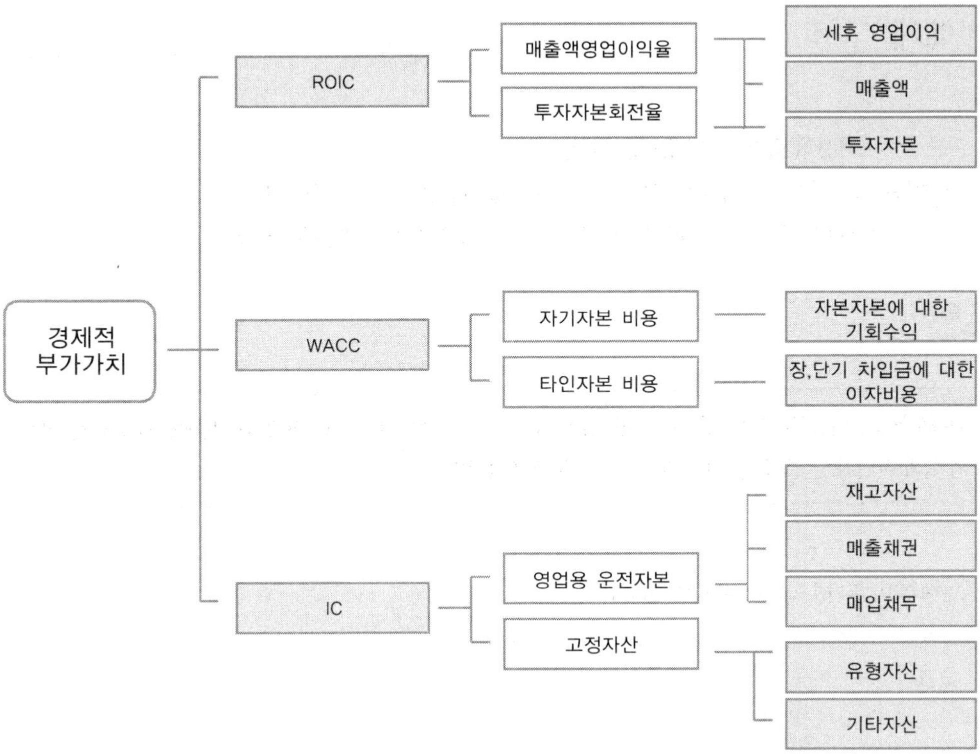

〈그림 11-2〉 경제적부가가치에 의해 도출된 부가가치창출 핵심 요인

기업가치 극대화와 직결되는 경제적부가가치의 체계이고 유기적인 분해를 통해서 각 사업부의 재무상태표와 손익계산서상의 구체적인 계정과목을 파악하게 된다. 이를 통해 개선여지를 발견하며 개선조치가 필요한 사업부, 담당기능, 담당자 등을 확인하는 데 유용하게 활용된다. 최근 국내에서도 경제적부가가치에 의한 가치창조경영에 대한 관심이 증가되고 있으며, 평가지표로서 그 중요성이 부각되고 있다.

예제

1. 다음 중 유동비율을 증가시키지 못하는 거래는?

① 보통주를 발행하고 현금을 수취하다. ② 매출채권을 현금으로 회수하다.
③ 단기 은행차입금을 장기부채로 전환하다. ④ 보유하고 있던 토지를 매각하다.

답 ②

[문제 2~3] 세원(주)의 주당순이익은(EPS)은 1,000원이다. 보통주 1주당 500원의 배당금을 지급했으며, 주식의 액면가는 5,000원, 기말 주식의 시가는 10,000원이다.

2. 세원(주)의 주가수익율(PER)은 얼마인가?

① 5 ② 10
③ 20 ④ 8

답 ②

3. 세원(주)의 배당성향은 어느 정도인가?

① 20% ② 40%
③ 50% ④ 10%

답 ③

4. 올해 한화(주)의 주당순이익(EPS)은 1,000원이다. 한화(주)는 보통주 1주당 500원의 배당금을 지급했으며, 주식의 액면금액은 5,000원, 기말 현재 주식의 주가는 10,000원이다. 한화(주)의 주가수익비율(PER)은 얼마인가?

답 10

1주당 주식의 시가(10,000원) / 주당순이익(1,000원) = 10

5. 다음은 서울(주)의 재무제표이다. 대한민국의 법인세율은 22%로 가정한다.

재무상태표

서울(주) 20××.12.31 (단위: 억 원)

(유동자산)	(240)	(유동부채)	(180)
현금및현금성자산	48	단기차입금	60
단기금융상품	18	매입채무	66
매출채권	60	기타유동부채	54
기타당좌자산	48	(비유동부채)	(180)
재고자산	66	사채	90
(비유동자산)	(360)	장기차입금	30
투자자산	114	기타비유동부채	60
유형자산	186	(자본)	(240)
무형자산	60	자본금	120
		자본잉여금	60
		자본조정	30
		이익잉여금	30
합계	(600)	합계	(600)

*상기 유형자산 중 건설중인 자산 7억 원이 포함되어 있다.

손익계산서

서울(주) 20××.1.1~20××.12.31 (단위: 억 원)

매출액	720
매출원가	510
매출총이익	210
판매비와관리비	108
영업이익	102
영업외수익	60
영업외비용	66
법인세비용차감전순이익	96
법인세비용	21.12
당기순이익	74.88

*감가상각비는 매출원가에 4억 원, 판매비와 관리비에 0.3억 원이 포함되어 있다.

*기타정보

– 서울(주)의 발행주식수 = 300,000주

– 서울(주)의 20××.12.31 현재 종가 = 100,000원

– 유보율(b)은 80%이다.

다음의 값을 구하시오

① 유동비율은?

② 부채비율은?

③ 매출채권회전율은?

④ 총자산회전율은?

⑤ 매출액순이익율은?

⑥ 주가수익비율은?

답 ① $(240 / 180) \times 100 = 133.3$

② $\frac{360}{240} \times 100 = 150$

③ $720 / 60 = 12$

④ $720 / 600 = 1.2$

⑤ $(74.88 / 720) \times 100 = 10.4$

⑥ $100{,}000 / 24{,}960 = 4$

연습문제

1. 재무비율의 속성

다음 비율의 속성과 관계를 설명하고 안정성 비율에 속하는 세부비율에 대해 설명하라.

2. 재무비율과 재무제표의 관계

다음 A주식회사의 재무비율 자료를 이용하여 재무상태표와 손익계산서를 완성하라.

유동비율 : 120%, 당좌비율: 80%, 부채비율: 150%,

매출채권 평균회수기간 : 40일, 총자산회전율 : 2.92회

매출액순이익율 : 10%

재무상태표

A주식회사 201X년 12월 31일 현재 (단위:원)

자산 :		부채 :	
유동자산	( )	유동부채	( )
현금및등가물	( )	매입채무	( )
매출채권	( )	단기차입금	200,000
재고자산	( )	고정부채	300,000
		부채총계	( )
고정자산	( )		
		자본총계	1,000,000
자산총계	( )	부채와 자본총계	( )

손익계산서

201X년 12월 31일 부터
201X년 12월 31일 까지

A주식회사 (단위:원)

1. 매출액	( )	
2. 매출원가	( )	
3. 매출총이익		( )
4. 판매비와 관리비	940,000	
5. 영업이익		( )
6. 영업외 비용(이자비용)	540,000	
7. 법인세차감전순이익		( )
8. 법인세비용(50%)	( )	
9. 당기순이익		( )

3. 재무비율과 정보이용자

본 교재에서는 재무비율을 이용목적에 따라 6가지 그룹으로 나누고 각 그룹별 세부비율을 살펴보았다. 재무비율을 이용하는 정보이용자를 기업경영자, 투자자, 단기채권자, 장기채권자로 구분할 때 각 이용자가 비율분석시 중요시하는 재무비율을 열거하고 이유를 설명하라.

4. 경제적부가가치(EVA)

B주식회사에 관한 다음의 자료를 이용하여 경제적부가가치(EVA)와 기업가치를 계산하라.

투하자본(IC) 500,000,000원, 투하자본수익율(ROIC) 1차년도 20%, 2차년도 이후 25% 영구지속, 가중평균 자본비용 15%, 영구성장률 3%

5. 재무비율분석의 의의와 한계를 설명하라.

6. 정상영업주기

다음은 현금판매 없이 외상판매만을 하는 (주)국세의 20×1년도 관련 사항이다.

영업순환주기 236일, 매출원가율(매출원가/매출액) 90%
매출액 ₩100,000, 평균재고자산 ₩50,000

기업의 재고자산보유기간(또는 회전기간)과 매출채권회수기간의 합을 영업순환주기라고 할 때, (주)국세의 20×1년도 평균매출채권은 얼마인가? (평균재고자산과 평균매출채권은 기초와 기말의 평균으로 계산한다. 또한 1년은 360일로 가정한다.) (세무사 2010 기출)

① 5,000원
② 10,000원
③ 15,000원
④ 20,000원
⑤ 36,000원

PART Ⅳ

회계의 응용

CHAPTER 12

세무 · 정부회계 및 회계정보시스템

12.1 세무회계

12.2 정부예산과 정부회계

12.3 회계정보시스템

12.4 R&D 회계

Synthesis Accounting Principle

우리가 실생활에서 부딪히는 회계와 관련된 문제 중에는 세금납부와 관련된 문제와 많이 접하게 되며 그 중요성도 높다. 이 단원에서는 세무회계와 관련된 문제, 그리고 정부의 예산은 기업회계와 어떻게 다르며 정부회계는 어떻게 구성되는가를 배운다. 아울러 중소기업이나 새로운 회사에서 회계정보시스템을 구축할 때에는 어떤 요소를 고려해야 하는지를 공부한다.

12.1 세무회계

1) 한국의 조세 체계

세금은 재정 수입의 원천으로서, 국가 또는 지방자치단체가 주어진 임무를 수행하기 위하여 개인 또는 법인의 소득에 대해 징수하는 것이다. 우리나라의 조세 체계를 요약하면 아래 그림과 같다. 세금은 과세권자에 따라 국세와 지방세로 나뉘며, 과세방법에 따라 직접세와 간접세로 분류한다.

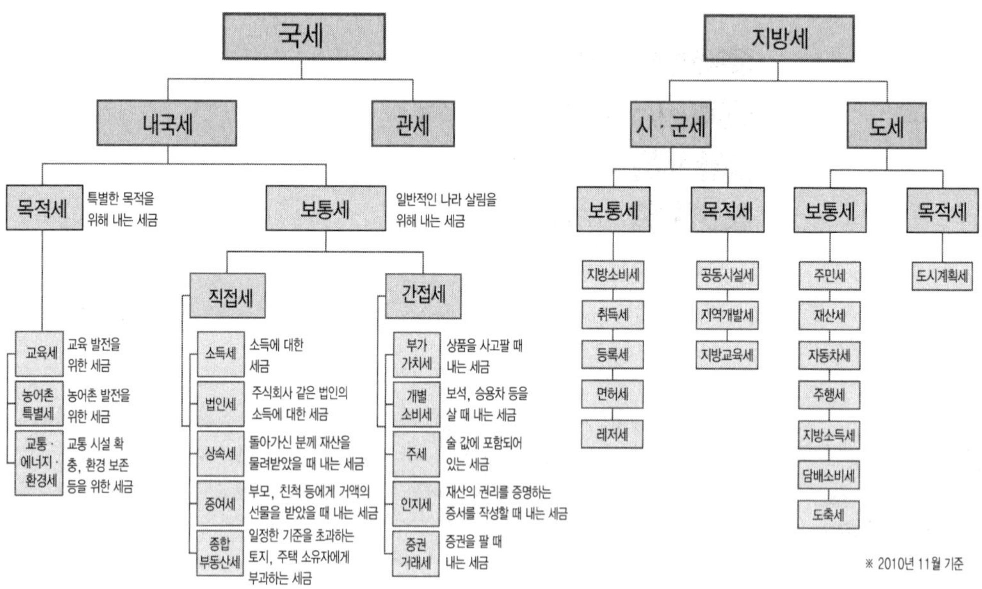

〈그림 12-1〉 한국의 조세 체계도

(1) 국세와 지방세

조세를 부과하는 주체에 따라 중앙정부가 부과하는 조세를 국세(national tax)라고 하고 지방자치단체가 부과하는 조세를 지방세(local tax)라고 한다. 국세에는 소득세, 법인세, 상속증여세, 주세, 개별소비세, 부가가치세, 인지세, 증권거래세, 종합부동산세 등 다양하게 있으며, 지방세에는 취득세, 등록세, 도시계획세 등을 포함한다.

(2) 직접세와 간접세

세금을 납부하는 납세자와 세금을 부담하는 담세자의 동일 여부에 따라 직접세와 간접세로 구분한다. 직접세(direct tax)는 소득세, 상속세, 증여세와 같이 개인의 소득이나 소유한 부동산에 대해 부과하거나, 또는 이익을 실현한 법인에 부과하는 법인세와 같이 납세자와 담세자가 동일한 경우이다. 간접세(indirect tax)는 주세와 개별소비세 및 상품, 재화나 서비스의 거래시에 과세되는 부가가치세등과 같이 납세자와 실제 세금을 부담하는 담세자가 다른 세금이다.

직접세는 세금을 납부하는 사람과 실제 부담하는 사람이 동일하므로 세금 인상에 반발하는 조세저항이 강하다. 간접세는 세금징수가 비교적 용이하고, 소득 수준에 상관없이 동일한 세금이 부과되므로 세금을 통한 소득평준화에 역행하는 소득의 역진효과가 있다.

(3) 보통세와 목적세

일반적인 재정 수요를 충당하기 위해서 부과하는 조세가 보통세이고, 특정 목적을 위해 부과되는 조세가 목적세이다. 보통세에는 취득세, 등록세, 면허세가 포함된다. 목적세에는 공동시설세, 도시계획세, 교육세, 농어촌특별세 등이 해당된다.

(4) 내국세와 관세

국세를 다른 기준으로 세분하여 과세 대상이 되는 재화, 서비스가 국내거래인 경우 내국세(internal tax)라고 하고, 국경을 통과하는 경우에 부과되는 세금을 관세(custom tax)라고 한다.

2) 세무회계와 재무회계

세무회계(tax accounting)는 재무회계 수치를 토대로 하여 세법의 규정에 따라서 개인과 법인의 납부세액을 산출, 관리하는 회계 영역이다.

재무회계와 세무회계의 차이점은 아래와 같다.

첫째, 재무회계의 기본 규범은 일반적으로 인정되는 회계원칙(GAAP)이나, 세무회계는 재무회계와 각종 조세법의 규정을 회계규범으로 하고 있다.

둘째, 재무회계의 회계정보 이용자는 불특정 다수의 외부 이해관계자이나, 세부회계의 회계정보이용자는 납세자와 과세 관청이다.

셋째, 중요시되는 요인은 재무회계의 경우 회계정보의 투명성과 의사결정 유용성이나, 세무회계는 정확한 세액산출이다.

3) 법인세

(1) 법인세의 의의

법인세(corporate income tax)는 법인이 일정기간 동안 사업을 통하여 얻게된 소득에 대해 부과하는 세금으로, 세계 어느나라의 세제에서든 중요한 역할을 한다. 법인(legal entity)에는 회사와 같이 영리를 목적으로 설립된 영리법인과 종교, 사회단체, 학교와 같이 영리를 목적으로 하지 않는 비영리법인으로 구분된다. 비영리법인도 사업을 통해 수익이 발생하는 경우 영리법인과 마찬가지로 법인세를 납부해야 한다. 법인세는 1년을 단위로 확정하고 납부한다.

법인세의 과세소득에는 각 사업연도의 소득과 토지 등의 양도소득, 청산소득의 3가지가 있다. 각 사업연도의 소득은 법인의 각 사업연도의 익금총액에서 손금총액을 공제한 금액을 말한다. 토지 등의 양도소득은 양도가액에서 장부가액을 차감한 금액이다. 청산소득은 법인이 해산에 의해 소멸할 때 잔여재산가액이 자기자본총액을 초과하는 금액을 말한다.

(2) 법인세의 납세의무자

법인세의 납세의무자는 법인이며, 납세범위에 따라 내국법인과 외국법인, 영리법인과 비영리구분으로 구분할 수 있다. 내국법인은 전세계 소득에 대하여 과세하고 외국법인은 국내원천소득에 대하여 과세한다. 영리법인은 소득의 발생원천을 구분하지 않고 모든 소득에 대하여 과세하며 비영리법인은 수익사업에서 발생한 소득에 대하여 과세한다.

(3) 법인세액의 산출 절차

① 해당년도 총수입의 확정

재무회계에서 제공되는 손익계산서에서 당기순이익을 통해 총수입을 확정한다.

② 세무조정을 통한 각 사업연도소득 계산

과세소득을 산출하기 위해서는 당기순이익에서 세무조정 과정을 거쳐 계산한다. 세무조정은 당기순이익과 세법상의 과세소득을 비교하여 과소계상된 소득은 가산하고, 과대계상된 소득은 차감하는 과정으로 각각 익금산입항목, 익금불산입항목, 손금산입항목, 손금불산입항목으로 구분된다.

우리나라에서는 각 사업연도소득을 확정하기 위해서 기부금의 손금산입, 법정기부금, 특례기부금, 접대비의 손금산입, 감가상각비, 수입배당금 익금불산입, 대손충당금, 결손금공제 등과 관련된 세부 규정이 있다.

③ 과세표준의 계산

사업연도의 소득에서 전년도에서 이월된 결손금, 비과세소득, 소득공제 등을 차감하여 확정한다. 과세표준은 세액 산출의 기초가 되는 금액이다.

④ 산출세액의 계산

과세표준액에 법인세율을 곱하여 산출세액이 결정된다. 우리나라의 법인세율은 2013년 현재 일반법인의 경우 2억 원 이하의 과세표준액에는 10%의 법인세율이 부과되며, 2억 원 초과분에는 200억 원까지 20%의 법인세율이 부과된다. 과세표준액이 200억 원을 초과하는 부분에는 22%의 세율을 적용한다. 외국법인도 이와 동일하며, 조합법인의 경우 9%의 세율을 일정하게 적용한다.

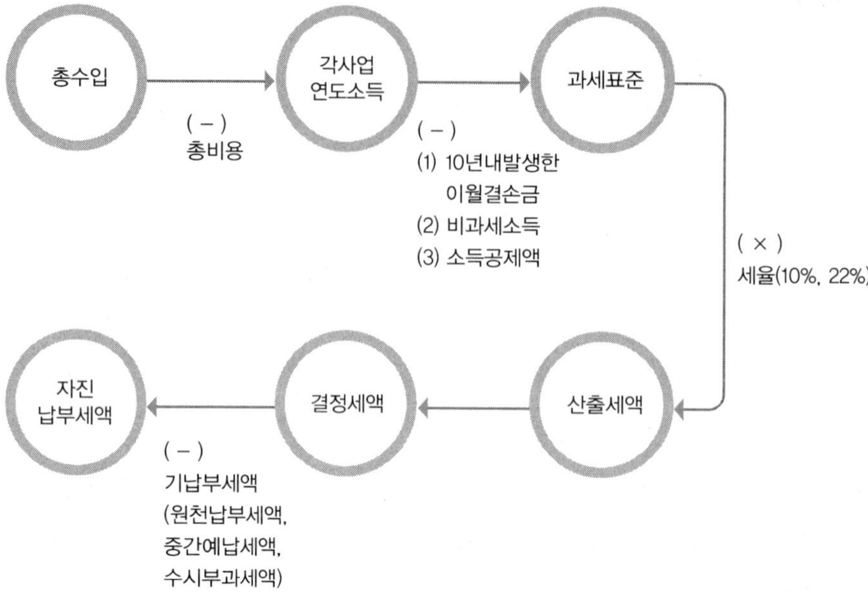

〈그림 12-2〉 법인세액 산출방법

예제 12.1

(주)ABC의 올해 각사업연도소득금액은 35억 원이다. 전년도에 이월결손금 25억 원이 발생하였으며, 다른 비과세소득, 소득공제액은 없다. 산출세액을 계산하시오.

과세표준 = 35억 원 − 25억원 = 10억 원

산출세액 = 2억 원 × 10% + (10억원 − 2억 원) × 22% = 1.96억 원

4) 소득세

(1) 소득세의 의의

소득세는 개인의 소득을 과세 대상으로 하며, 소득이 귀속되는 사람에게 직접 부과하는 직접세이다. 소득세는 인적공제제도를 채택하고 있는데, 이는 개인의 소득세를 경감

시킬 목적으로 일부 소득을 과세 대상에서 제외시켜주는 제도를 말한다. 소득세는 납세 의무자인 개인이 매년 1년 동안 발생한 소득에 대해 다음해 5월 31일까지 신고하여 확정된다.

(2) 과세 체계

개인의 과세소득은 아래 표와 같이 분류할 수 있다. 현재 소득세법에서는 '열거주의 방식'의 과세에 따라 과세소득을 이자 · 배당 · 사업 · 근로 · 연금 · 기타 · 퇴직 · 양도 소득의 8가지로 구분하여 제한적으로 열거함으로써 열거되지 않은 소득에 대하여는 과세하지 않고 있다. 퇴직소득, 양도소득은 분류과세되며, 근로소득의 경우에는 종합소득세 신고의무가 면제된다.

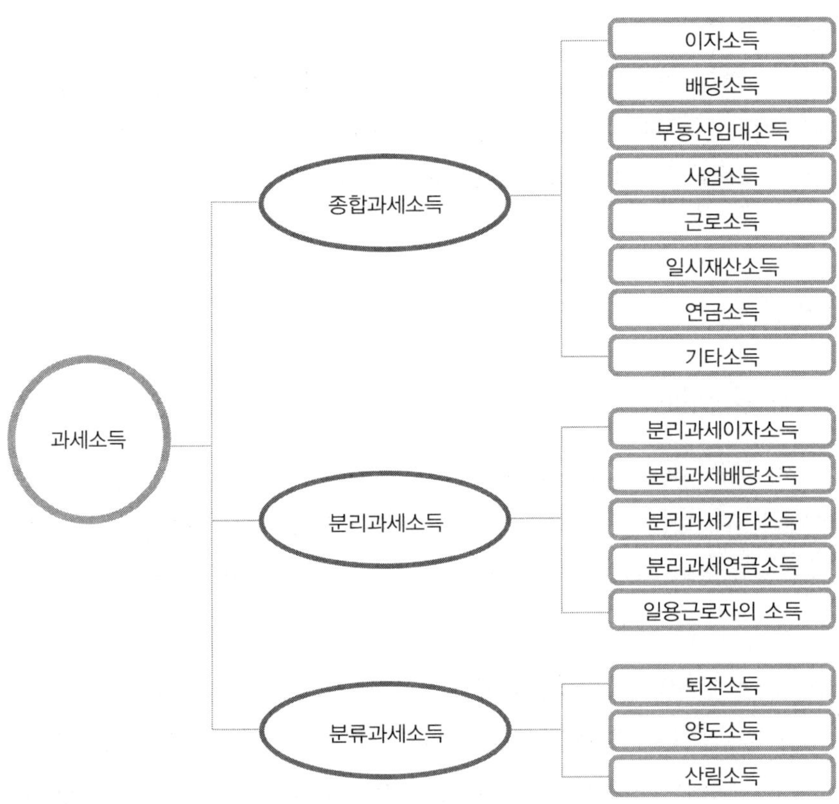

〈그림 12-3〉 개인 과세소득의 종류

(3) 소득세의 계산 절차

① 소득금액의 계산

소득금액은 이자, 배당, 사업, 근로, 연금 및 기타소득으로 구성되는 개인의 총수입액에서 필요 경비를 공제하여 계산한다. 개인의 종합소득 중 이자소득, 배당소득에 대해서는 필요경비를 인정치 않으며, 근로소득은 근로소득공제액을 인정하고 있다.

② 종합소득 과세표준액의 계산

이는 종합소득금액에서 종합소득공제액을 차감하여 계산된다. 종합소득공제는 기본공제, 추가공제(경로우대자, 자녀양육 공제), 특별공제(보험료, 의료비, 기부금 공제 등)와 연금보험료공제로 구성되어 있다.

③ 산출세액의 계산

산출세액은 종합소득 과세표준액에 세율을 곱하여 계산된다. 한국의 종합소득세율은 6 ~ 35%(2012년 이후에는 6 ~ 33%)범위 내에서 과세표준액이 증가함에 따라 세율이 높아지는 다단계로 구성된 초과누진세율 구조이다.

5) 부가가치세

(1) 부가가치세의 의의

부가가치세(VAT; value added tax)는 재화, 용역이 생산, 유통되는 모든 단계에서 발생하는 부가가치에 대해 과세하는 조세이다. 부가가치세는 다단계 과세 방식으로 재화의 흐름에 참여하는 사업자가 납부하나, 궁극적으로는 최종소비자가 부가가치세를 부담하는 것이므로 간접세인 동시에 일반소비세에 해당한다.

우리나라의 부가가치세 세율은 10%로 단일세율이며, 1년을 2기로 나누어 6개월을 과세기간으로 하고 있다. 과세 대상은 재화 또는 용역의 공급과 재화의 수입분이다. 납세의무자는 국내에서 영리목적에 관계없이 사업을 하는 자로서 개인, 법인, 수입자, 국가·지방자치단체, 법인격 없는 사단 · 재단 기타 단체가 이에 포함될 수 있다.

(2) 부가가치세의 계산절차

① 매출세액의 계산

매출세액은 매출 과세표준액(공급가액)에 부가가치세율 10%를 곱하여 계산되며, 매출시에 거래 상대방에게서 이미 받은 세액을 의미한다. 매출 과세표준액은 재화나 용역을 제공하고 거래 상대방에게서 받은 대금, 요금, 수수료 등 대가 관계에 있는 모든 금전적 가치를 포함한다.

② 매입세액의 계산

매입세액은 재화, 용역을 제공받을 때에 이미 거래상대방에게 지급한 부가가치세를 말하며, 매입액의 10% 금액에 해당한다. 거래시 세금계산서를 받지 않았거나 부실 기재한 경우에는 인정하지 않는다.

③ 납부세액의 계산

부가가치세 납부세액은 매출세액(받은 세액)에서 매입세액(지급한 세액)을 차감하여 계산한다. 매출세액이 매입세액보다 적을 경우 부가가치세를 오히려 환급을 받게 된다.

부가가치세 납부세액 = 매출세액 − 매입세액

매출세액 = 과세표준액 × 세율(10%)
매입세액 = 지급한 세액
※ 납부세액 계산은 각 과세기간 또는 예정신고기간 단위로 함

예제 12.2

(주)XYZ의 올해 매출액은 10억 원이고 이익은 2억 원이다. 회사는 올해 원재료 구입에 6억 원, 인건비 1억 원, 장비구입에 2억 원을 지출하였다. 회사의 부가가치세 납부금액을 계산하시오.

(매출액 10억 원 − 원재료 구입 6억 원 − 장비구입 2억 원) × 10% = 0.2억 원

12.2 정부예산과 정부회계

1) 예산의 의의

정부예산이란 정부가 일정기간 동안에 징수할 수입(세입)과 공공서비스를 공급하기 위해 지출(세출)할 경비 내역과 규모에 대한 계획이다. 예산은 국민의 대표인 국회의 승인이 필요하며, 정부가 예산을 집행하는 역할을 담당하고 있다.

정부에 의해 집행되는 예산은 아래와 같은 특성이 있다.

① 정부예산은 희소한 공공재원의 배분에 대한 계획이다. 예산 수립과정에는 정부와 민간의 자원 배분 및 정부 내에서 다양한 부문들 간에 우선순위를 조정하는 기회비용 개념이 적용된다.

② 예산이 결정되는 과정에는 다양한 주체들 간에 상호작용이 끊임없이 발생하는 정치과정을 거친다.

③ 정부정책 중 가장 보수적인 영역으로 매년 일정한 과정을 거쳐 결정, 집행된다.

④ 자원배분, 소득분배, 경제안정, 경제성장을 위한 재정정책들이 구현되며, 이에 따라 정부의 경제정책을 조정하는 경제적 도구로 사용된다.

⑤ 예산은 정부 자금지출의 통로이며, 관료의 집행 책임성을 부여하는 회계도구이다.

클린턴(Hillary R. Clinton)은 '예산은 국가가 무엇을 중요시하는가를 표현한 것으로, 예산편성은 제한된 국가재원을 분야별, 정책별로 배분하는 과정'이라고 말하였다.

2) 예산의 원칙

(1) 계획과 책임의 원칙

사업계획과 예산편성은 유기적으로 이루어져야 하며, 계획된 예산은 경제적으로 집행되어야 할 책임이 강조되고 있다.

(2) 보고의 원칙과 수단 구비의 원칙

예산운영 과정이 더욱 복잡해지고 전문화되면서 이러한 원칙이 강조되고 있다.

(3) 다원적 절차, 재량의 원칙, 시기신축성의 원칙

재정환경 변화가 심해지면서 예산과정에서 유연성이 필요하게 되었다. 정부의 각종 활동을 효율적으로 운영하기 위해서 공기업에서는 별도의 예산절차를 마련하는 등 상황 변화에 유연하게 적응할 수 있도록 집행부의 재량이 확대되고 있다.

(4) 성과책임 강조

예산과정에서 관련 부서들 간 상호학습과 결과 지향적인 구체적 성과에 대한 책임이 강조된다. 개별 사업들이 가지는 고유하고 복잡한 전문지식이 심화되어 예전처럼 중앙 예산기관에서 표준적 시각으로 재원을 배분, 운용하는 전통적 방식으로는 예산의 효율성과 정책의 효과성을 확보하기가 어려워졌다. 이에 따라 중앙 예산기관과 각 부처 예산부서 간의 수평적 의사소통이 필요해졌다.

3) 예산의 기준

(1) 총량적 재정규율

총량적 재정규율은 예산총액의 효과적인 통제를 의미한다. 즉, 만성적 재정적자로 인해 재정위기가 우려되는 상황에서 재정건전성을 유지하기 위한 원칙이다. 총량적 재정규율을 실현하기 위해서는 개별적 지출 요구를 심의하기 전에 총지출액의 한도를 설정해야 한다.

(2) 배분적 효율성

배분적 효율성은 부문 간 재원배분을 통한 재정 지출의 총체적 효율성을 도모 하는 것을 의미한다. 배분적 효율성을 실현하는 것은 우선순위에 따라 자원을 배분하는 것을 의미하며, 정부의 전략적 비전에 따라 개별 사업에 배분하는 전략적 자원배분을 의미한다.

(3) 운영상의 효율성

운영상의 효율성은 개별적 지출 차원의 효율성을 의미한다. 배분적 효율성을 부문 간 효율성이라고 한다면, 운영상의 효율성은 부문 내 효율성을 의미한다.

(4) 투명성과 참여

투명성과 참여는 예산과정에서 뿐만 아니라 바람직한 사회적 지배구조의 성격을 나타낸다. 개방적이고 민주적인 사회는 깨어있는 시민, 시민 참여의 공식적 통로, 책임 기제, 투명한 행정과정을 기본적인 특징으로 하는 사회이다. 따라서, 투명성과 참여는 민주적 예산과정의 기본적 토대라고 할 수 있다.

4) 예산의 종류

정부가 수행하는 '사업의 성격'에 따라 예산은 일반회계와 특별회계로 구분된다.

(1) 일반회계

일반회계는 정부 재정 체제의 중심에 위치하고 있으며, 정부 예산에서 규모가 가장 크다. '예산 통일의 원칙'에 따라 모든 재정활동들은 원칙적으로 일반회계 하나에 망라 되어야 한다. 일반회계는 통제 지향적 관점에서 일반적인 정부의 예산활동을 관리, 감독하는 회계를 말한다. 중앙예산 부서의 입장에서는 모든 정부 자금들이 일반회계로 통합 운영되면, 재원배분의 칸막이 병리현상이 줄어들어 재원배분의 효율성을 높일 수 있다. 따라서 예외적인 수단인 특별회계는 가능한 축소하거나 신설을 억제하려고 노력하고 있다.

(2) 특별회계

집행부의 예산 운영의 재량을 넓혀주거나, 국가의 필요에 따라 한시적으로 집중적인 재정 지원이 요구되는 사업을 뒷받침하기 위해서는 별도의 예외적인 정부자금을 관리할 장치가 필요한 경우가 있으며, 이를 특별회계라고 한다.

정부의 예산사업이 다양해지면서 특별회계의 수와 규모는 점차 증대되는 경향을 보이고 있으며, 집행 부서에 따라 일반회계보다 유연성을 발휘할 수 있는 특별회계를 선호하는 경향이 있다. 특별회계는 집중적인 예산 대응이 필요한 사안에 적극적으로 대응한다는 긍정적인 측면도 있으나, 예산의 통일성 저하로 재원 배분의 구조 왜곡이 가능하며, 기준 적용이 곤란한 단점도 있다.

특별회계의 예는 양곡, 조달, 우편사업 등 특별한 사업에 대한 특별회계와, 미군기지 이전, 행정중심 복합도시 등 특정한 세입이 특정 세출에 충당되는 특별회계를 들 수 있다.

5) 정부회계

회계란 특정 조직의 경영이나 예산, 결산 등 경영활동의 언어이다. 정부회계란 국가나 지방자치단체 등 정부조직의 경제적 활동을 측정하고 기록해 보고함으로써 국민이나 정치인, 공무원 등 사회의 모든 이용자가 특정 의사결정을 할 때 합리적이며 최선의 선택을 할 수 있도록 국가나 지방자치단체에 대한 재무제표 등의 정보를 제공하는 것을 말한다.

정부회계와 기업회계는 각각 정부 및 기업의 경영 성과를 재무제표를 통하여 작성하는 것에 차이가 있으며, 기업회계가 투자자, 정부, 채권단 등 특정 기업의 이해관계자에게 합리적인 의사결정을 할 수 있도록 정보를 제공하는 데 반해, 정부회계는 일반국민, 정치인, 공무원 등 모든 이해관계자들을 위한 정보를 제공하는 데 차이가 있다. 또한, 이익을 측정지표의 기준으로 삼는 기업회계와는 달리, 정부회계는 공공성을 추구하는 특성때문에 성과를 주요 측정지표의 기준으로 삼는다.

기업회계와 정부회계의 재무제표는 이윤 추구를 목적으로 하는 기업인가 아니면 공공성 추구를 목적으로 하는 정부 및 지방자치단체인가에 따라 명칭과 약간의 차이만 있을 뿐 개념적 본질은 동일하다.

〈표 12-1〉 정부회계와 기업회계의 재무제표 구분

구분	정부회계		기업회계
	중앙정부	지방자치단체	기업
재무상태	재정상태표	재정상태보고서	대차대조표(재무상태표)
경영성과	재정운영표	재정운영보고서	(포괄) 손익계산서
자본변동	순자산변동표	순자산변동보고서	자본변동표
현금변동	-	현금흐름보고서	현금흐름표
이익잉여금처분	-	-	이익잉여금 처분계산서
국세징수활동	국세징수활동표	-	-

6) 정부회계의 역할

(1) 회계 보고책임의 평가

국가 및 지방자치단체는 국민이 납부한 세금을 어떻게 사용하여 어떠한 결과를 얼마나 효과적으로 달성하였는지를 국민에게 보고해야 하는 책임이 있으며, 이를 회계 보고책임이라고 한다. 국민은 다시 이렇게 보고된 회계정보를 통해 객관적으로 국가 및 지방자치단체의 예산운영에 대해 평가할 수 있는 것이다.

(2) 재정부담의 형평성 평가

재정부담의 형평성 평가란 현 회계연도나 현 세대가 재정상 누리는 혜택이 다음 회계연도나 다음 세대에 얼마나 부담이 될지, 또는 현 회계연도나 현 세대가 부담할 경우 다음 회계연도나 다음 세대에 얼마나 혜택이 돌아갈지를 평가하는 것을 말한다. 국민은 국가 및 지방자치단체가 보고하는 회계정보를 통해 재정운영이 균형예산과 세대간 형평성을 고려하여 안정적으로 이루어졌는지를 평가할 수 있다.

한국 정부의 예산편성 절차와 일정은 다음과 같다. 정부 각부처에서 작성한 사업계획안이 기획재정부로 취합되어 예산안이 협의, 보완되어 국회에 제출된다. 이후 국회 심의와 본회의 의결을 거쳐 확정된다. 예산안은 매년 편성, 심의·확정, 집행, 결산·평가 등 네 단계의 과정을 거친다. 이같은 재정운용과정에서 기획재정부는 장기적인 재정운용계획을 수립하고 각 부처의 사업계획안과 예산요구서를 검토해 부처별로 예산을 나눠주는 역할을 담당한다.

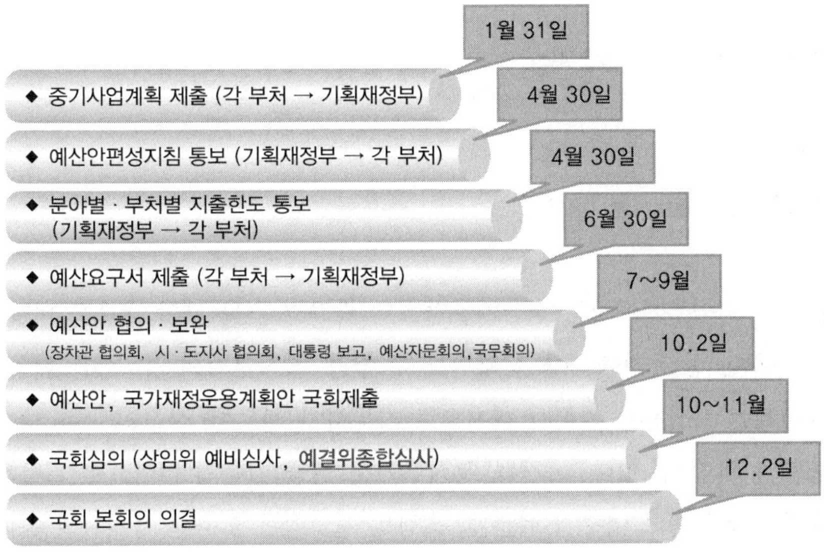

(출처: 기획재정부)

〈그림 12-4〉 정부예산 편성 절차

7) 정부회계의 복식부기 및 발생주의

(1) 복식부기

앞에서 설명한 정부의 재무제표(재정상태보고서, 재정운영보고서, 순자산변동보고서, 현금흐름보고서)는 복식부기와 발생주의라는 회계제도가 바탕이 되고 있다. 우리나라는 정부 개혁을 위해 지방자치단체는 2007년부터, 중앙정부는 2008년부터 회계제도를 단식부기와 현금주의 제도에서 복식부기와 발생주의 제도로 변경하였으며, 이는 앞의 4개 재무제표의 작성을 위한 것이었다.

단식부기란 단순히 현금의 수입과 지출만을 기준으로 기록하는 것을 말하며, 이로 인하여 경영활동에 따른 현금 이외 항목은 정확히 파악하기 어려운 단점이 있다. 이에 반해 복식부기는 현금뿐만 아니라 경영활동으로 인한 현금 이외 모든 항목도 원인과 결과에 따라 자산, 부채, 순자산(자본), 수익, 비용의 항목으로 구분해 서로 대칭 기록하기 때문에, 자원을 좀더 효율적이고 효과적으로 관리할 수 있다.

[단식부기의 예]
현금지출 1억 원(비망기록: 건물구입)

[복식부기의 예]
건물구입 1억 원 / 현금지출 1억 원

상기와 같이 단식부기에서는 현금지출만을 기록하고 건물 구입 내용은 비망기록하기에 사후 정확한 현금 지출 내역을 확인할 수 없다. 복식부기의 경우에는 현금지출과 함께 건물이라는 자산증가 기록을 대칭으로 기록하기 때문에, 현금의 사용 내역을 사후에도 쉽게 파악할 수 있다. 이처럼, 복식부기는 현금 지출의 원인으로 건물을 구입했다는 결과를 동시에 보여주기 때문에, 조직의 경영활동에 따른 자원관리를 더욱 효율적이고 효과적으로 할 수 있다. 또한 현금을 어디에 썼는지 쉽게 파악할 수 있기 때문에 오류나 부정을 방지할 수도 있다.

(2) 발생주의

앞의 복식부기가 경제적인 거래를 어떻게 기록할 것인가에 대한 문제라면, 발생주의는 경제적인 거래를 언제 인식해 기록할 것인가에 대한 문제이다. 회계의 인식 시점은 현금주의와 발생주의로 나눌 수 있다. 현금주의는 현금을 유입시점에서 수익으로 인식하고, 유출시점에서 비용으로 인식하는 것이다. 반면 발생주의는 현금의 유입과 유출을 일어나게 만든 근원적인 거래가 발생한 시점에서 수익과 비용을 인식하는 것이다.

발생주의의 최대 장점은 회계기간 동안 조직의 업적이나 성과를 합리적으로 측정할 수 있다는 데 있다. 예를 들어, 지방자치단체 지도자의 임기가 올해말 까지인데, 무리한 전시성 행사를 하고 이에 대한 비용을 다음 연도에 지불하기로 했다면, 현금주의에 따르면 임기 동안 비용이 지출되지 않기 때문에 재정을 효율적으로 운용한 것으로 보인다. 그러나 발생주의에 의하면 현금유출은 다음 연도에 이루어지더라도 이를 발생시킨 근원적인 거래가 올해 이루어졌기 때문에 올해의 비용으로 처리된다. 결국 국민은 국가나 지방자치단체의 지도자가 임기 동안 행한 재정운영에 대한 효율성 등의 성과와 업적을 평가하는 데 있어서 발생주의를 통해 좀더 정확한 정보를 제공받는 것이다.

(3) 복식부기와 발생주의의 활용

앞서 설명했듯이 복식부기는 회계처리를 할 때 경영활동을 자산, 부채, 순자산, 수익, 비용으로 나누어 거래 행위에 대한 원인과 결과를 동시에 기록함으로써 오류와 부정을 막고, 전체 자원에 대한 상황을 한눈에 파악할 수 있게 함으로써 자원을 효율적으로 관리할 수 있도록 해준다.

현재 국가 및 지방자치단체는 모두 복식부기와 발생주의를 바탕으로 재무제표를 작성하고 있으며, 국민은 작성된 재무제표를 통해 자신이 낸 세금이 부정하게 쓰이거나 낭비 없이 효율적으로 사용되었는지에 대한 확인을 할 수 있게 되었으며, 재정상태와 경영성과를 명확히 파악할 수 있게 되었다.

12.3 회계정보시스템

1) 회계정보시스템의 의의

(1) 회계정보시스템의 정의

회계정보시스템(Accounting information system)은 "기업의 재무에 관한 자료를 수집, 기록, 정리하여 경영자 및 외부의 이용자가 의사결정을 하는 데 유용한 회계정보를 제공하는 시스템"으로 정의된다. 회계정보시스템이란 경영정보시스템(MIS; management information system을 구성하는 여러 하위 시스템 중의 하나로서, 거래처리시스템(Transaction processing system)의 일종이라고 할 수 있으며, 기업의 재무상태표(대차대조표) 항목과 손익계산서 항목 등 기업의 재무 수치의 변동이 발생할 때 이를 빠르고 정확하게 기록하고 정리하는 시스템이다.

회계정보시스템 관련 주요한 과제는 회계거래의 처리시 전표나 분개장, 원장과 같은 수처리시스템을 도입할 것인지, 아니면 데이터베이스(Database)를 기반으로 한 컴퓨터시스템을 도입할 것인지와 같은 기록의 방식과 절차 등과 관련한 문제를 결정하는 것이다. 회계기능과 회계정보시스템의 관계를 그림으로 표시하면 〈그림 12-5〉와 같다.

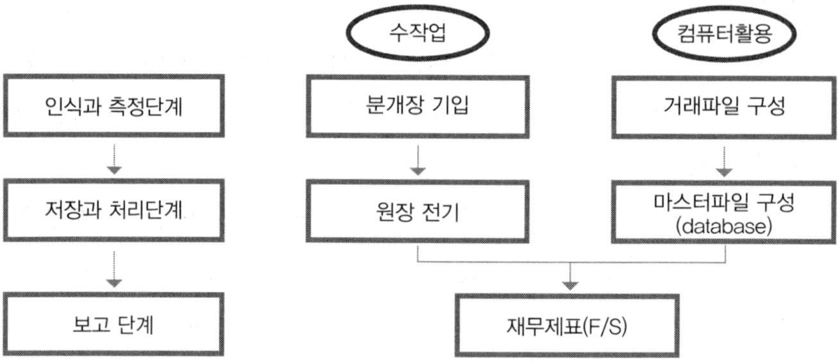

〈그림 12-5〉 회계기능과 회계정보시스템

정보시스템(Information system)은 정보를 입력받고(Input) 그것을 처리하며(Processing) 결과를 산출해 내는(Output) 과정으로 이루어진 체계를 말한다. 회계정보시스템은 일반 정보시스템에서 처리하는 정보의 대상이 회계정보라는 점에서 그 차이가 있다.

결국 회계정보시스템은 회계와 정보시스템의 공통분야이다. 따라서 회계정보시스템을 배우는 것은 컴퓨터를 이용한 회계를 배우는 것으로 생각될 수도 있다. 하지만 회계정보시스템을 정의할 때 단순하게 일정한 영역 즉, 어떠한 일을 하는가로 정의하기보다는 어떠한 역할을 하는가를 기준으로 정의하는 것이 더욱 타당하다.

(2) 회계담당자와 정보기술(IT)의 중요성

IT(Information Technology)는 회계담당자가 이해하여야 할 중요한 기본 지식이다. 왜냐하면 첫째, IT가 회계정보시스템의 다른 구성요소들과 상호작용을 통해 그 역할을 수행하기 때문이다. 둘째, 기존 정보시스템의 비효율성과 유용성을 평가하는 데에 IT의 이해가 필요하다. 셋째, IT가 미래 회계담당자의 업무방향에 영향을 미칠 수 있기 때문이다. 새로운 기술이 나타나면 기업에서 사용하는 회계정보시스템에서 사용하는 장비나 소프트웨어도 변경될 수 있기 때문에 이러한 흐름을 사전에 파악할 필요가 있다.

2) 회계정보시스템의 과거와 현재

(1) 과거의 수작업 시스템

컴퓨터가 일반화되기 전에는 회계기록을 하고 회계보고서를 작성하는 일련의 활동을 주로 분개장과 원장을 이용하여 수작업으로 진행하였다. 지금도 규모가 작은 중소기업이나 거래가 다양하지 않은 단순한 기업의 경우에는 수작업을 통해 회계처리를 하고 있다. 자산, 부채 및 자본의 변동을 가져오는 회계거래를 기록하는 원시장부인 분개장은 모든 거래를 발생한 날짜 순서대로 기록한다는 것을 이미 학습한 바 있다. 요사이 분개장 대신 거래에 관한 기본 자료를 적어 놓은 쪽지를 일컫는 전표를 사용하는 기업이 많아지고 있다. 전표를 사용하는 경우에는 해당 전표를 매일 집계하여 일계표를 작성하고, 그 금액을 원장의 각 계정에 기록하는 방식을 취한다. 여기서 원장은 이미 살펴본 것처럼 계정이 체계적으로 엮여 있는 장부를 말한다.

수작업시스템에서는 장부를 어떤 방식으로 구성하고 유지하느냐 하는 것이 중요하다. 기업은 자산과 부채 및 자본 계정을 포함하는 총계정원장을 중심으로 기록하고 있지만, 필요한 경우 총계정원장 이외에도 비유동자산대장, 매출채권보조원장, 재고자산보조원장 등의 보조장부를 두어 자세한 내용을 기록하고 있다.

(2) 현재의 컴퓨터 시스템

분개장이나 원장 같은 장부 대신에 컴퓨터가 기록하는 파일이나 데이터베이스(Database)를 이용하여 거래를 기록하고 처리하는 방식을 컴퓨터시스템이라고 한다. 파일은 각각의 기록을 모은 것을 말하며 데이터베이스란 각각의 파일 대신에 상호 관련되는 자료를 집중화시켜서 체계적으로 관리하는 것을 의미한다.

컴퓨터시스템은 자료처리가 신속, 정확하며 자료를 다양한 방법으로 분석하면 기업 내, 외부의 이해관계자(interest group)의 의사결정에 필요한 정보를 제공할 수 있는 장점이 있다.

현재는 컴퓨터를 매체로 하고 데이터베이스를 기반으로 하는 컴퓨터시스템을 많이 사용하고 있으며 이를 회계정보시스템이라고 부르고 있으며, 이러한 방식의 회계정보시스템을 전산회계라고도 한다.

3) 회계정보시스템 운영시의 결정필요사항

좋은 회계정보시스템을 도입하는 것으로 모든 일이 마무리 되는 것이 아니다. 효율적이고 신속 정확한 회계정보시스템의 운영을 위해서는 자료의 입력양식 선택, 담당자의 결정, 보고서의 내용 결정 등 많은 사항을 결정해야 한다. 효율적인 회계정보시스템을 구축하고 운영하는 것은 앞서 언급한 내용들을 얼마나 잘 고려하는가에 달려 있다.

(1) 정보제공 범위의 결정

기업의 회계전산 처리량에 따라 이에 알맞은 독자적인 회계정보시스템을 개발하고 운영해야 한다. 중소기업의 경우에는 개인용 컴퓨터를 이용하여 이미 개발되어 판매되고 있는 회계 소프트웨어를 구입하여 사용하는 것이 경제적이다. 즉, 회계정보시스템은 기업의 규모, 경영자에 대한 정보제공의 종류와 범위 등을 고려해서 구축, 운영해야 한다. 경영자가 어느 범위까지의 회계정보를 필요로 하는지도 고려하여 시스템을 구축한다.

(2) 서류양식의 결정

금전의 흐름과 관련되는 서류들을 효율적이고 정확하게 처리하기 위해서는 해당 서류들의 양식을 잘 결정하는 것이 중요하다. 잘못 만들어진 서류양식을 쓰면 비슷한 서류를 중복해서 작성하는 낭비가 발생하거나, 꼭 필요한 정보가 실수로 누락되는 등의 잘못이 발생할 수 있다. 서류는 종류가 간단하면서도 쉽게 작성할 수 있어야 한다.

(3) 기초자료 전산화

컴퓨터는 정확한 연산에 따라 자료를 처리하기 때문에 잘못될 가능성이 거의 없다. 그러나 컴퓨터를 이용한 시스템에서도 잘못이 발생하는데 이는 대부분 최초에 자료를 입력하는 과정에서 발생하는 실수에 의한 것이다. 따라서 가능하면 사람이 직접 컴퓨터에 자료를 입력하는 것보다는 인쇄된 숫자나 문자를 컴퓨터가 바로 읽고 입력하도록 하는 원시서류자동화 방식을 채택해야 한다. 기초자료 전산화는 오류나 부정방지뿐만 아니라 업무 처리의 신속성을 향상시켜 주기 때문에 추진해야 할 업무과제이다.

최근에는 무선인식(RFID; Radio Frequency Identification) 시스템이 다양한 부문에서 활용되고 있다. RFID 태그가 있는 모든 상품은 언제 어디서나 자동적으로 확인이나 추적이 가능하다. RFID는 교통카드, 사원증 등 스마트카드에서 활용되고 있는 무선인식 기술이다.

(4) 계정설정 및 코드체계 확립

어떤 계정을 설정하느냐 하는 것은 효율적인 정보의 처리를 위해서, 또 기업의 재산을 관리하는 입장에서 매우 중요하다. 계정을 설정할 때에는 자산이나 부채, 자본 별로 전체를 대표하는 총괄계정을 만들어야 한다. 계정을 분류하고 체계를 만든 다음 하나의 표로 만드는 것이 계정과목표(COA; Chart of Accounts)이다. 총계정원장 상의 계정과목이 정해지면 필요에 따라 세부적인 명세를 나타내는 보조계정을 설정하기도 한다.

계정과목의 설정 후 필요시 코드를 설정할 수 있다. 코드는 전체를 각 부분으로 나눈 후 각 부분을 식별하기 쉽도록 문자나 숫자 또는 기호를 붙이는 것을 말한다. 코드를 사용하면 자료의 분류, 검색, 종합 업무를 효율적으로 수행할 수 있다. 각 계정에

코드를 부여한 계정과목표를 만들 때 경영관리를 위해서 다른 코드와 연계방안을 설정해 놓는 것이 편리하다.

4) 회계 및 기업 소프트웨어

기업이 자신이 필요로 하는 적합한 회계정보시스템을 채택하고 이를 업그레이드하는 것은 매우 중요하고 어려운 일이다. 기업은 자신들에게 잘 맞는 시스템을 직접 개발하여 사용할 수도 있고, 때로는 이미 개발되어 있는 패키지 소프트웨어를 구입하여 적용시키기도 한다.

통합회계소프트웨어의 범주에는 초기단계, 중소기업, ERP, 특수산업 그리고 고객맞춤형 소프트웨어들이 있다. 이러한 패키지들은 총계정원장, 매출채권이나 매출, 매입채무나 매입, 재고, 급여대장을 위한 모듈 들이나 거래집단들을 포함할 수 있다.

초급 수준의 회계프로그램들에는 사용자들이 조작할 수 있는 계정 차트들이 보통 포함되어 있으며, 재무제표와 예산 등을 포함한 다양한 회계보고서들을 자체적으로 만들어 낼 수 있다. 중급 수준의 소프트웨어는 국제통화번역 등과 같은 특수 기능들과 옵션들이 많이 포함되어 있다. 중급 및 고급 ERP 시스템들을 위한 전개옵션에는 호스팅 솔루션이 포함되는데, 이는 사용자들이 소트프웨어를 임차하고, 사용자의 자료들이 공급자의 하드웨어에 존재하는 것을 말한다. ERP 시스템들은 기업의 비즈니스 프로세스에서 재무적, 비재무적 정보를 모두 모아 통합 보관, 관리한다.

기업이 회계정보시스템을 업그레이드해야 할 시기를 판단하는 것은 매우 어려운 일이다. 그러나 몇 가지의 체크포인트를 통해 교체시기를 어느 정도 파악할 수 있다. 회계 관련 업무처리에 불만족하는 공급자, 고객 및 시스템 운영자들이 증가하는 것과 같은 요인을 통해 파악할 수 있다.

기업의 회계정보시스템은 부가가치세나 소득세 또는 법인세 신고를 할 수 있도록 한다든가 예산과 자금관리를 연계해서 연산이 될 수 있도록 설계하는 것이 좋다.

5) 회계정보시스템의 내부통제와 위험 노출

(1) 내부통제의 의의

회계업무가 전산화되면 시스템이나 데이터에 대한 종업원들의 접근이 용이해지므로, 내부 직원의 불법적인 전산부정과 오류의 가능성이 높아진다. 또한 통신망을 통해 전산장비가 서로 연결이 되므로 자사의 데이터나 정보 보호 즉, 보안 문제가 대두된다.

이러한 변화된 환경에서 기업 자산을 안전하게 보호하며, 거래처리 기록의 정확성과 신뢰성을 유지하며, 시스템운영의 효율성을 제고하고, 각종 전산부정을 방지하면서, 경영목표대로 기업이 움직여 갈 수 있도록 하는 것이 내부통제(internal control)의 주목적이다.

(2) 내부통제시스템의 구분

내부통제는 아래와 같이 통제환경, 목표, 활동에 따라 구분할 수 있다.

첫째, 통제환경의 관점에 비추어 일반통제와 응용통제로 구분된다. 일반통제는 주로 전산회계 응용프로그램 또는 시스템에 대한 통제이며, 응용통제는 응용프로그램의 개발과 회계정보시스템의 실제 운영과정에서 이루어지는 통제이다.

둘째, 목표에 따라 회계통제와 관리통제로 구분할 수 있는데, 전자는 자산을 안전하게 보호하고, 거래기록의 정확성과 신뢰성을 확보하기 위한 통제이며, 후자는 경영자의 정책이나 지침을 준수하고 시스템의 운영상 효율성을 확보하기 위한 통제이다.

셋째, 활동에 따라 예방통제, 탐지통제 및 시정통제로 구분할 수 있다. 예방통제는 데이터 입력과 처리의 정확성을 유지하고 전산부정 등을 사전에 예방하기 위한 통제이며, 탐지통제는 적발통제라고도 지칭하는데 데이터 기록의 오류나 전산부정을 사후적으로 적발하는 통제이다. 시정통제는 사후적으로 발견된 오류나 부정을 시정, 조치하는 통제이다. 일반적으로 내부통제의 이상적인 방향은 예방통제이지만 실무에서는 시정통제의 중요성이 강조되고 있다.

(3) 위험노출의 유형

회계정보시스템은 거래데이터를 입력, 처리 및 출력하는 과정에서 다양한 위험에 노출(risk exposure)될 수 있다. 전산화된 회계시스템의 철저한 내부통제를 위해서는 이러한 위험의 유형이나 원천에 대한 규명과 함께 구체적인 통제 절차를 마련할 필요가 있다. 전산회계시스템의 거래처리 활동과 관련하여 노출될 수 있는 위험의 유형에는 다음과 같은 것이 있다

〈표 12-2〉 회계정보시스템 운영시 위험노출의 유형

위험노출 유형	세부 내용
내부 문제에 의한 위험노출	데이터 입력시 발생되는 오류 잘못된 데이터 입력에 따른 불실한 output 출력 감사증적의 부분적인 손상이나 분실
외부 문제에 의한 위험노출	불법적인 데이터 접근이나 유출 통신네트워크를 통한 데이터의 수정 및 파괴 실수 또는 고의에 의한 시스템 트러블 하드웨어 또는 소프트웨어의 파괴

(4) 회계정보시스템 보호를 위한 통합 보안

회계정보시스템을 운영하는 개별조직들은 거래, 자료 공유, 그리고 통신 측면에서 점점 더 통신망에 대한 의존도가 높아가고 있다. 동시에 고객, 공급자, 파트너, 계약관계, 직원 그리고 원거리 통근자는 업무를 수행하기 위하여 이러한 통신망에 접근해야 할 필요성은 점점 증가하고 있다.

이러한 통신망의 의존도 증가와 접근 필요성의 증대 추세는 정보시스템을 운영하는 개별 조직에 새롭고 다양한 보안 위협을 증대시킨다. 시스템을 책임지고 있는 관리자는 조직의 자산을 보호하는 대책을 마련해야 하고 또한 비용 측면을 고려한 보안 수준을 결정해야 한다. 다수의 기업들은 현재 개발되어 있는 다양한 기술들을 결합함으로써 보안에 대한 통합된 접근법을 이용하고 있다. 통합될 수 있는 핵심 보안 기술로는 방화벽, 침입적발 시스템, 콘텐츠 필터링, 취약성 관리, 바이러스 보호 그리고 가상사설통신망 등을 들 수 있다. 종합적인 보안 정책에 의해 지원을 받는 통합 보안 시스템은 공격의 위험성을 상당히 감소시킬 수 있다.

12.4 R&D 회계

1) 무형자산의 정의

기업들은 경제적 자원을 사용하여 기업 내부에서 연구개발(R&D) 활동을 통해 새로운 무형자산을 창출한다. 또한 과학 기술지식, 새로운 공정, 라이선스, 지적재산권 등과 같은 무형자산의 취득 활동도 수행한다. 과학기술의 급속한 발달로 지식정보화사회는 발전하면서 무형자산성 지출과 무형자산의 중요성은 꾸준히 증가하고 있다.

무형자산(intangible assets)이란 '물리적 실체는 없지만 식별 가능한 비화폐성자산'을 말하며, 회계적으로는 '식별가능성', '통제', '미래 경제적 효익의 존재'의 조건을 모두 충족하여야만 무형자산으로 인식한다.

(1) 식별가능성

무형자산의 정의에서는 영업권과 구별하기 위하여 무형자산의 '식별가능성'을 요구한다. 다음의 조건 중 하나에 해당하는 경우에 '식별 가능하다'라고 한다.

- 기업 의도와는 무관하게 기업에서 분리하거나 분할할 수 있고, 개별적으로 또는 관련된 계약, 식별 가능한 자산이나 부채와 함께 매각, 이전, 라이선스, 임대, 교환할 수 있어야 한다.

- 자산이 계약상 권리 또는 기타 법적 권리로부터 발생한다. 이 경우 그러한 권리가 이전 가능한지 여부 또는 기업이나 기타 권리와 의무에서 분리가능한지 여부는 고려하지 아니한다.

(2) 통제

특정 자산에 대한 통제란 기초가 되는 자산에서 유입되는 미래 경제적 효익을 확보할 수 있고 그 효익에 대한 제3자의 접근을 제한할 수 있는 것이다. 일반적으로 이러한 자산에 대한 통제가능성은 법원에서 강제할 수 있는 법적 권리에서 나오나, 저작권, 계약상의 제약 등에 의하여 미래경제적 효익을 보호할 수 있다면, 기업은 특정 자산으로부터의 미래 경제적 효익을 통제할 수 있다라고 한다.

(3) 미래 경제적 효익

무형자산의 미래 경제적 효익은 제품의 매출, 용역수익, 원가절감 또는 자산의 사용에 따른 기타 효익의 형태로 발생할 수 있다. 예를 들면, 제조과정에서 지적재산권을 사용하면 미래 수익을 증가시키기보다는 미래 제조원가를 절감시킬 수 있는 것이다.

식별 가능한 무형자산을 구분하여 보면 아래 표와 같다.

〈표 12-3〉 식별가능한 무형자산의 구분

구분	내용
마케팅 관련 무형자산	• 상표 및 인증마크 • 거래 표식 • 인터넷 도메인명 • 비경쟁 합의
고객 관련 무형자산	• 고객목록 • 주문 및 생산 잔고 • 고객계약 및 관련 고객관계 • 비계약적 고객관계
예술 관련 무형자산	• 저술 작품 • 작곡, 가사 등 음악 작품 • 무대상영물(연극, 오페라 및 발레) • 그림, 사진 • 동영상, 필름 등
기술 관련 무형자산	• 특허 기술 • 컴퓨터 SW와 마스크 작업물 • 데이터베이스 • 비밀 공식, 공정, 조리법 등과 같은 거래상 비밀
계약에 기초한 무형자산	• 라이센스, 로열티 • 각종 공급 및 고용계약 • 건축허가/ 프랜차이즈 합의 • 운영권 및 방송권 • 물, 고기 및 벌목 등에 대한 사용권리

2) R&D 활동과 무형자산의 인식

(1) 무형자산의 인식

개정된 한국의 국제회계기준(K-IFRS)에서는 앞에서와 같이 식별 가능한 무형자산 중에서 다음의 조건을 모두 충족하는 경우에만 회계적으로 무형자산을 인식한다고 규정하였다.

- 미래경제적 효익: 자산에서 발생한 미래경제적 효익이 기업에 유입될 가능성이 높다.
- 원가의 측정 가능성: 자산의 원가를 신뢰성 있게 측정할 수 있다.

개별 취득하는 무형자산의 원가는 일반적으로 신뢰성있게 측정이 가능하다. 사업결합으로 취득하는 무형자산의 취득원가는 기업회계기준서 제1103호 '사업결합'에 따라 취득일의 공정가치로 한다고 규정하였다. 기업이 무형자산을 획득하는 방법에는 개별적으로 취득하는 방법, 사업결합을 통해 취득하는 방법, 내부 연구개발 활동을 통해 새로이 창출하는 방법 등 세가지가 있다.

(2) 개별적으로 취득한 무형자산

일반적으로 무형자산을 개별적으로 취득하는 경우에는 해당 자산으로부터 미래 경제적 효익을 기대 수준 만큼의 가격을 지불하게 될 것이다. 따라서 개별적으로 무형자산을 취득하는 경우에는 무형자산의 인식요건 중 '미래 경제적 효익' 조건을 충족한다라고 보며, 무형자산의 취득원가 역시 개별적으로 취득하는 경우 신뢰성 있게 측정 가능하다.

개별적으로 취득하는 경우 무형자산의 취득 원가는 다음 항목으로 구성된다.

- 구입가격
- 자산을 의도한 목적에 사용할 수 있도록 준비하는데 직접적으로 관련된 원가

위 항목 중 아래줄 항목의 예로는 해당 자산을 사용 가능한 상태로 만드는데 직접적으로 발생하는 종업원 급여나 전문가 수수료, 그 자산이 적절하게 성능을 발휘하는지 검사하는데 발생한 원가 등을 들 수 있다.

참고로, 무형자산의 원가에 포함되지 않는 비용의 예로는 다음과 같다.

- 새로운 제품이나 용역의 홍보원가
- 새로운 지역 또는 계층의 고객을 대상으로 사업을 수행하면서 발생하는 원가
- 관리원가와 기타 일반경비원가

(3) 사업결합으로 취득한 무형자산

사업결합으로 취득하는 무형자산 중 피취득자가 해당 무형자산을 장부에 인식한 자산의 경우에는 취득일의 공정가치로 평가한다. K－IFRS 1103호 규정에서는 회사가 지분인수를 통하여 목표회사를 지배하는 사업결합이 발생하는 경우 취득자는 피취득자의 자산(특히 과거 피취득자의 재무제표에 인식되지 않은 무형자산), 부채, 우발채무의 공정가치를 측정해야한다고 규정하였다. 이때 측정가치를 매수가격에 우선 배분하고 남은 매수금액은 영업권으로 배분(purchase price allocation; PPA)해야 한다.

또한, 피취득자가 인식하지 않은 무형자산이 존재하는 경우에도 취득자는 해당 무형자산이 자산의 정의를 충족하고, 식별가능할 경우에는 무형자산으로 인식한다. 사업결합으로 인하여 취득한 무형자산의 공정가치는 무형자산의 매매와 관련한 활성시장이 존재하는 경우에는 동 활성시장에서의 현행 매입호가를 공정가치로 본다. 만일, 현행 매입호가를 이용할 수 없는 경우에는 가장 최근의 유사한 거래에서 형성된 가격을 근거로 공정가치를 추정할 수 있다.

무형자산에 대한 활성시장이 존재하지 않는 경우에는, 취득일에 최선의 정보에 근거하여 합리적인 판단력과 거래의사가 있는 독립된 당사자 사이의 거래에서 그 자산에 대하여 지급하였을 금액을 공정가치로 추정한다.

공정가치의 정의와 측정

공정가치(fair value)란 활성시장이 존재하는 경우 활성시장의 시장가격을 적용하고, 활성시장이 존재하지 않는 경우에는 "경제적 이익을 극대화하려는 사람들이 어떠한 강요도 받지 않고 관련사항을 합리적으로 인식한 상태에서 거래하려고 하는 자산가격으로 정의한다. 공정가치 측정에 사용할 수 있는 기법은 미래 순현금흐름을 할인하는 방법과 해당 무형자산을 라이선스하는 경우에는 로열티 면제법을, 무형자산을 재창출하거나 대체하는 경우에는 대체원가법을 사용할 수 있다고 규정하였다. 사업결합에 의해 취득한 경우의 무형자산의 측정 절차는 다음 그림과 같다.

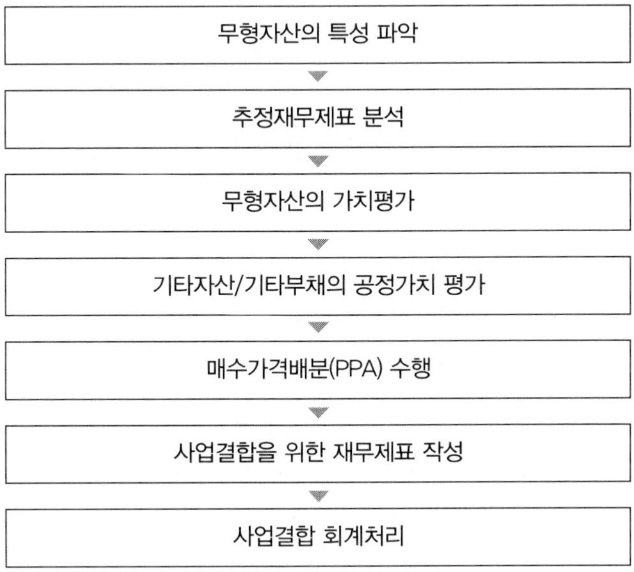

〈그림 12-6〉 사업결합에 의해 취득한 무형자산의 측정 절차

(4) 내부 R&D 활동을 통해 창출된 무형자산

기업 내부적으로 연구개발 활동을 통해 무형자산을 창출한 경우에는 해당 무형자산으로부터 기대되는 미래 경제적효익의 창출 여부를 파악하기 어려우며, 자산의 원가를 신뢰성 있게 측정하는 것이 어려워 무형자산의 인식기준을 충족하는지 평가하기가 어렵다.

내부적으로 창출한 무형자산이 인식기준을 충족하는지를 평가하기 위하여 무형자산의 창출 과정을 연구단계와 개발단계로 구분한다. 내부 프로젝트를 연구단계와 개발단계로 구분할 수 없는 경우에는 그 프로젝트에서 발생한 지출을 모두 연구단계에서 발생한 것으로 본다. 연구활동 또는 내부 프로젝트의 연구단계에 대한 지출은 발생시점에서 비용으로 인식한다. 또한 내부적으로 창출한 브랜드, 제호, 출판표제, 고객목록 등은 무형자산으로 인식치 않으며, 내부적으로 창출한 영업권도 자산으로 인식하지 않는다.

연구단계

다음과 같은 연구 활동의 경우에는 미래 경제적효익을 창출할 무형자산이 존재한다는 것을 제시할 수 없기 때문에, 연구단계에서 발생한 지출은 발생시점에 전액 비용으로 인식한다.

- 새로운 지식을 얻고자 하는 활동
- 연구결과나 기타 지식을 탐색, 평가, 최종 선택, 응용하는 활동
- 재료, 장치, 제품, 공정, 시스템이나 용역에 대한 여러 가지 대체안을 탐색하는 활동
- 새롭거나 개선된 재료, 장치, 제품, 공정, 시스템이나 용역에 대한 여러 가지 대체안을 제안, 설계, 평가, 최종 선택하는 활동

개발단계

내부적으로 무형자산을 취득하기 위한 개발활동의 예는 다음과 같다.

- 생산이나 사용 전의 시제품과 모형을 설계, 제작, 시험하는 활동
- 새로운 기술과 관련된 공구, 주형, 금형 등을 설계하는 활동
- 경제적 규모가 아닌 시험공장을 설계, 가동하는 활동
- 신규 또는 개선된 재료, 장치, 제품, 공정, 시스템이나 용역에 대하여 최종적으로 선정된 안을 설계, 제작, 시험하는 활동

개발단계는 연구단계보다 제품화가 더욱 진전되어 있는 상태이기 때문에 특정한 경우에는 해당 무형자산을 식별할 수 있으며, 그 무형자산의 미래 경제적 효익의 창출 가능성을 제시할 수 있다. 개발 단계에서 발생하는 지출비용 중 다음 6가지 사항을 모두 제시할 수 있는 경우에는 무형자산으로 인식한다.

- 무형자산을 사용, 판매하기 위해 그 자산을 완성할 수 있는 기술적 실현가능성
- 무형자산을 완성하여 사용하거나 판매하려는 기업의 의도

- 무형자산을 사용하거나 판매할 수 있는 기업의 능력
- 무형자산이 미래 경제적효익을 창출하는 방법. 그 중에서도 특히 무형자산의 산출물이나 무형자산 자체를 거래하는 시장이 존재함을 제시할 수 있거나 또는 무형자산을 내부적으로 사용할 것이라면 그 유용성을 제시할 수 있다.
- 무형자산의 개발을 완료하고 그것을 판매하거나 사용하는 데 필요한 기술적, 재정적 자원 등의 입수 가능성
- 개발과정에서 발생한 무형자산 관련 지출을 신뢰성 있게 측정할 수 기업의 능력

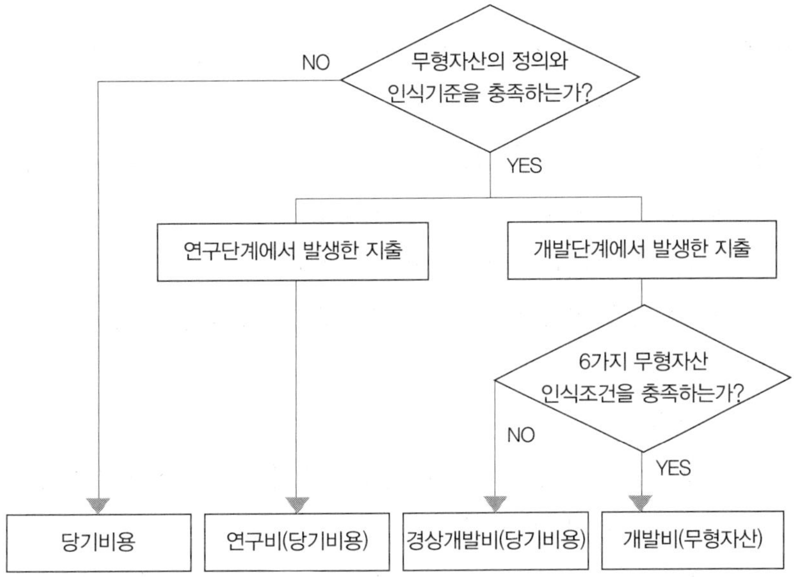

〈그림 12-7〉 R&D 활동에 따른 회계계정 구분 기준

(출처: 신현걸, 최창규, 김현식, 중급회계, p.526)

이와 같이 기업의 연구개발 활동을 위한 비용지출이 발생한 경우 연구단계에서 발생한 지출은 연구비란 당기비용으로 회계처리한다. 개발단계에서 발생한 지출은 6가지 무형자산 인식조건을 충족치 못한 경우에는 경상개발비란 당기비용으로 처리하고, 충종한 경우에는 개발비란 무형자산으로 회계처리한다. 이를 그림으로 표시하면 위와 과 같다.

3) 무형자산의 상각

내용연수가 유한한 무형자산의 경우에는 내용연수 동안 체계적인 방법으로 상각하여야 하며, 상각은 자산이 사용가능할 때부터 시작한다. 무형자산의 상각방법에는 정액법, 생산량비례법 등이 있으며, 이러한 상각 방법 중 자산에 내재된 미래 경제적 효익의 예상 소비형태를 고려하여 선택하고, 매 회계기간 일관성 있게 적용한다.

'내용연수(useful life)'란 특정 자산을 사용가능할 것으로 기대되는 기간을 의미하며, 다음의 사항들을 고려하여 결정한다.

- 기업이 예상하는 자산의 사용방식과 자산이 다른 경영진에 의하여 효율적으로 관리될 수 있는지 여부
- 상각대상 무형자산의 일반적 제품수명주기와 유사한 방식으로 사용되는 유사한 자산들의 내용연수 추정치에 관한 공개된 정보
- 기술적, 공학적, 상업적 또는 기타 유형의 진부화
- 자산이 운용되는 산업의 안정성과 자산으로부터 산출되는 제품이나 용역의 시장 수요 변화
- 기존 또는 잠재적인 경쟁자의 예상 전략
- 예상되는 미래경제적 효익의 획득에 필요한 자산 유지비용의 수준과 그 수준의 비용을 부담할 수 있는 능력과 의도
- 자산의 통제가능 기간과 자산사용에 대한 법적 또는 이와 유사한 제한(예: 관련된 리스의 만기일)
- 자산의 내용연수가 다른 자산의 내용연수에 의해 결정되는지의 여부

무형자산의 상각액은 일반적으로 당기손익으로 인식하나, 자산에 내재된 미래 경제적 효익이 다른 자산의 생산에 소모되는 경우에는 무형자산의 상각액은 그 자산의 취득원가에 포함한다. 최근까지 사용된 한국의 회계기준(K-GAAP)에서는 영업권은 최대 20년까지 상각이 가능하였으나, 바뀐 한국의 국제회계기준(K-IFRS)에서는 영업권은 상각하지 않으며, 매년 손상검사만 실시토록 하였다.

유형자산의 경우에는 감가상각(depreciation)이란 용어를 사용하나 무형자산에는 상각(amortization)이란 용어를 사용한다.

예제 12.3

㈜세화의 다음 자료로 무형자산으로 인식할 수 있는 개발비의 최대한도를 계산하라.
(2009년 공인회계사 1차 기출문제)

• 신지식 탐구를 위한 연구실 지출	320,000
• 연구결과 평가를 위한 지출	130,000
• 실험실에 구축된 전용시설물 구축비	190,000
• 새롭게 개선된 시스템에 대한 대체안 설계를 위한 지출	70,000
• 신기술과 관련된 공구, 금형, 주형의 설계를 위한 지출	140,000
• 상업생산 전 시작품의 설계, 제작, 시험을 위한 지출	210,000
• 상업생산 중의 품질관리비	150,000

① 210,000 ② 350,000 ③ 420,000
④ 500,000 ⑤ 580,000

답 ②

(풀이) 개발비 최대한도: 140,000(신기술과 관련된 공구, 금형, 주형의 설계를 위한 지출) + 210,000(상업생산 전 시작품의 설계, 제작, 시험을 위한 지출)

4) 기술관련 무형자산의 회계처리

(1) 개발비의 회계처리

개발비는 무형자산으로 계상하나, 연구비는 판매비와관리비로 계상한다. 경상개발비는 제조원가 또는 판매비와관리비로 계상할 수 있다.

(2) 산업재산권(특허권)의 회계처리

① 자가개발 산업재산권(특허권)의 경우: 특허권의 효용 지속기간과 개발비의 효용 지속기간이 상이하고, 하나의 개발연구를 통하여 복수의 특허권을 취득할 경우 개발에 소요된 비용의 장부가액을 특허권 각각의 취득원가로 배분할 수 없다. 따라서 자가개발 특허권은 관련 비용을 일단 개발비(무형자산)로 계상한다. 이후 개발이 성공하여 특허권을 취득하면 개발비의 장부가액을 특허권으로 대체하지 않고, 특허권 취득에 직접 사용된 금액(특허출원 및 등록비용)만을 산업재산권으로 계상한다.

② 외부구입 산업재산권(특허권)의 경우: 타인으로부터 특허권을 취득한 경우 매입가액과 부대비용을 합하여 취득원가로 계상한다. 특허권을 일정기간 동안 사용키로 하고 대금을 분할납부(특허사용료)하는 경우에는 특허권으로 계상하지 않고 기간비용으로 처리한다.

(3) 광물자원의 회계처리

광물자원이란 매장된 원유, 석탄, 비철금속 등을 지칭한다. 광물자원의 회계 처리시의 논점은 광물자원의 탐사에 소요된 자금을 비용으로 처리하느냐 아니면 자산화하여 탐사평가자산으로 처리하는가이다. 비용 처리시 당기순이익이 감소하나, 원가에 포함시에는 탐사평가자산 금액을 증가시키며 당기손익과는 상관없다. 일반적으로 광물자원의 탐사에는 큰 금액이 소요되므로 회계처리 방법에 따라 기업의 재무실적에 큰 영향을 미친다.

탐사평가자산의 원가에 포함될 수 있는 항목은 광물자원을 탐사할 수 있는 권리의 취득, 탐사를 위한 시추, 지형학적, 지질학적, 지구과학적 연구, 기타 기술적 실현가능성과 상업화 가능성에 대한 평가와 관련된 활동을 들 수 있다. 탐사평가자산도 자산을 최초로 인식한 이후 회계연도에 원가모형과 재평가모형 중에서 한 방법을 선택하여 평가한다.

(4) 생물자산의 회계처리

생물자산(biological assets)은 살아 있는 동식물을 말하며, 미래경제적 효익의 유입가능성이 높고 자산의 공정가치나 원가를 신뢰성 있게 측정할 수 있을 때 자산으로 인식한다. 그러나 생물자산은 최초 취득시와 재무보고시에 공정가치(fair value)에서 추정매각부대원가(point of sale cost)를 차감한 순공정가치(net fair value)로 측정한다.

생물자산의 측정: 순공정가치(net fair value) = 공정가치 – 추정매각 부대원가

생물자산은 매보고기간말에 순공정가치로 측정하므로 감가상각을 하지 않는다. 매보고기간말에 측정한 순공정가치가 이전 보고기간말 측정액보다 증가 또는 감소한 경우 차액을 당기손익에 반영한다. 생물로부터의 수확물은 수확시점에 순공정가치로 평가되고 평가손익으로 손익계산서의 당기순이익에 가감된다.

(5) 라이선스와 프랜차이즈의 회계처리

① 라이선스: 라이선스 계약을 체결한 후 지급한 대금은 라이선스라는 무형자산으로 처리한다.

② 프랜차이즈: 프랜차이즈 가맹점이 본사로부터 판매, 상품 공급, 점포 운영 등의 노하우를 브랜드와 함께 제공받고 지급하는 가입비는 프렌차이즈란 무형자산으로 회계처리한다. 매출액의 일정비율을 계속 로얄티로 지급하면 발생시점에서 수수료로 비용처리한다.

(6) 컴퓨터 소프트웨어의 회계처리

① 소프트웨어의 내부 개발에 소요된 비용은 자산 인식조건을 충족할 경우 개발비 항목으로 무형자산 처리한다.

② 소프트웨어 구입시 자산인식조건을 충족하면 구입에 소요된 비용을 소프트웨어 항목이란 무형자산으로 회계 처리한다.

(7) 임차권리금의 회계처리

임차권리금으로 하여 무형자산으로 계상한다.

예제 12.4

대하기업은 신약을 개발하여 생산, 판매하는 기업이다. 올해 줄기세포 관련 신약을 개발하기 위해 특별개발활동으로 32,000,000원을 사용하였다. 이러한 특별비용 외에 연구와 관련된 비용으로 지난 년도와 비슷한 규모인 6,000,000원을 소모품 구입과 경상적 임차료로 현금지출하였다.

대하기업의 개발활동과 관련된 지출에 대한 분개와 기말에 처리해야 할 분개를 하라. 단, 개발비는 5년에 걸쳐 상각하며, 초년도는 1년분 전액을 상각하는 것으로 가정한다.

개발활동 관련 지출에 대한 분개

(차) 개발비	32,000,000	(대) 현금	38,000,000
경상개발비	6,000,000		

회계기말의 분개

(차) 개발비상각비	6,400,000	(대) 개발비	6,400,000

연습문제

1. 기업이 부담하는 법인세와 개인이 부담하는 소득세의 결정 과정의 차이점은 무엇인가?

2. 소규모 벤처기업을 창업할 경우 채택할 회계정보시스템의 결정시 고려해야 할 요인은 무엇인가?

3. 정부예산과 기업예산의 결정원칙상의 차이점은 무엇인가?

4. T사는 19X1년도 자본예산을 편성하고 있다. T사의 대차대조표에는 다섯 가지 원천의 장기자금이 표시되어 있다. 이 다섯 가지 원천으로부터 현재 발행액은 회사의 역사적인 자금원천을 나타내 주고 있으며 그 내용은 다음과 같다.

자 금 원 천	금액 (단위: 백만)	비 율
담보부사채 (액면 1,000달러, 7.5%)	135달러	15.0
사채 (액면 1,000달러, 8%, 상환기간 19X5년)	225	25.0
우선주 (액면 100달러, 7.5%)	90	10.0
보통주 (액면 10달러)	150	16.7
이익잉여금	300	33.3
	900달러	100.0

T사는 선택된 투자안에 필요한 자금을 조달하는데 기존의 자본구조를 유지하려고 한다. 따라서 15%는 담보부사채, 25%는 사채, 10%는 우선주, 나머지 50%는 보통주로 조달하여야 한다. 다음 연도의 세금차감후 순이익이 보통주당 4.50달러가 될 것으로 예상되는데, 과거 4년 동안과 마찬가지로 보통주주에 대한 배당률은 수익의 40% (주당 1.80달러)가 되며, 우선주주에게는 6,750,000달러를 지급하여야 한다.

자본예산편성팀은 T사의 투자담당자와 협력하여 현재자본시장에서 자금을 조달하는 경우 T사의 자금원천과 관련된 다음과 같은 자료를 얻었다.

₩ 부채에 대한 이자율과 우선주에 대한 배당률은 T사와 같은 규모의 기업들이 시장에서 지급하는 비율을 기초로 추정한 것이다. T사의 주가수익율 15%는 보통주가가 67.50달러가 될 때 자본화할 수 있는 이익의 성장률이 10%가 되어야 유지된다.

T사의 법인세율은 40%이다.

자금원천	액 면	이자율 또는 배당율	발행가액
담보부사채	1,000달러	14 %	1,000.00달러
사 채	1,000	14.5 %	1,000.00
우 선 주	100	13.5 %	99.25
보 통 주	10		67.50

〈요구사항〉

(a) T사의 다섯 가지 자본원천에 대하여 각각 세금차감후 자본비용을 계산하여라.

(b) T사의 세금차감후 가중평균자본비용을 계산하라.

(c) T사가 속해 있는 산업의 모든 기업에 대한 경영위험이 비슷하다면, 가중평균자본비용도 비슷하게 되는가? 그 이유를 설명하라. (CMA 기출)

5. R&D 활동에 소요되는 각종 비용이 어떻게 각각의 여건이나 또는 R&D 결과에 따라 상이하게 회계처리 되는지 설명하라.

6. 무형자산(intangible asset) 중 기술과 관련된 자산에 대해 나열하고 각각의 특징에 대해 언급하여 보자.

7. 기업이 흑자가 많이 발생하는 경우와 적자가 발생하는 경우, 기술개발에 소요된 비용을 어떻게 회계처리하는 것이 합법적으로 법인세 절약 측면에서 유익한지 토의하여 보자.

8. 기술혁신이 빠른 첨단산업의 경우 신기술 관련 무형자산이 새로운 신제품 출현으로 자산가치가 단기간 내에 소멸될 수 있다. 이러한 점을 감안할 때 첨단산업의 무형자산 감가상각 방법을 어떻게 설정하는 것이 좋은가?

9. 종로회사는 태양전지산업에 본격적으로 진출하기 위해 핵심부품사업과 관련된 4년간 사용할 수 있는 제조기술특허를 강남회사로부터 20×1년 10월 1일 현금 3억 원에 취득하였다.

이때 종로회사가 기술특허 취득시에 해야할 회계 분개를 하라. 또한 20×1년 12월 31일 년말 결산시에 감가상각비를 인식하는 회계분개를 하라. 종로회사는 기술특허 사용기간을 5년으로 추정하였으며, 정액법을 사용하여 상각한다.

CHAPTER 13

사업성 분석

13.1 사업성 분석의 개요

13.2 사업성 분석 세부 내용

13.3 경제성 분석

개인 또는 조직에서 신규사업에 대한 사업성을 분석하는 것은 중요한 이슈이다. 기술성, 시장성, 경제적, 추진능력으로 구성된 사업성분석 접근방법을 체계적으로 공부하고, 특히 지금까지 배운 회계지식을 토대로 경제성분석방법에 대해 배운다.

Synthesis Accounting Principle

13.1 사업성 분석의 개요

기업에서 이루어지는 중요한 이슈 중의 하나가 미래의 성장과 수익이 보장되는 유망한 신규사업을 발굴하는 것이다. 유망한 사업을 찾기 위해 끊임없이 신사업의 사업성 분석(feasibility analysis)을 하여야 한다. 사업성 분석은 크게 기술성, 시장성, 경제성과 추진주체 능력을 평가하는 것으로 구성되어 있다. 이 책의 주요 관심사가 회계이므로 여기에서는 경제성분석을 좀더 자세히 살펴본다.

1) 성공 기업의 단계별 검토 필요항목

하나의 사업 아이디어가 수많은 어려움을 극복하고 성공적인 사업으로 성장하기 위해서는 첫째, 성공적인 사업 기회(business opportunity)를 발굴하는 단계와 둘째, 아이디어를 기업화하는 단계, 셋째, 탄생된 기업을 경영하고 키우는 단계를 성공적으로 거쳐야 하며 이러한 과정에서 직면하는 내, 외부 도전을 이겨내야만 한다.

언급한 3단계를 다시 세분하여 설명하면 첫째 단계인 성공적인 사업기회를 발굴키 위해서는 우선 좋은 사업 기회를 인식하고 이를 사업 아이디어로 구체화해야 한다. 구체화를 위해서는 사업 타당성분석을 하여야 하며 이에는 해당 산업분석과 경쟁자분석도 포함된다. 사업의 철저한 분석을 통해 우리는 효율적인 사업 모델(business model)을 구상할 수 있으며, 이를 구체화한 상세한 사업계획서(action plan)에 나타난다.

둘째 단계인 아이디어를 기업화하는 단계에는 윤리적으로나 법적으로 문제가 없는 조직의 구축, 새로운 조직체의 재무특성을 파악하고 자금조달 방안을 확보하는 것과 사업체를 이끌어 갈 구성원의 확보(staffing)와 효율적인 R&D 관리, 연구결과물의 시장성있는 제품화가 큰 이슈가 된다.

셋째 단계인 기업을 경영하고 키우는 단계에서는 매출 증대 등 마케팅 이슈에 대한 효율적인 대처와 기업규모가 커짐에 따라 발생하는 인사, 자금 상 문제의 극복, 특허권(intellectual property) 등 무형자산에 대한 중요성을 인식하고 대처하는 것이 필요하다. 나아가 기업을 획기적으로 성장시키기 위해 인수합병(M&A), 기술제휴 등 기업성장에 대한 전략적 조치의 실행이 필요하다.

2) 사업성 분석의 의의

사업성 분석(feasibility analysis)이란 기업자원을 실제 투입하기에 앞서 검토 중인 사업 아이디어가 추진할만한 가치가 있는지를 걸러내는 평가과정을 말한다. 사업성 분석을 미리 실시하면 추진하고자 하는 신규 사업의 성공확률을 높일 수 있기 때문에, 기업의 창업 시와 기업 내의 신사업을 모색할 때에 사업성 분석이 선행되어 진다. 기업이 신규 사업에 진출하느냐 포기하느냐의 여부는 사업성 분석 단계에서 결정된다.

사업성 분석은 〈그림 13－1〉과 같이 일반적으로 기술성 분석, 시장성 분석, 경제성 분석, 추진주체능력 분석으로 구성된다. 사업성 분석은 쉬운 말로 설명하면 결국 "만들 수 있나? 팔 수 있나? 이익이 나는가? 할 수 있나?를 따져보는 과정"이라고 할 수 있다.

사업성 분석시 모든 분석 항목을 자세히 검토하는 것은 비능율적이므로, 특정사업

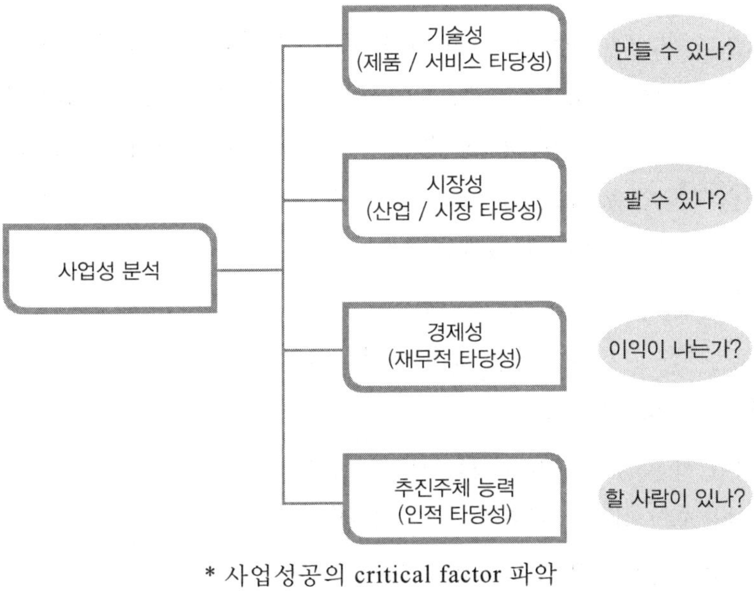

* 사업성공의 critical factor 파악

〈그림 13-1〉 사업성 분석 개요

의 성공에 크게 영향을 미치는 결정적 요소(critical factor to success)를 찾아내어 이를 집중적으로 검토하는 것이 효율적이다. 성공의 결정적 요소는 대상 사업에 따라 다르며, 예를 들어 원천기술확보, 투자자 유치, 손익분기 매출액 달성, 원료확보 등이 될 수 있다.

실제 사업성 분석을 시행할 때는 분석 자료의 반복적인 수정이 필요하다. 예로 시장조사 결과가 좋지 않을 때에는 그 사업계획을 포기하기보다는 시장조사 목적을 재조정하여 조사를 다시 수행하는 등 분석 목적에 충실하게 분석 작업을 반복할 수 있다.

사업 타당성분석을 위해 검토해야 할 항목은 사업 타당성 검토 목적에 따라 차이가 있으며 어떤 목적으로 사업 타당성분석을 하느냐에 따라 사업성 평가 요소 및 그 가중치가 달라질 수 있다. 고려대상 사업이 공익과 관련되는 경우 공익성 분석(social profitability analysis)을 추가할 수 있다.

13.2 사업성 분석의 세부 내용

1) 기술성 분석

기술성 분석(product/service feasibility analysis)이란 목표 제품을 원만하게 생산할 수 있는지, 즉 기술적 타당성을 분석하는 것이다. 기술성 분석은 사업계획의 기술적 타당성과 원가추정을 위한 기초자료를 제공하고, 사업에 영향을 미치는 여러 가지 요인을 고려하여 기술적 대안을 비교 · 검토하는 단계이다.

기술성 분석의 구체적 항목은 다음과 같다.

- 제품의 특성 파악
- 생산 시스템, 공정 등 생산제품 제조에 대한 분석
- 필요 기술 및 기능 인력 확보 방안
- 공장입지의 결정, 생산설비의 확보 가능성 검토
- 초기 생산규모의 결정과 시설확장계획 수립
- 제품 1단위에 대한 원재료 소요량 산정
- 원재료 확보 가능성과 조달방법 결정

전망 있는 제품이나 서비스의 본격적인 개발에 뛰어들기 전에 생산하려는 제품이 고객들이 원하는 제품이며 적절한 규모의 수요자가 존재하다는 확신을 개발 주체가 가지고 출발할 필요가 있다. 수요자의 반응을 사전에 파악하기 위해서는 개발하려는 제품의 개략적 특성을 잠재고객들에게 설명하여 고객들의 관심도, 구매력의 크기 등을 측정해보는 콘셉트 테스트(concept test)가 유용하다. 개발이 완료되어 시제품(prototype)이 만들어지면 시제품으로 제품 사용시의 용이성, 고객의 제품에 반응을 측정하는 사용자 테스트(user test)를 실시할 필요가 있다.

흔히 특허나 실용신안 등 공업소유권에 의한 창업의 경우에는 이론과 실제의 격차가 어느 정도인지, 또 예상되는 불량률 및 하자 발생의 가능성은 없는지를 검토하여야 한다. 실험실 내의 검증만으로는 불충분하며, 실제 산업 현장에 적용해 보지 않으면 예상 외로 사업 실패 확률이 높은 분야가 특허 등 공업소유권에 의한 창업이다. 아무리 훌륭한 제품이라도 소비자를 위해 상품화되지 않으면 그 사업은 성공할 수 없을 것이다.

2) 시장성 분석

(1) 시장성 분석의 구체적 항목

시장성 분석(industry/market feasibility analysis)은 만들어진 제품이 제대로 팔릴 수 있느냐를 분석하는 것이다. 시장에 진출하여 경쟁상품과 겨루어 소비자에게 인정을 받을 때 비로소 매출이 늘어나고 시장점유율(market share)도 확대될 것이다. 그러나 처음 생산되어 시장에 출시하였을 때 대부분의 제품은 소비자에게 생소한 것이 보통이며 품질이 확인되기 전까지는 판매가 결코 쉽지 않다.

시장성 분석의 구체적 항목은 다음과 같다.

- 현재의 국내외 수요공급 동향 및 중장기 수급전망
- 시장 특성 및 구조(시장의 위치, 수송방법, 유통경로 및 조직, 거래조건 등)
- 동업자 또는 유사제품과의 경쟁상태 및 향후 경쟁제품의 출현 가능성
- 국내외 가격구조 및 가격동향
- 목표시장(target market) 선정 및 판매전략

시장성 분석에는 특히 매출액 추정이 중요하며 이를 위해서는 아래 요소들의 검토가 필요하다.

① 수요분석: 주요고객, 예상소비량, 소비총액 등의 미래 일정기간 수요 추정

② 공급분석: 기존기업의 공급능력, 기존제품의 가격, 품질, 판매전략 등

③ 시장점유율 추정: 수요자 · 공급자 · 경쟁자 · 등의 분석을 통한 추정

(2) 시장성분석의 전략적 접근

시장성 분석은 마케팅 믹스(marketing mix)인 4P, 즉 제품(product), 가격(price), 유통(place), 판촉(promotion)의 4요소에 대한 전략을 구체적으로 수립해 봄으로써, 사업수행시의 마케팅(marketing)전략을 미리 점검해 보는 것이다. 문제가 예측되는 마케팅변수에 대해서는 사전대책(contingency plan)을 미리 확보하여야 한다.

시장분석시 수요자 · 공급자 · 경쟁자 · 잠재적 대체품의 4가지 측면에서 특성을 분석하는 포터(Michael Porter)가 제안한 산업구조분석(industry structure analysis)적인 접근도 유용하다.

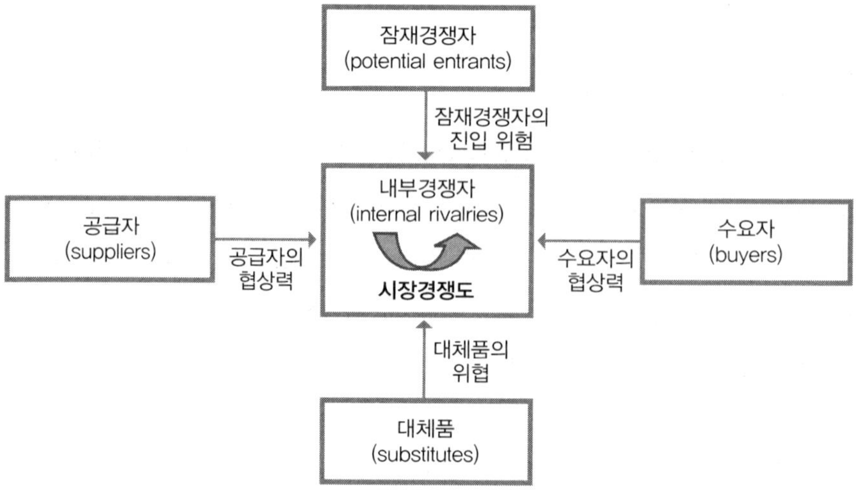

〈그림 13-2〉 산업구조분석: Five- force model

시장성 분석은 아래와 같이 산업의 매력도, 시장의 시기적정성, 틈새시장 확인에 대한 분석이 요구된다.

① **산업의 매력도**(industry attractiveness)

매력적인 시장은 다음과 같은 특징을 갖는다.

- 시장이 크고 성장하고 있는가? 이때 시장의 크기보다 성장성이 더 중요하다.
- 시장이 쇠퇴기, 성숙기에 진입했는가, 아니면 도입기 또는 성장기 초기의 시장인가?
- 영업이익은 높은가? 매출액에서 매출원가를 차감한 영업이익은 높은 것이 좋다.
- 시장참여자가 많은가? 경쟁자가 많을수록 대개 가격경쟁이 심하며 이익율도 낮다.

② **시장의 시기적정성**(market timeliness)

새로운 사업자가 시장에 진출하는 시기가 적당한가를 검토하는 것이며, 이는 제품이 신제품인가 또는 단순히 기존제품의 성능을 개선한 것인가에 따라 달리 검토한다. 기존 제품인 경우 제품이 아직 도입기나 성장기 초기에 위치하고 있어 새로운 참여자가 진입할 수 있는, 기회의 창(window of opportunity)이 열려있는 시장인가를 검토한다.

시장이 최초진입자 이점(first-mover advantage)이 있는지 판단하는 것도 중요하다. 최초진입자의 경우 산업의 기술표준을 정할 수 있고, 브랜드 인지도와 시장을 선도해 나갈 수 있다는 점에서 유리하다. 반면 최초진입자는 제품의 시장이 커지지 않을 경우 막대한 손실을 볼 수 있다. 제품에 따라서는 두 번째로 참여하는 사업자에게 이점이 있는 경우도 있는데(second-mover advantage), 이는 최초진입자의 실수를 파악했기 때문에 얻는 이점이라 할 수 있다.

③ **틈새시장 확인**(identification of niche market)

대부분의 새로운 시장진입자의 경우 시장 전체를 목표시장(target market)으로 삼지 않는다. 전체 시장 중에 자신에게 적당한 성장하고 있는 기존 경쟁자에게 소홀히 취급되는 틈새시장(niche market)을 목표로 하는 경우가 많다.

3) 경제성 분석

경제성 분석(profitability feasibility analysis)은 수익을 낼 수 있느냐와 필요자금을 조달할 수 있느냐를 분석하는 것이다. 즉, 앞에서 언급한 사업계획에 따라서 인력이 충원되고 제품이 생산되어 판매되는 등 사업체가 운영되었을 때, 얼마만큼 이익을 낼 수 있는가를 검토하고 사업 추진시 소요되는 자금의 조달방법과 상환 계획에 대해 검토하는 것이다.

경제성 분석은 향후 추정치를 현재 시점에서 분석하는 것이기 때문에, 이의 근거자료가 되는 추정손익계산서, 추정재무상태표(대차대조표), 자금수지표 등 추정재무제표 작성이 핵심과제가 된다. 제품을 성공적으로 생산, 판매하더라도 소요자금을 적기에 조달하지 못하거나 적정 수익을 실현하지 못한다면 사업을 추진할 필요가 없을 것이다.

자금조달 및 운용 분석시에는 먼저 사업에 필요한 총소요자금의 연도별 규모를 추정하여야 한다. 자금소요 추정에는 특정시설의 구입에 소요되는 시설구입자금 외에 흑자가 실현될 때까지의 원료구입, 인건비 지급, 외상매출금 회수시점까지의 소요자금 등 운전자금(working capital) 소요액도 연도별로 추정해 보아야 한다. 기업 규모가 커짐에 따라 운전자금의 소요액도 증가한다. 이를 예측치 못해 전망 있는 사업에서도 실패하는 흑자도산(technical insolvency)의 위험성이 있으므로 운전자금의 추정도 꼭 필요하다.

경제성 분석의 주요 항목은 다음과 같다.

① 사업의 총소요자금의 구체적 내역, 초기 자본소요액 추정

② 소요자금을 추정하는 데 필요한 보조자료로서 판매대금의 회수기간, 재고수준, 구매제품 및 생산원가의 항목 및 비용, 판매 및 관리비 등

③ 손익계산서, 재무상태표(대차대조표), 자금운용표에 기초를 둔 재무추정

④ 수익 관련 재무분석을 위한 투자수익률, 손익분기점, 적정생산량 및 가격분석 등

⑤ 소요자금 조달계획 수립. 이에는 차입계획 뿐만 아니라 초기 자본금 결정, 차입금 상환계획도 검토해야 한다.

경제성 분석은 다음 절에서 자세히 설명하고자 한다.

4) 추진주체의 수행능력

추진주체의 수행능력 분석(organizational feasibility analysis)은 사업 주체가 사업을 성공적으로 수행할 능력이 있는지와 필요시 충원이 가능한지와, 사업에 필요한 관련 자원을 확보할 수 있는지를 검토해 보는 것이다.

추진주체의 수행능력 분석에는 다음 두 가지 측면을 검토한다.

(1) 추진주체의 경영능력

신생기업은 회사를 이끌어갈 구성원들의 능력과 경륜을 객관적으로 평가해 보아야 한다. 평가해 보아야 할 요소는 기업가 1인 또는 기업을 이끌어 갈 구성원집단이 사업 아이디어에 대한 열정을 가지고 있느냐와 진출하려는 사업에 대해 잘 이해하고 있느냐이다. 현재의 추진주체들 만으로 부족한 영역을 외부 충원(staffing)을 통해 보완할 수 있는지도 평가한다. 이는 재무적 분석보다 중요한 요소이다.

사업의 성패는 결국 추진 주체의 사업에 대한 전문성, 열정과 자질에 달려 있다. 개인이든 기업이든 계획된 일의 성공과 실패는 그 일을 추진하는 주체 내지는 참여인력의 인적요인에 의해 좌우된다고 해도 과언이 아니기 때문이다. 특히 신규 창업의 경우에는 창업자의 새로운 계획사업 수행능력과 앞으로 경영하고자 하는 업종에 대한 경험 · 지식 및 관련성이 필요불가결한 요소이다.

실제로 뛰어난 사업성 분석 전문가들이 성공확률이 낮다고 평가된 사업도 성공하는 사례가 자주 있으며, 사업의 성공확률이 높다고 평가된 사업도 실패하는 경우를 접하게 된다. 이 경우 사업을 추진하는 추진 주체, 특히 최고책임자의 능력과 열정이 사업 성패를 좌우하는 경우가 많다.

(2) 관련 자원의 풍부함

수행능력 분석의 둘째 요소는 추진 주체가 신사업을 전개해 나아갈 때에 필요한 관련 자원을 충분히 가지고 있느냐를 평가하는 것이다. 관련 자원에 대한 분석은 예를 들면, 특정 신제품 생산에 필요한 숙련된 노동력을 확보할 수 있는지, 신사업이 가지고 있는 지적재산권을 보호받을 수 있는지와 필요한 사무공간을 확보할 수 있는지 등을 들 수 있다.

5) 사업성공의 critical factor 파악과 분석결과 종합

사업성 분석은 앞에서 언급한 바와 같이 기술성, 시장성, 경제성 및 추진주체의 능력을 분석하는 것이 핵심을 이루며, 이를 종합하여 사업추진 여부를 결정해야 한다.

사업성 분석시 모든 요소를 자세히 검토하는 것은 시간적 제약도 있거니와 비효율적이므로 특정 사업의 성패에 결정적 영향을 주는 요인(critical factor to success)을 찾아내어 이들 요인에 대한 검토에 역량을 집중하는 것이 효율적이다. critical factor는 원료조달, 투자자 유치, 제조방법 개발, 기술제휴선 확보, 매출액 증대 등 사업에 따라 다를 것이며 2개 이상인 경우도 있다. 결정적 요소의 파악은 계획사업의 위험도를 분석하는 역할도 하게 된다. 각각의 critical factor가 어느 정도 계획사업에 영향을 미치는지를 분석하고 이에 대한 대응책과 해결책을 검토하여야 한다.

분석결과를 종합하는 데에는 SWOT분석 방법이 도움이 된다. 잘 알려진 SWOT 분석은 기업의 내적인 강점(Strength) 및 약점(Weakness)과 외적인 환경의 기회

내부여건

외부환경		강점	약점
	기회	강점: 기회 Max-Max 전략	약점: 기회 Min-Max 전략
	위협	강점: 위협 Max-Min 전략	약점: 위협 Max-Max 전략

〈그림 13-3〉 SWOT분석 종합과 활용 전략

(Opportunity) 및 위협(Threat)을 의미하는 복합어로서 기업의 내외의 환경요인 분석을 통해 바람직한 경영전략을 도출하는 방법이다.

13.3 경제성 분석

1) 경제성 분석의 의의와 개요

(1) 경제성 분석의 의의

경제성 분석은 향후 기업의 수익 전망을 현재의 관점에서 분석하는 것이므로 사업 개시 이후 수년간의 추정 재무제표를 작성하는 것과 이때 필요한 자금의 확보방안을 수립하는 것이 핵심 과제이다. 수익 전망은 추정 포괄손익계산서(과거의 손익계산서), 추정 재무상태표(과거의 대차대조표), 자금소요운용계획 작성을 통해서 예측이 가능하다.

연도별 소요투자비, 운전자금의 추정을 통해 소요자금 조달계획을 수립한다. 추정 재무상태표, 추정 손익계산서 및 자금소요운용계획표가 작성되어야만 이를 근거로 투자수익 및 계획사업에 대한 경제성 평가가 가능하다. 또한 예측된 매출액 및 당기순이익 금액을 토대로 손익분기점 분석을 할 수 있다. 대상사업이 제조업인 경우 매출원가 추정을 위해서 추정제조원가명세서도 작성한다.

경제성 분석은 사업 타당성 분석의 최종단계일 수 있으며, 동시에 경영전략을 수립하기 위한 사전준비 단계의 과제일 수 있다. 정밀한 추정재무제표를 작성하기 위해서 많은 노력이 필요하므로 우선 개략적인 재무제표를 추정하고, 추후 필요시 정교한 재무제표를 준비하는 것도 효율적인 사업성 분석의 한 방법이다.

(2) 경제성 분석의 내용

경제성 분석을 세분하면 ① 추정재무제표의 작성, ② 소요자금 추정 및 조달능력 검토, ③ 투자수익성 분석으로 크게 나눌 수 있다.

① 우선 사업개시 후 3년 내지 5년간의 추정 손익계산서와 추정 재무상태표 등을 작성하여야 한다. 제조업의 경우 제조원가명세서도 만들어진다.

② 미래의 재무제표를 추정하는 과정에서 자연스럽게 향후 필요한 연도별 소요자금이 파악되며, 소요자금의 조달방법을 강구하는 것도 경제성 분석의 핵심이다. 소요자금은 자기자본, 즉 주주들의 증자에 의해 이루어질 수 있고, 타인자본, 즉 외부차입에 의해 이루어질 수도 있다. 기업이 흑자를 시현한 후 잉여여유자금이 발생할 경우, 이의 운용방법도 미리 수립한다.

③ 추정된 재무제표를 토대로 간략한 손익분기점분석과 투자수익률분석 등 수익성 분석을 해볼 수 있다. 손익분기점(BEP; Break-Even Point) 분석은 손익분기 매출액, 즉 기업이 영업활동에서 발생하는 수익과 비용이 일치하는 매출액과 비용은 얼마이며, 어느 시점에 실현되는지를 분석한다. 투자수익률분석은 계획사업을 각종 수익률 산출방식에 따라 수익성을 평가하는 것이다.

2) 경제성분석 항목별 세부내용

(1) 추정재무제표의 작성

추정재무제표(estimated financial statements)를 작성하기 위해서는 기업의 매출전망, 생산계획, 원료도입계획, 인력계획, 설비투자계획 등 모든 측면의 사업 전제사항의 확정이 필요하다. 실제로 정밀한 추정재무제표를 만들기 위해서는 엄청난 재무추정 작업과 가정(assumptions)이 필요하다. 예를 들면 매출액 하나의 항목을 정밀하게 추정하기 위해서도 연도별 제품별 판매단가의 변화, 경쟁자, 대체품의 출현, 시장점유율 등을 고려한 판매량의 연도별 변화액의 추정이 필요하다.

모든 비용, 수익 항목의 추정이 끝나면 연도별 매출액, 매출총이익, 영업이익, 경상이익, 세전 순이익 등 손익계산서 항목이 계산된다.

(2) 소요자금 추정 및 조달능력 검토

소요자금 추정 및 조달능력 검토는 추진하려는 사업에 필요한 자금의 규모는 어느 정도이며, 이를 적기에 조달할 수 있는지, 조달된 자금은 상환 스케쥴에 따라 원만히 상환될 수 있는지를 검토하는 작업이다.

① 소요자금 추정

필요한 자금의 조달 · 운용 계획을 수립하는 첫째 단계는 연도별 총소요자금을 추정하는 것이다. 창업 단계에서 총소요자금의 정확한 추정은 현실적으로 어려운 것이 사실이다. 공장 건설비 추정의 부정확, 초기 숙련도 차이에서 발생하는 원료소비량의 차이, 건설공기가 연장되는 경우, 매출액 증가에 따른 추가 운전자금 소요 등, 예측치 못한 사태 발생에 따라 추가로 비용이 소요되는 경우도 많다. 따라서 자금 조달계획을 수립할 때는 총소요자금을 최대한 정확히 산정하되, 소요자금의 불확실성 및 소요자금 산출상의 누락분 등을 감안하여 소요자금의 여유분을 계상해 놓는 것이 필요하다.

② 자금 조달능력 검토

총소요자금 추정이 끝나면 제2단계로 자금조달 능력을 검토하여야 한다. 자금조달 방법은 자기자본과 타인자본으로 구분할 수 있는데 자금조달에 따른 위험 수준에 따라 창업자 또는 창업 멤버들의 실정에 맞춰 조달범위를 결정하여야 한다. 자금조달 능력이 계획액수에 이르지 못하면 사업규모를 축소 또는 조정하여야 한다. 사업을 시행하다 보면 추가로 자금이 필요한 경우가 반드시 발생하므로, 안정적 경영을 위해서는 추정된 소요자금을 초과하는 자금조달능력이 필요하다.

자금조달 · 운용 계획표는 기간 및 자료 성격에 따라, 단기 총괄자금계획, 시설자금 조달계획, 연도별 소요자금 및 장기조달계획으로 나눌 수 있다. 차입금은 장기적 측면에서 상환능력 범위 내에서 조달해야 한다. 흔히 차입금의 상환 가능성을 염두에 두지 않거나, 벌어서 갚을 수 있으리라는 막연한 생각만 가지고 당장 급하다고 하여 차입을 늘리다 보면, 차입금 상환기간이 일시에 도래하여 기업이 큰 어려움에 처할 수 있다.

미래에 회수가 예상되는 현금이 많아도 현재 시점에 현금이 없어 우량회사가 도산하는 흑자도산(technical insolvency)도 발생할 수 있다. 이런 관점에서 차입금 상환능력 검토시에는 연도별 매출액과 당기순이익 규모 및 증가율을 감안하여 조달계획을 수립하여야 한다.

(3) 투자수익성 분석

투자수익성 분석은 추정 재무제표를 근거로 이루어진다. 추정 손익계산서가 작성되면 손익계산서상 연도별 매출액, 매출총이익, 영업이익, 경상이익, 세전순이익, 그리고 당기순이익을 분석한다. 매출액에 대한 매출원가는 동종 업계와 비교하여 높지 않은지, 판매비와 일반관리비는 매출액 또는 전체적인 영업규모에 비해 과다하지 않은지를 분석한다. 당기순이익 규모는 적정한지, 매출액에 대한 당기순이익률, 즉 매출이익률은 경쟁사와 대비하여 어떠한지도 검토한다.

수익성분석에서 검토해야 할 점은 흑자실현 가능시점의 분석이다. 사업 개시 후 수년이 지나도록 이익이 발생치 않는 경우에는 사업성이 없다고 볼 수 있다. 사업 개시 후 장기간이 경과되어도 이월결손금이 보전되지 않은 사업이라면 사업수행을 재고해 보아야 한다. 간단하지만 수익성 분석에 요긴한 방법들은 아래와 같다.

① 손익분기점 분석

손익분기점(Break-Even Point; BEP)이란 기업경영에 있어서 수익총액과 비용총액이 일치하게 되어 이익도 손실도 없는 매출액 또는 조업도를 말한다. 손익분기점분석은 얼마의 매출을 달성하여야 이익도 손실도 아닌 분기점에 도달할 수 있는가와, 분기점 도달 시점은 영업개시 후 언제가 될 것이냐의 검토가 핵심과제이다. 손익분기점분석은 앞에서 CVP chart 설명에도 언급한 바 있다.

손익분기점 산출 후 손익분기점 달성시점을 재조정할 필요성이 있는 경우 판매수량, 금액, 고정비, 변동비 등의 타당성을 검토함은 물론, 이들 요소에서 경비의 절약 방안 등을 강구할 수 있어서 손익분기점 자체를 재조정할 수도 있다.

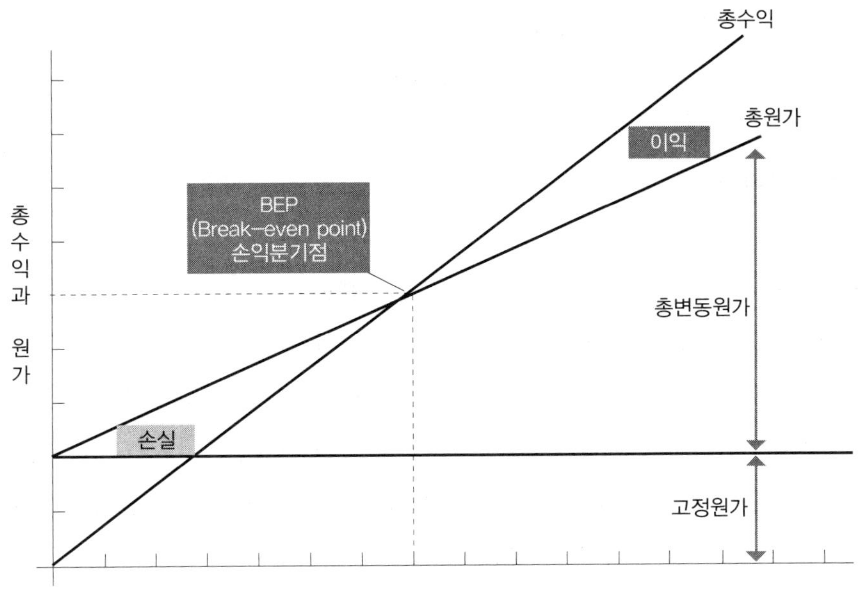

〈그림 13-4〉 CVP도표 (원가-조업도-이익도표: cost-volume-profit chart)

② **내부수익률법**

내부수익률법(IRR; Internal Rate of Return Method)은 특정 사업 검토안에서 예상되는 투자액(현금유출액; CO)의 현재가치와 투자수익(현금유입액; CI)의 현재가치를 일치시켜주는 할인율(자본수익률)에 의해 사업안의 경제성을 평가하는 방법이다. 즉, 이 방법은 장기간에 걸친 사업의 현재가치를 0으로 하는 수익률이 얼마인가를 알아보는 방법으로, 이때의 수익률(r)이 목표수익율(r_0)보다 클 경우 채택하는 것이다.

현재가치로 할인한 현금유입액과 현금유출액의 순액이 0이 되게 하는 r값을 산출하면, 이값이 바로 구하고자 하는 내부수익률이며, 이를 수식으로 표시하면 다음과 같다. 아래의 산식에서 내부수익률(r)이 산출되면, 그 내부수익률에 따라 $r > r_0$이면 경제성이 있고, $r = r_0$ 이면 경제성은 0이며, $r < r_0$이면 경제성이 없는 것으로 평가한다.

$$\sum_{t=0}^{n} \frac{CI_t}{(1+r)^t} - \sum_{t=0}^{n} \frac{CO_t}{(1+r)^t} = 0$$

③ **회수기간법**

회수기간법(payback period method; PBP)은 투자한 자금을 회수하는 데 소요되는 기간으로 수익성을 평가하는 방법이다. 따라서 회수기간이 짧을수록 좋은 투자안이 될 수 있다. 투자수익성을 평가하는 방법 중에서 단순한 방법이다.

④ 순현재가치법

순현재가치법(NPV; Net Present Value Method)이란 어떤 투자안에 대한 연도별 순현금흐름(net cash flow)을 적정자본비용, 즉 할인율(discount rate)로 현가화하여 산출되는 순현재가치(NPV; net present value)로 투자안을 평가하는 방법으로 DCF(Discountd cash flow)방법이라고도 한다. 우선 연도별 추정재무제표를 토대로 투자자가 새로운 사업을 개시하였을 때 예상되는 연도별 현금유출, 현금유입을 나타내는 순현금흐름(net cash flow)을 측정한다. 다음 연도별 순현금흐름을 적정시장할인율로 할인한 현재가치를 합하여 산출되는 순현재가치(net present value)로서 사업성을 평가한다.

순현재가치가 양(+)이면 투자안이 경제성이 있다고 평가하며, 음(−)이면 경제성이 없다고 평가한다. 따라서 2개 이상의 예비사업 아이템에 대해 순현재가치법으로 경제성 평가를 하는 경우에는 순현재가치의 크기가 큰 순으로 사업 우선순위를 결정하게 되는 것이다. 이를 산식으로 표시하면 다음과 같다.

$$NPV = \text{현금 유입액의 현가 합계} - \text{현금유출액의 현가합계} = \sum_{t=0}^{n}\frac{CI_t}{(1+k)^t} - \sum_{t=0}^{n}\frac{CO_t}{(1+k)^t}$$

CI_t: 기간 t의 현금유입(cash inflow)

CO_t: 기간 t의 현금유출(cash outflow; 투자)

k: 할인율(discount rate; 자본비용)

부록 1 DCF(Discounted Cash Flow)법에 의한 기업가치 평가방법

앞에서 언급한 순현재가치로 사업의 경제성을 평가하는 방법인 DCF법에 대해 자세히 설명한다.

1) 기업가치의 구성

평가하고자 하는 기업가치(Corporate Value)는 영업가치(operating value)와 비영업용 자산 가치(Non Operating Asset Value)의 합으로 표시된다. 영업가치는 다시 세분하여 추정기간 동안의 기업가치(Interim Value)와 추정기간 이후의 잔존가치(TV; Terminal Value)로 구분된다.

기업가치 = 영업가치 + 비영업용 자산가치
= (추정기간 동안의 기업가치+잔존가치) + 비영업용 자산가치

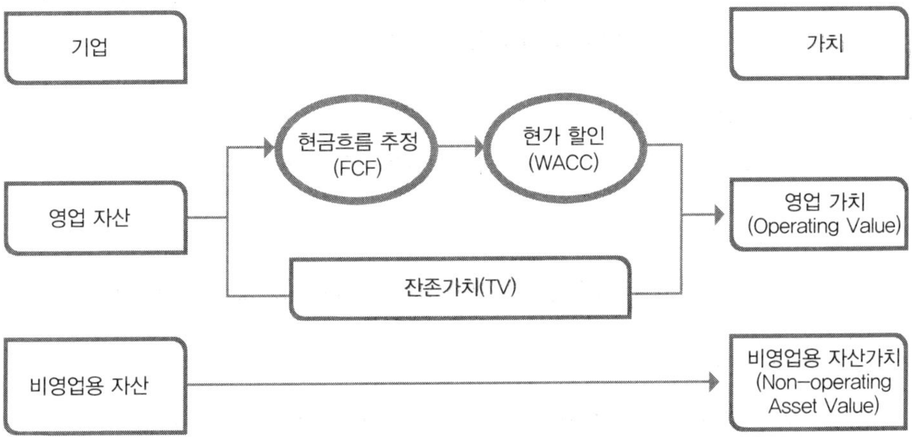

〈그림 13-4〉 DCF법을 이용한 기업가치 평가방법

영업가치는 미래의 현금흐름을 추정하고(projection) 이를 현재가치로 할인하는(discounting) 과정을 거치면서 산출된다. 비영업용 자산가치는 별도의 개별자산 평가과정을 거쳐 산출된다.

DCF 방법에 따른 영업가치(Operating Value) 평가방법

$$\text{Operating Value} = \sum \frac{\text{Free Cash Flow}}{(1+\text{Weighted Average Cost of Capital})}$$

2) 기업가치 평가순서

DCF법에 의한 영업가치(operating value)는 아래의 순서와 같이 추정된다.

1단계: 과거 실적분석

과거의 실제 재무자료 분석과 원가요소인 단가, 수량 등을 검토함

2단계: 미래 실적 추정을 통한 미래현금흐름표(free cash flow) 작성

수요예측, 경쟁구조 변화 분석을 통해 미래의 매출액, 원가, 비용을 추정함
이를 토대로 연도별 현금유입, 유출액을 추정하여 현금흐름표를 완성함

3단계: 현가 계산을 위한 할인율의 결정

부채 및 자본조달비용 분석을 통해 할인율인 가중평균자본비용 (WACC: weighted average cost of capital)을 결정함

4단계: 추정기간 동안의 기업가치 추정

할인율로 현재가치화한 추정 기업가치(NPV)의 계산

5단계: 추정기간 이후의 잔존가치 추정

추정기간 이후의 수익력을 현재가치화한 잔존가치(terminal value)의 계산

6단계: 검증 및 결과 해석

도출된 결과의 검증 및 의사결정을 위한 결과의 해석

3) Free Cash Flow (FCF)의 계산

FCF(free cash flow)란 현금흐름표상에서 계산되는 가치평가를 목적으로 재조정된 영업현금흐름과 같은 개념이다. FCF는 Net Operating Profit or Loss After Tax(NOPLAT)를 아래와 같이 조정하여 산정한다.

FCF의 계산 과정

	1. 현금유출이 없는 비용 등 (Depreciation)
FCF = NOPLAT ±	2. 자본적 지출(CAPEX)
	3. 순운전자본의 증감(Changes in NWC)

현금흐름과 할인율은 추정하는 주체가 누구냐에 따라 달라진다. 예를 들어 추정 주체가 보통주주일 경우 추정 주체에게 귀속되는 현금흐름(주주잉여현금흐름(FCFE; free cash flow of equity))은 아래 식과 같이 FCFF(free cash flow to the firm)에서 법인세효과를 고려한 이자비용, 원금상환액, 우선주 배당금을 제외한 금액에서 신규부채 발행액을 더한 금액으로 계산된다. 이때 적용되는 할인율은 자기자본비용이 된다.

예: 보통주주의 현금흐름

FCFE= FCFF－이자비용(1－법인세비율)－원금상환액－우선주배당금＋신규부채발행액

4) 자본비용(cost of capital)의 추정

① 자기자본비용의 추정

자기자본비용(cost of equity)이란 기업이 현시점까지 조달했던 자기자본의 누적평균 조달비용을 지칭하는 것으로, 향후 자기자본 가치를 유지하기 위해 최소한 벌어 들어야 하는 수익률을 의미한다. 따라서 새로운 투자안의 선택에 있어서도 예상투자수익률이 자기자본비용을 넘어야 하는 바, 새로운 투자안에 요구되는 최소한도의 수익율이라 할 수 있다. 이는 Capital Asset Pricing Model(CAPM)에서 제시된 개념과 상통하며, 자기자본비용을 산정하는 공식은 다음과 같이 표현될 수 있다.

자기자본비용(Ke)의 산정공식

$$Ke = R_f + \beta X (MRP)$$

① Rf: Risk-free rate of return (무위험자산의 수익률)
② β: Beta factor of the investment or business operation (고유 위험계수)
③ MRP: Equity market risk premium (시장위험 프리미엄)

산정시 Rf는 주로 장기국채수익률을 이용한다. 일반적으로 한국은 5년 만기 국고채 수익률을 사용하며, 미국의 경우 10년 또는 20년의 재무성 채권(Treasury bond)의 수익률을 사용한다. MRP는 실무적으로는 블룸버그(Bloomberg)등 다양한 소스의 자료 들을 비교하여 이용할 수 있다. 고유 위험계수(β; beta)는 비교대상 회사의 무부채 베타(Unlevered Beta) 평균치를 이용하여 회사의 목표자본구조로 re-levered하여 산출한다. (기간: 1년, 2년, 3년 weekly) 시장의 beta는 1이고, Risky stock의 beta는 1보다 크며, Low risk stock의 beta는 1보다 작다.

② 타인자본비용의 추정

타인자본비용(cost of debt)은 타인자본의 제공자, 즉 채권자 입장에서 기대하는 최소한의 요구수익률을 말한다. 따라서 타인자본비용은 유효세율을 감안한 세후 개념의 수익률이다. 이론적으로는 회사가 조달 가능한 타인자본의 미래 이자율을 적용해야 하나, 실무적으로는 회사가 향후 차입구조 및 채무불이행 위험이 일정하다는 전제 하에 현재 시점의 가중평균차입이자율을 적용한다. Cost of Debt를 계산하는 식은 다음과 같다.

Cost of Debt의 산정

$$\text{Cost of Debt (Kd)} = \text{pre-tax cost of debt} \times (1 - CT)$$

단, CT = marginal rate of corporation tax

③ 가중평균자본비용의 결정

가중평균자본비용(WACC; weighted average cost of capital)은 기업의 다양한 자본조달 원천별 조달비용을 자본구성비율에 따라 가중평균한 이자율을 지칭한다. 실무적으로는 대용 회사들의 자본구조(capital structure)를 목표 자본구조로 설정하여 계산한다. 기업의 현재 자본구조를 목표자본구조라고 간주하여 사용하는 경우에도 자본구조 계산 시 부채와 자본은 장부가로 계산하는 것이 아니라 시장가치로 계산하여야 한다. WACC을 산정하는 식은 다음과 같다.

WACC의 산정

$$WACC = \frac{Ke \times MVe}{(MVe + MVd)} + \frac{Kd(1 - CT) \times MVd}{(MVe + MVd)}$$

단, Ke = co st of equity capital
Kd = cost of debt capital (before tax shield)
MVe = market value of the company's equity
MVd = market value of the company's debt
CT = marginal rate of corporation tax

5) 추정기간 이후의 잔존가치 추정

추정기간 이후의 기업의 잔존가치(TV; Terminal Value)는 다음과 같이 계산된다. 즉 추정한 기간의 마지막 연도 현금흐름(cash flow)에 (1+성장률)을 곱한 다음 이를 (할인율-성장율)로 나누어서 계산한다.

잔존가치 추정방법

$$TV = \frac{\text{projected cash flows (a)* } (1 + \text{growth rate})}{\text{discount rate} - \text{growth rate}}$$

*(a) adjusted cash flows in final year of explicit forecast period

6) 결과의 산정 및 해석

상기의 계산과정과 같이 기업의 영업가치는 추정기간 동안의 기업가치와 추정기간 이후의 잔존가치의 추정을 통해 산정된다. 산정된 기업의 영업가치에 비영업용 자산가치를 더하면 전체 기업가치가 계산된다.

순현금흐름(DCF) 산정 절차 (예)

	2011	2012	2013	2014	2015	잔존가치
매출액	25,504	53,844	71,332	73,644	75,782	75,782
매출원가	48,500	66,455	64,875	68,177	70,477	70,477
매출총이익	−22,996	−12,611	6,457	5,467	5,305	5,305
판매비 및 관리비	1,192	922	869	926	1,044	1,044
영업이익	−24,188	−13,533	5,588	4,541	4,261	4,261
법인세	0	0	1,397	1,135	1,065	1,065
세후영업이익	−24,188	−13,533	4,191	3,406	3,196	3,196
증가: 감가상각비	422	247	122	123	162	
감소: 운전자본변동	578	345	203	141	120	
감소: 자본적지출	151	244	106	108	278	
Debt-Free Cash Flow	−24,495	−13,875	4,004	3,280	2,960	3,196

DCF방법에 의한 기업가치 추정은 현금흐름이 양의 값을 갖는 기업이나, 할인율을 추정하기 위해 위험의 대용치가 존재하는 기업에 적용하여 추정할 때 결과치의 신뢰도가 높다. 반면 재무적으로 어려움에 처한 기업이나 비활용자산이 매우 많은 기업에 적용할 경우 신뢰도가 떨어질 수 있다.

한편 매입하고자 하는 기업의 주식 지분가치(Equity Value)는 전체 기업가치(corporate value)에서 부채금액(interest bearing debt)을 차감한 금액으로 계산된다.

지분가치＝기업가치－부채금액

부록 2 시장가치 평가방법인 시가배수의 방법

시장가치 평가방법의 대표적 방법인 시가배수(market multiple) 방법은 주식시장에서 거래되는 동종업체에 대한 각종 수익지표 또는 순자산 지표 대비 기업가치에 대한 배수(Multiples)를 적용하여 대상회사의 기업가치를 평가하는 방법이다. 시가배수 방법의 단계별 절차는 아래와 같다.

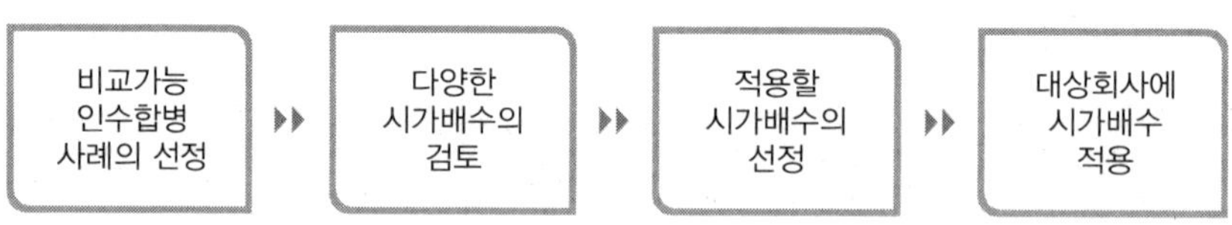

〈그림 13–5〉 market multiple을 이용한 주식가치 평가 순서

Step 1.

비교기준 회사(Comparable Company)의 선정: 목표회사에 대한 예비분석 및 기본사항에 대한 이해가 이루어진 이후에 비교기준회사를 선정한다. 비교기준회사 선정시 사업의 유사성(동일 제품, 사업별/제품별 Sale Mix의 유사성), 자산, 매출액 규모 및 성장률 등을 고려한다.

Step 2.

다양한 시가배수의 검토: 비교기준회사로 선정된 기업들에 대하여 지분가치 및 기업가치를 계산하고 시가배수(Market Multiple)를 산정한다.

Step 3.

적용할 시가배수의 선정(Sales, PER, EBITDA, PBR 등): 여러 시가배수 중 평가 목적에 가장 적합한 시가배수를 최종적으로 선정하여 적용한다.

Step 4.

평가대상회사에 시가배수의 적용: 시가배수와 계산될 평가 대상회사의 수치는 비경상적인 손익 등을 제거한 후 사용한다.

이러한 단계를 거쳐 기업의 시장가치가 산정된다. 산정된 가치는 Operating Value만을 고려한 가치로서, Non Operating Asset의 가치는 제외한 것이다.

연습문제

1. 본인이 구상하고 있는 유망 신규사업에 대해 설명하고 이 사업의 기술성, 시장성, 경제성, 추진주체 능력에 대해 간단히 언급하라. 이 사업추진시의 성공결정 요인(critical factor to success)은 무엇이라고 생각하나?

2. 신사업추진에 있어서 왜 인적요소가 중요하다고 생각하며, 인적 요소중 중요한 세부요인들을 언급하여 보시요.

3. 경제성분석시의 중요 항목은 무엇인가?

4. DCF법에 의한 기업가치 평가시 설정하여야 할 중요 전제사항에 대해 언급하고 추정결과의 신뢰성에 대해 설명해보자.

CHAPTER 14

가치평가

고급회계의 중요 영역중의 하나인 가치평가(valuation)는 튼튼한 회계지식이 갖추어졌을 때 본격적인 평가가 가능한 어려운 영역에 속하는 분야이다. 다양한 가치평가방법에 대해 알아보고 기업가치평가와 기술 등의 무형자산가치평가의 방법상 차이점에 대해서 알아본다.

14.1 가치평가의 개요

이 책에서 다룰 가치평가는 기업가치평가와 기술가치평가이며 아래 표와 같이 세분된다. 기업가치평가방법은 크게 자산가치, 수익가치, 상대가치에 의한 평가방법으로 나눌 수 있다. 기술가치평가방법은 크게 정량적평가와 정성적평가로 나뉘며, 정량적평가는 다시 원가접근법, 이익접근법, 시장접근법으로 나눌 수 있으며, 정성적평가는 점수평가법, 프로파일접근법 등으로 나뉜다.

기업가치 평가방법인 자산가치, 수익가치, 상대가치에 의한 평가방법은 기술가치평가방법 중 정량적 평가방법인 원가접근법, 수익접근법, 시장접근법과 각각 산정 원리가 유사하다. 가치평가는 단지 기업가치와 기술가치 평가에만 한정되는 것이 아니라 금융자산, 신규사업과 같이 다양한 종류의 자산 평가에도 당연히 이용될 수 있다. 이하 이들 방법에 대해 순서대로 설명하고자 한다.

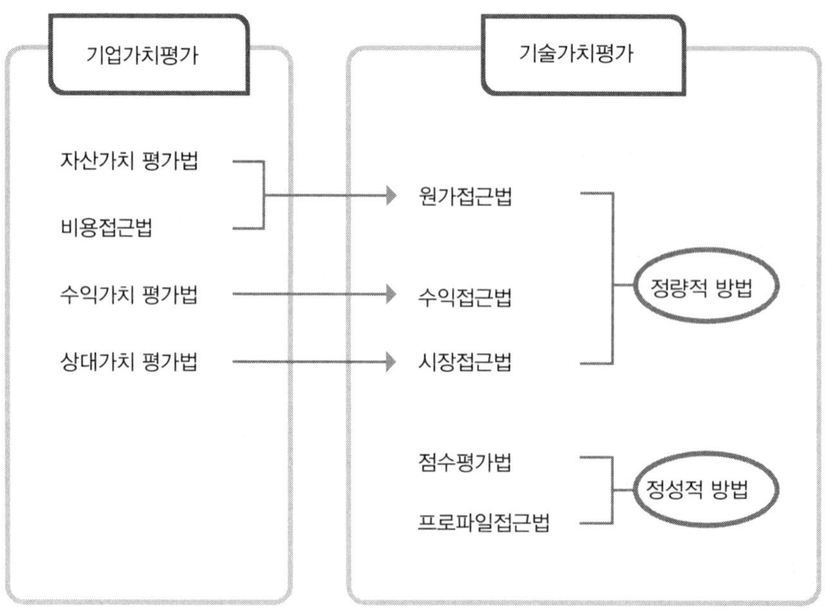

〈그림 14-1〉 가치평가 방법 총괄

14.2 기업가치평가

1) 기업가치평가의 의의

기업을 운영하고 있는 경영자의 경우 때때로 기업가치를 평가해야할 경우가 발생한다. 즉 새로운 사업을 추진하는 경우, 기업공개(IPO; Initial Public Offering)를 준비하는 경우, 융자를 신청할 경우, 회사 전체나 사업부를 매각하려는 경우 등에 가치평가의 필요성을 느낀다.

기업가치평가는 수치로 표시되는 기업가치만이 아닌 수치로 표시하기 어려운 미래의 사업기회, 회사가 보유한 인적자원의 능력, 창의성, 구축된 영업 네트워크 등 무형의 자산도 고려되어야 한다. 이러한 무형의 자산은 영업권(goodwill)이나 경영권 프리미엄으로 보상받을 수 있으므로 여기에서는 수치로 계산할 수 있는 기업가치 평가방법을 주로 설명하려고 한다.

2) 자산가치평가법(비용접근법)

자산가치에 의한 평가방법은 해당 자산의 총자산에서 총부채를 차감한 순자산으로 평가하는 방법이다. 기업 인수시 협상가격은 이렇게 산정된 자산가치에 경영권(영업권)프리미엄을 더하여 결정한다.

(순)자산가치 = 총자산 − 총부채
협상가격=자산가치 + 경영권(영업권) premium

자산가치법은 대차대조표적 접근방법이다. 평가 대상기업의 재무제표상 순자산가치(net asset value)에 자산에 대한 시장가치 또는 청산가치를 기준으로 한 차이조정이나 부채의 보수적 계상 등을 반영한 수정순자산가액에 영업권이나 경영권 프리미엄 등의 추가조정항목을 고려하여 기업가치를 평가하는 방법이다.

이 방법은 대차대조표 상의 자산합계 금액에서 부채합계 금액을 차감하는 방식으로 간략히 계산되나, 정확한 추정을 위해서는 해당 자산, 부채의 현재가치(present value)로 표시하여야 한다. 예를 들어 토지 가격은 장부상에는 구입시의 원가로 표시되어 있는, 즉 역사적원가(historical cost)로 계상되어 있으나 이를 현재의 시세를 반영한 토지 가격으로 조정하여야 한다. 이를 통해 정확한 자산가치가 계산될 것이다.

순자산가치 접근법은 기업의 수익가치는 크지 않으나 부동산 등의 자산이 많아 자산가치가 기업가치에 큰 영향을 미치는 경우에 채택할 수 있는 평가방법이다. 회사의 미래수익 창출능력을 고려하지 못하는 단점이 있으나, 순자산가치에 경영권 프리미엄을 고려한 수치가 가격협상의 기준이 되는 기초자료로 활용될 수 있다. 한국에서 채택한 국제회계기준(IFRS)에서는 모든 계정금액을 현재 실현 가능한 수치, 즉 현재가치로 반영하는 것을 큰 원칙으로 삼고 있다.

자산가치법은 세분하여 장부가치에 의한 평가, 시장가격에 의한 평가, 청산가치에 의한 평가로 나눌 수 있다. 유사한 방법으로 비용접근법(cost approach)이 있는 데 이는 현재 보유 중인 자산을 구입 또는 대체하는 데 소요되는 비용을 추정하여 가치를 결정하는 방법이다. 현명한 투자자는 자산평가시 그 자산을 대체할 때 소요되는 비용 이상으로는 지불하지 않는다. 이러한 원리로, 평가하는 자산이 새 것보다 낮은 효용을 나타낼 경우, 그 자산의 가치는 가치 하락을 반영하여 신규대체비용보다 작게 평가한다.

3) 수익가치평가법

수익가치(earning value)에 의한 평가방법이란 해당기업이 사업 개시 전에 추정한 사업계획과 전제사항과 같이 경영된다고 가정하고, 이때 기대되는 미래의 수익창출액, 즉 미래의 순현금흐름을 현재가치로 할인하여 산출되는 순현재가치(NPV; net present value)로 평가하는 방법이다. 앞에서 언급한 순현재가치법과 동일한 원리로 산출되며, DCF방법(discounted cash flow method), 소득접근법(income approach)으로도 불린다. 수익가치법에 의한 기업 매수 의사결정은 매수 후 사업을 운영하였을 때 기업의 현금유입액의 현재가치가 인수가격보다 크게 추정될 경우 이루어진다.

NPV; (CF_0 + CF_1 + CF_2 + ⋯ + CF_n + ⋯)을 현가할인한 수치

CF_1; 사업개시후 1차연도의 순현금유입액(net cash flow = cash in − cash out)

수익가치를 산출하기 위해서는 연도별 추정재무제표를 작성해야 하며, 작성시에는 수많은 전제사항이 필요하다. 일례로 매출원가 하나의 항목을 추정하기 위해서도 소요 재료별 연도별 소요량, 재료별 연도별 구입가격, 생산성의 변화에 따른 연도별 원료 소요량등 많은 변수의 추정이 필요하다. 즉 수익가치 산출을 위해서는 장기간의 방대한 작업이 필요하며, 많은 전제사항 아래 추정치를 계산하므로, 그 신뢰성에도 의문이 있다.

그럼에도 불구하고 수익가치 산정을 위해 미래의 재무제표를 추정하는 작업은 그 기업의 미래에 발생될 수 있는 시나리오를 그려 본다는 측면에서 의의가 있으며, 실제로 기업가치 추정시 수익가치법을 많이 이용하고 있다.

4) 상대가치평가법

상대가치(market value)에 의한 평가방법이란 평가 대상회사와 업종이 유사한 상장회사(또는 등록법인)의 주가를 기준으로 가치를 평가하는 방법이다. 유사상장기업비교법(GPTCM)으로도 불리는데 기업가치는 합리적인 자본시장의 투자자가 대상기업의 주식을 소유하기 위해 지불하는 금액에 의해 평가될 수 있다는 가정에서 출발한다. 해당 자산이 시장에서 실제로 팔릴 수 있는 가격으로 가치를 평가하는 방법으로, 보통 주식시장의 매커니즘을 통해 형성되는 주식가치로 평가하며, 이 방법은 시장접근법과 유사하다. 예로서 상장된 기업의 가치를 평가하는 경우, 기업의 가치는 해당기업의 1주당 현재가격에 총주식수를 곱하여 계산한다.

해당기업의 전체가치 = 1주당 현재가격 × 총주식수

인수하려는 주식지분의 가치 = 1주당 현재가격 × 인수하려는 주식수

이 방법의 장점은 비교 가능한 거래가 있을 경우 적용이 간단하고, 가정이 최소화되

어 자의성이 배제된다는 점이다. 단점은 최근에 발생한 비교 가능한 거래가 존재하여야 평가의 객관성이 유지된다는 점이다. 이는 상대적 시가로 평가하는 방법으로 비교가능기업분석법과 비교가능거래분석법이 이에 속한다.

5) 기타 방법

기타 방식으로는 주가수익률 방식, 세법상의 기업가치 평가방법, 증권거래법상 기업가치 평가방법 등이 있다. 이들 방법은 위에서 제시된 방법과 유사하거나 이의 원리를 토대로 하여 응용된 방법이라 할 수 있다.

6) 기업가치 평가방법 종합

보통 기업가치를 평가할 때는 수익가치와 순자산가치를 가중평균한 금액에 경영권 프리미엄을 고려한 수치를 더하여 결정하는 방법이 이용된다. 이 수치를 참고로 하여 해당기업의 현재 주가를 토대로 한 시장가치가 협상 자료로 활용되기도 한다.

"유가증권의 발행 및 공시등에 관한 규정"에서는 보통주식은 수익가치와 자산가치를 각각 1과 1.5로 가중 평균한 가액으로 본질가치를 규정하고 있으며 기업공개 및 협회등록공모를 위한 주식을 분석하는 경우에는 상대가치를 반영할 수 있다고 규정하고 있다.

기업가치평가(business valuation)는 엄밀히 구분하여 기업(business)과 기업소유권(business ownership)의 평가로 구분된다. 기업가치는 기업의 전체 총자산가치를 말한다. 기업소유권의 가치는 기업가치에서 부채가치를 차감한, 즉 기업의 총자산에서 총부채를 차감한 순자산가치를 말하며, 이는 주식의 시가 총액과 대등한 개념이다.

14.3 기술가치평가

1) 기술가치평가와 회계학

20세기 후반을 지나면서 높은 이익율의 새로운 기술집약 첨단제품들이 다수 출현하였으며, 첨단제품을 경쟁기업보다 빨리 생산, 판매하는 기업의 이익이 크게 증가하고 기업의 가치도 크게 신장하였다. 이에 따라 차별화된 기술의 중요성이 갈수록 증대하고 있으며, 기술가치 평가의 중요성도 커지고 있다.

스미스(Smith, 1994)는 기술가치평가는 “무형의 기술을 대상으로 이의 기술성, 사업성, 시장성을 검토하여 기술의 금액, 등급, 점수, 의견 등으로 표시하는 평가활동”이라고 정의한 바 있다. 기술을 누가 소유하며, 어떤 목적으로 활용하느냐에 따라, 즉 기술소유자의 다양한 상황에 따라 기술가치는 달리 평가될 수 있다.

자산적 가치를 가지고 있는 기술은 회계학적으로는 무형자산(intangible asset)으로 분류된다. 무형자산은 한국의 국제회계기준(K-IFRS) 1038호에서 규정하기를 “물리적 실체는 없지만 식별가능한 비화폐성 자산”이라 정의하면서 “사업결합으로 인식하는 영업권은 사업결합에서 획득하였지만 개별적으로 식별하여 별도로 인식하는 것이 불가능한 그 밖의 자산에서 발생하는 미래 경제적 효익을 나타내는 자산”으로 정의하였다. 무형자산으로 인식되기 위해서는 식별가능성, 자원에 대한 통제, 미래의 경제적 효익에 대한 존재를 입증하여야 한다고 규정했다.

IAS 제38호에서는 무형자산의 예로 컴퓨터소프트웨어, 특허권, 저작권, 영화필름, 거래처목록, 서비스권리, 어업권, 수입할당량, 고객 또는 공급자 관계, 시장점유율과 마케팅 권리 등을 열거하였다. 대표적인 무형자산인 기술관련, 시장관련, 예술관련 무형자산의 분류는 아래 무형자산의 분류표와 같다. 일반적으로 기술관련 무형자산으로 분류될 수 있는 것은 지적재산권, 특허권, 공정특허, 특허적용기술, 기술증서, 기술노하우, 실험 노트, 컴퓨터 프로그램 등이 있다.

〈표 14-1〉 무형자산의 분류

분 류	종 류
기술관련 무형자산	특허적용기술, 실험 노트, 기술 노하우, 공정특허 등
시장관련 무형자산	상표권, 상표, 브랜드명 등
영업권관련 무형자산	법인영업권, 계속기업의 가치
매출관련 무형자산	음악작곡, 문학작품과 저작권, 조각 등
자료처리관련 무형자산	소프트웨어, 데이터베이스 등
엔지니어링관련 무형자산	제품특허, 설계도, 청사진, 독점증서 등

기술가치가 있는 자산의 특징은 건물과 같은 유형자산과는 달리 여러 차례에 걸쳐 다른 기업에 판매할 수 있다는 점이다. 그러므로 기술자산은 자체 판매의 경우 외에 사용권을 허가하는 라이선스 계약도 발생될 수 있으므로, 기술자산의 사용 로열티(royalty)수입에 대한 가치평가도 고려해야 한다.

2) 기술가치평가 방법

기술가치를 평가하는 방법은 크게 정량적방법(quantitative method)과 정성적방법(qualitative method)으로 나눌 수 있다. 정량적방법을 세분하면 원가접근법, 수익접근법, 시장접근법으로 나눌 수 있으며, 이외에 최근 논의되는 실물옵션기법과 경제적 부가가치모형에 의한 방법이 있다. 정량적 방법은 화폐금액을 평가척도로 하며 해당 기술이 수익에 공헌할 수 있는 잠재력을 금전적 가치로 평가하는 방법이다.

정성적방법은 평가지표나 지수를 평가척도로 하며 정량화하기 어려운 대상을 평가할 때 사용되는 의사결정방법으로, 점수평가법, 프로파일접근법으로 다시 나눌 수 있다. 대표적인 정성적 평가방법은 전문가들의 판단, 직관, 조사, 비교 등을 이용하는 포커스 그룹 방법(focus group method)과 델파이법(Delphi method)이다.

한국에서 채택한 국제회계 기준(K-IFRS) 제1038호에 의하면 무형자산 공정가치 평가방법의 선택은 다음 단계를 따라 시행해야 한다고 제시했다.

- 1단계: 동일 무형자산의 시장가격(market approach)
- 2단계: 유사 자산의 시장가격에 대한 조정가격(market approach)
- 3단계: income approach, cost approach 등 다른 평가기법 적용

위에서 언급한 방법 중 수익접근법이 기술가치를 추정하는 데 많이 이용되는 방법이다. 기술이 실제로 거래된 자료를 활용하는 방법인 시장접근법은 실증적 증거로 많이 사용된다. 이하 이들 방법에 대해 각각 설명코자 한다.

3) 원가접근법

원가접근법(cost approach method)은 해당 기술을 다시 확보하는 데 소요되는 금액을 산정하여 이를 기술가치로 평가하는 방법이다. 이 방법은 새로운 자산을 구입하고 개발하는 데 소요되는 비용이, 해당 자산을 통해서 얻게 되는 경제적 효익과 일치한다는 전제 하에서 출발한다.

원가접근법에서는 발생하는 경제적 이익과 효익 발생기간 등 수익적 요소는 검토하지 않는다. 이 방법의 문제점은 기술개발에 소요되는 비용이 기술의 가치를 나타낸다는 가정 하에 가치를 산정한다는 것으로, 해당 기술이 보편적인 기술이 아닌 경우 원가 산정에 어려움이 있다.

원가접근법을 적용하기에 적당한 평가 대상으로는 발전소, 원자로, 컴퓨터 소프트웨어, 포장디자인의 평가시를 들 수 있으며, 취득원가와 감가상각비 계산이 가능해야 원가접근법에 의한 추정을 할 수 있다. 원가접근에 의한 기술가치평가는 아래와 같은 3가지의 원가 개념으로 접근할 수 있다.

(1) 대체원가

대체원가(replacement cost)는 해당 기술과 동일한 용도 또는 유용성(효용)을 가지는 기술을 개발, 완성하는 데 소요되는 총원가를 말한다. 이때 대체되는 기술은 대상 기술자산보다 큰 유용성을 가져야 한다.

(2) 재생산원가

재생산원가(reproduction cost)는 현행물가를 기준으로 동일한 기술을 개발하는 데 소요되는 총원가를 말한다. 동일한 기술은 비교 대상 기술을 개발하는 데 사용된 동일한 과학적 연구, 디자인 및 개발방법을 사용하여야 가능하다는 전제 하에서 제시되었다.

(3) 신대체원가

신대체원가는 일반적으로 합리적인 투자자가 대체가능한 기술에 지불할 수 있는 최대금액을 말한다. 획기적인 첨단기술은 유일하고 독특해서 대체할 수 없는 기술인 것이 보통이며, 이 경우 신대체원가(replacement cost new)는 기술구매자가 대상기술에 지불할 수 있는 최대 금액으로 볼 수 없다. 보통 독특하고 유일한 기술은 동일 금액을 지불한다 해도 해당 기술을 개발할 수 없는 경우가 많기 때문이다. 신대체원가는 기능진부, 기술 진부, 경제적 진부 등의 원인 때문에 가치가 감소하므로 감소한 손실분을 조정해야 한다.

4) 수익접근법

(1) 수익접근법의 의의

수익접근법(income approach method)은 해당 기술을 통해 미래에 얻게 되는 수익의 현재가치(present value)의 크기로 기술가치를 평가하는 방법이다. 이 방법은 기술을 개발, 창출하는 데 소요되는 비용을 산정하여 기술가치를 추정하는 원가접근법과는 근본적으로 차이가 있다.

수익접근법은 가치추정(valuation)에 필요한 전제사항이 많이 필요하다는 등 논란이 있으나, 무형자산 가치평가의 실무에서 널리 이용되는 방법이다. 이 방법이 적용되기 용이한 대상은 각종 신규사업, 계약, 라이센스, 특허, 로얄티계약 등으로 가치평가, 손해액 산정, 이전가격의 계산, 무형자산의 거래에 활용될 수 있다.

(2) 계산방법

수익접근법에 의한 가치평가방법은 앞의 기업가치 평가시의 수익가치접근법(DCF법)과 기본 원리가 유사하다. 추정을 위해서는 매년 발생하는 경제적 이익금액의 추정, 예상수익기간의 설정, 현재가치 환산시에 적용할 할인율의 결정이 필요하다. 가치추정시 과다한 전제사항, 할인율 결정의 어려움, 잔존가치(terminal value)추정의 어려움 등이 있어 복잡한 계산과정에도 불구하고 결과치의 정확성에는 의문이 있다.

(3) 수익접근법에 의한 기술가치분석 세부방법

이 방법은 무형기술자산 뿐만 아니라 모든 무형자산에도 적용할 수 있으며 아래의 세가지 방법이 대표적인 방법이다.

① 증분수익분석

증분수익분석방법(incremental income analysis)에 의한 가치평가 접근 방식에는 첫째, 평가대상 기술로 인해 유발되는 수익의 증가분, 즉 증분수익에 의해 접근하는 방법과, 둘째 해당기술로 인하여 유발되는 회피된(감소된) 원가로 접근하는 방법, 셋째, 증분수익과 회피원가에 대한 결합효과를 정량적으로 계산하여 접근하는 방법이 있다.

② **이익분할분석**(profit split analysis)

이는 해당기술의 사용으로 인해 유발되는 경제적 효익을 이익창출에 공헌한 경제주체들에 배분하는 과정에서 해당 기술에는 얼마나 배분해야 하는가의 논리로 접근하는 방식이다. 실제 이익배분율은 무형자산의 특성, 평가대상 경제단위의 특성, 평가대상 경제단위가 속하는 산업의 유형 등에 따라 결정된다.

③ 기술사용료 분석

기술사용료는 많이 발생하는 항목이 아니므로 이 방법은 많이 사용되는 방법은 아니다. 기술사용료를 측정해야 할 필요성이 발생하는 경우는 첫째, 기술권리자가 무형자산을 대여함으로서 얻게 되는 기술사용료 수입이 발생한 경우, 둘째 무형기술자산을 소유하고 있어 타인에게서 기술대여가 필요 없을 경우 지급하지 않아도 되는 예상 기술사용료를 추정하는 경우 등이다.

기술사용료 수익의 측정시에 활용할 수 있는 수치는 매 기간별로 지급된 기술사용액, 수익 또는 이익의 일정비율로서 기술사용비율, 판매수량별 기술사용액 등이 있다.

5) 시장접근법

(1) 시장접근법의 의의

시장접근법(market approach method)은 최근에 실제 거래된 기술거래를 참조하여 해당기술의 가치를 평가하는 방법이다. 모든 유형의 무형기술자산의 가치평가에 적용할 수 있으나, 실제로 최근에 기술의 가치나 흐름을 파악할 수 있는 유사한 거래가 존재하여야 이 방법을 사용할 수 있다.

이 방법은 비슷한 자산의 매매가 실제 많이 발생한 경우 사용하기 적합한 방법으로, 급속하게 기술이 발전하는 분야에 대한 평가에는 적용상 한계가 있다. 기술 라이선스, 로열티 산정, 부동산, 컴퓨터 하드웨어, 프랜차이즈의 가치평가에 유용한 방법이다.

(2) 시장접근법의 계산절차 및 평가 척도

시장접근법에 의한 기술가치평가 계산방법은 평가 대상기술과 유사한 기술거래의 실제사례를 수집하여 이 자료를 이용하여 분석하는 것이다. 매매거래와 관련된 계약조건도 가치평가에 큰 영향을 미치나, 실제 상세한 계약조건에 관한 자료수집이 쉽지 않다.

유사한 거래에 대한 자료수집을 마치면, 다음에는 실제 평가하려는 기술의 가치산정에 적용할 유사거래 가격의 가격배수(pricing multiple)를 정해야 한다. 비교대상 기술의 분석시 기술이 속하는 산업, 기술거래 조건, 기술소유에 대한 법적 권리 등을 검토해야 한다. 시장접근법에 의한 기술가치평가시 평가척도로 사용될 수 있는 항목은 해당기술의 사용빈도, 기술이 사용되는 시장의 전망, 기술이 투입되어 생산될 제품의 생산량 등이다.

(3) 시장접근법에 의한 가치평가방법 분류

시장접근법에 의한 가치평가방법에는 아래의 5가지 주요한 방법이 있다. 이중에서 자료수집이 가능할 경우 매매거래사례접근법이 가장 체계적이고 시장접근법의 취지에 부합되는 방법이라 할 수 있다.

주요한 시장접근법에 의한 기술가치 평가방법

- 매매거래사례접근법(sales transaction method)
- 로열티 회피추정법(relief from royalty method)
- 이익차액비교법(comparative income differential method)
- 경험적 원칙(rule of thumb)
- 시장대체원가법(market replacement cost method)

6) 점수평가법

평가법(scoring model approach method)은 대안의 경제성을 점수(score)로 측정하여, 점수의 크기에 따라 대안의 우열을 판단하는 방법으로 점수평가법으로도 불린다. 평점평가법은 점수모형(scoring model)에 따라 평가하며, 적용할 수 있는 범위가 넓기 때문에 주의해서 사용 한다면 가장 실용적이고 유효한 방법이라 할 수 있다. 이 방법의 장점은 이해하기 쉬우면서 프로파일 모형과 비교시 세부적인 항목들을 고려할 수 있다는 점이다. 단점은 평가자의 주관적인 판단에 따라 상대적인 순위만을 정하기 때문에 경제적인 수치로 나타낼 수 없고, 또한 대안들의 차이를 절대치의 차이로 비교하기 어렵다는 점이다.

점수평가법이 많은 문제점이 있음에도 불구하고 유용하게 사용할 수 있는 영역은, 비전문가인 투자자 그룹에 가치평가 결과를 설명할 때와 기술협상을 앞두고 기술가치를 결정하는 요소들을 미리 생각하게 한다는 점을 들 수 있다.

점수평가법은 개별 항목에 대해 배점하고 최종점수를 도출하는 기준과 방식에 따라 다시 세분할 수 있다. 즉 첫째, 평가항목을 단순히 합하는 단순가산방식과 둘째, 평가항목의 중요도에 따라 가중치(weight)를 부여하여 합계액을 산출하는 가중치가산방식

셋째, 각 평가항목의 평점을 곱하는 연승방식과 넷째, 앞에서 제시한 가산방식과 연승방식의 장점을 적절히 조화시키는 가승방식이 있다.

점수평가법은 아래의 다섯 단계의 절차로 진행된다.

(1) 평가항목의 선정

평가항목(scoring criteria)은 평가를 수행하려는 목적에 따라 달리 설계되어야 하며, 보통 5개 이상의 평가항목을 설정한다. 평가 목적으로 들 수 있는 것은 기술의 사업타당성 평가, 라이선싱을 위해 특허의 로열티 요율 결정 등 다양한 요소가 있으며, 평가 목적에 따라 평가항목을 달리 채택하여야 한다.

(2) 평점시스템의 결정

평점시스템(scoring system)은 다양하게 존재하고 있으나, 어떤 평점시스템을 선택하느냐는 평가자의 경험과 취향의 문제이다. 일반적인 평가시스템은 5점 척도 방식이다. 평점평가법은 경험과 과거 데이터가 많이 축적될수록 신뢰도가 올라간다. 따라서 평가방법이 자주 바뀌면 효과가 줄어들므로 채택한 방법을 표준화하여 계속 사용하는 것이 바람직하다.

(3) 평점부여방식의 결정

평점부여방식(scoring scale)은 주관적인 방식과 객관적인 방식이 있다. 주관적인 방식은 평가자 각자의 기준으로 주어진 상황에서 선택한 평가시스템에 따라 점수를 부여하는 방식이다. 점수는 예를 들어 0점에서 5점까지 부여할 수 있다.

객관적인 방식은 등급/순위 평가방법을 활용하여 예측치를 결정하고 그 예측치와 실제치를 비교하는 방법이다. 이 방법은 과거의 많은 경험이 전제되어야 한다. 많은 경험이 축적되어 있으면 계수척도의 도출이 가능하며, 도출된 척도는 영향계수로서의 역할을 할 수 있다. 기술가치평가에는 3~5인의 심사위원 구성이 바람직하며 구성원 중 절반은 기술가치평가 전문가로 구성함이 좋다.

(4) 가중치의 부여

특정 평가항목에 가중치를 부여한다는 것은 해당 항목을 좀더 주요하게 고려한다는 것이다. 또한 평점평가법과 같은 상대적 평가방법은 주관적인 요소가 다분히 작용할 수 있는 약점이 있으므로, 각 항목에 대한 상대 전문가의 결정을 계속 피드백하면서 점수를 수렴시키는 델파이기법 등을 사용하면 개선시킬 수 있다.

(5) 점수 기입 및 의사결정표(decision table)의 완성

점수평가법에 의한 최종 결과는 평가표의 각 평가요소별로 평가자가 점수를 기입한 후, 이에 각각의 가중치를 곱하여 가중된 점수가 계산됨으로서 나타난다. 이후 가중된 점수를 합산하여 계산되는 총점으로 순위와 등급을 결정한다.

다음 단계는 도출된 결과를 어떻게 현실적 가치평가에 활용하느냐는 것이다. 평점을 부여하기 위해서는 평점 부여시 참조할 수 있는 기준이나 유사거래가 필요하다. 유사거래는 기술이 유사한 거래조건 하에서 매매되었다는 것을 의미한다.

7) 프로파일접근법

프로파일접근법(profile approach)은 비교대상이 되는 대안들에 대해 중요한 평가항목을 설정한 후 각 항목의 평가 결과를 직관적으로 파악할 수 있는 도형으로 표시하는 방법으로 상대비교법으로도 불린다. 즉 대상 기술 간의 상대적 우열을 평가하는 방식으로 기술가치를 평가하는 방법으로, 특정 기술에 대한 가치를 절대적, 독립적으로 평가하는 것이 아니라 여타 기술들과의 상대적 비교를 통해 평가를 하는 것이다.

프로파일접근법의 장점은 단순하고 평가가 쉬우며, 일차적인 평가정보를 시각적으로 이해하기 쉽게 제시할 수 있다는 점이다. 또한 기술개발 초기에 가치의 화폐적 측정이 어려운 경우에 적용할 수 있다. 특히 시각적 효과가 높아 짧은 시간에 평가결과를 이해해야 하는 최고경영자나 대중들을 대상으로 설명하기에 적당하다. 단점으로는 정량적 가치 또는 화폐적 가치로 측정할 수 없다는 점과 여러 개의 대안을 비교하는 경우 하나의 도형 안에 모든 대안을 표현하기 어렵다는 점이다.

프로파일 모형(profile model)은 도형의 표현 방식에 따라 차트(chart)방식, 방사형(radial)방식, 블록(block)방식, 스케일(scale)방식으로 나뉜다. 도형이 아니라 각 항목에 대해 적절한 값이나 해당 여부를 ○, ×로 표시하는 체크리스트(checklist)방식도 있다.

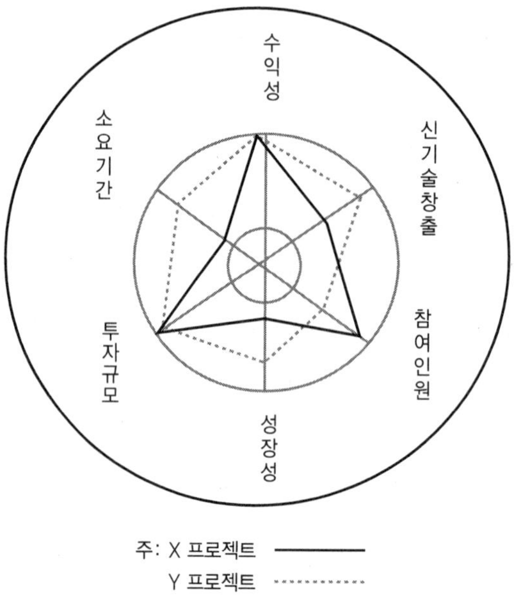

〈그림 14-2〉 프로파일 방식중 방사형 방식의 예

14.4 가치평가 관련 이론

1) 무형자산 특성별 실무적인 가치평가방법

일반적으로 식별 가능한 무형자산은 다섯가지로 대분류할 수 있다. 다섯가지를 구체적으로 언급하면 ① 기술(developed technology), ② 개발중인 기술(in process R&D), ③ 고객관계 자산(customer relationship), ④ 상표권(trademarks, trade names), ⑤ 기타 무형자산(non-compete agreement, licenses)이다. 무형자산 특성별로 실무적인 가치평가방법은 다양하나 특징적인 무형자산의 가치평가방법은 다음과 같다.

(1) 라이선스 특허 계약

특허의 가치는 특허가 중요한 기술진척을 이룬 것인가, 대체특허가 존재하는가 등의 요소로 평가될 수 있으나 가장 중요한 점은 특허 사용을 통해 로얄티 등의 비용 절감, 나아가 결국 기업에 얼마만큼의 수익을 가져다 줄 것인가의 점이다. 특허는 앞에서 언급한 세가지 가치평가 방법을 모두 채택할 수 있으나 실증적인 가격결정 자료를 이용 가능하면 시장접근법이 가장 적절한 방법이다. 특허 보유를 통해 로얄티가 얼마나 절약되는지의 추정이 필요하다.

(2) 해외 자원개발권

회사가 투자하거나 보유 중인 해외자원개발권은 광구별 공정가치를 산출하여 추정한다. 공정가치 산출시 개발권 보유에 따른 향후 개발시 또는 매각시의 현금유출입액의 현재가치를 공정가치로 추정한다.

(3) 회사 브랜드, 상표권

회사의 상호로 대표되는 브랜드(brand), sub-brand 및 각종 mark 등은 이들로 인해 유입이 예상되는 초과수익율을 현가화하여 추정한다. 때로는 로얄티 면제법이 적용될 수 있다. 지주사, 관계회사와의 관계도 고려하여 평가한다.

(4) 유형의 동산(tangible property)

유형의 동산을 평가할 때는 대상 유형자산의 규모와 내용연수(useful life)를 파악하고, 나아가 실제 사용될 수 있는 용도 및 잠재적 용도를 파악하여 평가한다. 유형의 동산 평가는 따라서 대체원가접근법이 적합하며, 인플레이션에 의해 가격이 상승하거나 기능진부화로 인해 가치감소가 예상될 경우 조정하여야 한다.

(5) 고객과 관련된 특수계약, 무형자산

고객과의 독점계약, 비경쟁협약(non-compete agreement), 고객리스트 등은 이들 무형의 자산으로 인해 예상되는 현금유입액의 현재가치로 평가함이 적합하다. 따라서 할인된 순현금흐름법(DCF법)에 의해 평가된다.

2) 유무형자산의 진부화

유형자산과 무형자산은 공히 시간이 경과함에 따라 아래 요인들에 의해 가치가 감소하는 진부화(obsolescence)가 발생한다.

- 물리적 손상(physical deterioration): 장기간 사용, 낡음, 손상으로 인해 서비스성을 감소시키는 물리적 요인에 의한 자산 수명 감소
- 기능적 진부화(functional obsolescence): 본래 의도한 기능의 수행을 제한하는 요인에 의한 가치 감소
- 기술적 진부화(technological obsolescence): 새로운 생산방법과 제품의 출현으로 기능적으로 진부화가 나타난 경우
- 경제적 진부화(economical obsolescence): 수요공급 관계의 변화 또는 새로운 법규 제정 등 외부요인에 의한 가치 감소

3) 자산 손상의 회계처리

(1) 손상 징후의 검토 의무

자산의 가치가 하락하는 자산 손상(impairment)과 관련하여 새로이 한국에서 채택하는 국제회계기준(K－IFRS)의 1036호에서는 영업권과 내용연수가 비한정인 무형자산 등에 손상 징후가 있는지 검토하도록 규정하였다. 즉, 회수가능액이 장부가액 이하로 감소했다는 징후가 나타났을 때 손상검사(impairment test)를 반드시 실시해야 한다고 규정하였다. 손상 징후는 자산의 진부화와 물리적 손상, 자산의 경제적 성과 하락, 자산의 시장가치 하락, 시장이자율 상승 등으로 감지할 수 있다.

(2) 손상검사 원칙과 손상액의 결정

손상검사와 관련하여 K－IFRS에서는 다음과 같은 일반원칙을 제시하였으며, 이를 그림으로 나타내면 아래와 같다.

- 자산 또는 현금창출단위 자산의 회수가능액이 장부금액에 미달하는 경우 자산의 장부금액을 회수가능액으로 감소시키도록 하고 이때 감소금액은 손상차손으로 당기손익에 반영한다.
- 회수가능액: 자산 또는 현금창출단위의 순공정가치와 사용가치 중 큰 금액으로 함
- 순공정가치(fair value less costs to sell; FVLCTS): 합리적인 판단력과 거래의사가 있는 독립된 당사자 간의 거래에서 매각으로부터 수취할 수 있는 금액에서 처분부대원가를 차감한 금액
- 사용가치(value in use; VIU): 자산 또는 현금창출단위에서 유입될 것으로 기대되는 미래현금흐름의 현재가치.

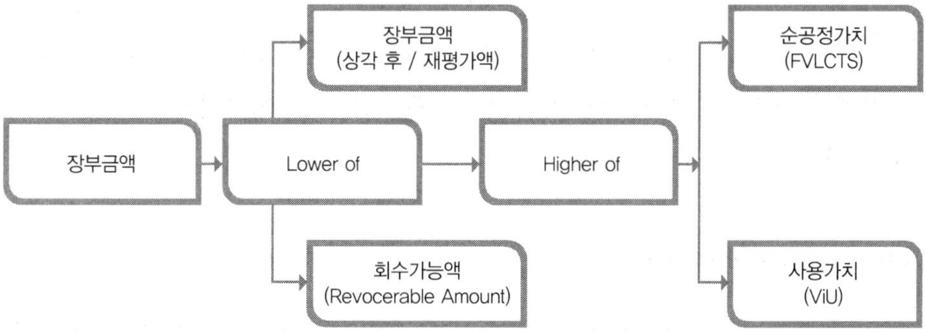

〈그림 14-3〉 자산 손상의 회계처리 절차

이때 현금창출단위의 장부금액은 회수가능액을 결정하는 방법과 같은 원리로 결정되어야 하며, 고려항목은 아래 식과 같다.

장부금액 = 순운전자본 + 직접귀속자산 + 영업권 + 배분된 공동자산

미래현금흐름 추정시 포함해야 할 항목은 자산의 계속 사용으로 인한 현금유입액, 현금유출액 추정치, 내용연수 말에 당해 자산의 처분으로 수취 또는 지급될 순현금흐

름액이다. 기업이 구조조정을 확약한 경우에 구조조정으로 예상되는 원가절감이나 효익을 현금유출입에 반영한다. 현금흐름 추정시 제외해야 할 항목은 확약되지 않은 미래의 구조조정, 자산 성능의 향상, 재무활동으로부터의 현금유출입, 법인세환급액 또는 납부액 등이다.

4) 국내 규정상의 실무 가치평가방법

가치평가방법은 새로이 제정된 한국의 국제회계기준(K-IFRS)에서 구체적으로 언급되어 있다. 그러나 국내의 여러 기관에서는 실무적인 가치평가방법으로 아래와 같은 방법들을 제시하고 있다.

(1) 한국공인회계사회의 가치평가 서비스 수행 기준

한국공인회계사회에서는 무형자산 평가와 관련하여 구체적인 적용방법은 제시하지 않고 일반적 고려사항만 나열하였다. K-IFRS에서 제시한 방법과 유사한 이익기준 평가접근법, 자산기준 평가접근법(원가기준 평가접근법), 시장기준 평가접근법이 제시되고 있다.

(2) 재무보고에 관한 실무의견서

2006년 11월에 제정된 '비상장주식 평가에 관한 회계처리'에 언급된 가치평가 방법은 전체 기업가치 평가와 관련된 내용으로, 무형자산의 평가에만 적용하기에는 무리가 있다. 여기에서 제시된 평가방법은 실무에서 많이 사용되는 세가지 평가방법과 유사하다.

(3) 상속세법 및 증여세법

과세 목적을 달성하기 위한 평가방법이므로 재무보고를 목적으로 하는 평가방법으로 채택하기에는 곤란하다. 예로서 이 법에서는 영업권은 자기자본이익율을 초과하는 순손익액을 현재가치로 평가한다. 또한 특허권, 상표권, 저작권은 장래에 유입될 수입금액을 현재가치로 환산하여 평가하고 있다.

(4) 기술거래소, 기술보증기금

기술가치평가시에는 기술자산구성비, 기술완성도계수, 기술수명, 미래의 현금흐름액, 할인율 등을 고려한다. 그러나 기술자산구성비, 기술완성도계수 추정시에는 주관성이 많이 개입되는 문제가 있을 수 있다.

기술자산가치는 기업가치에 기술기여도를 고려하여 구하는데, 기술기여도는 아래와 같이 기술자산구성비, 기술완성도 계수의 곱으로 계산된다.

기술기여도 = 기술자산구성비 × 기술완성도 계수

※ 기술자산구성비: 평가 기술자산의 상대적 기여도. 기술, 시장, 인적 자산의 특성이 반영된 지표
기술완성도계수: 목표 기술의 판매시점까지의 완성도를 나타냄

연습문제

1. 기업가치 평가방법에 대해 각 방법의 특징과 장단점에 대해 설명하라.

2. 기술가치 평가가 어려운 이유에 대해 설명하고, 향후 그 중요성이 증가하는 이유에 대해 이야기해 보자.

3. 최근 실제 이루어진 기업 매각 사례를 언급하고 매각 대상기업의 기업가치를 자산가치, 수익가치, 상대가치 평가방법에 따라 추정하여 보자.

4. 가치평가 방법 중 비용접근법 또는 원가접근법의 적용이 적합한 분야와 적합지 않는 분야에 대해 설명하라.

부록

미래가치 · 현재가치 계산표

Synthesis Accounting Principle

미래가치 · 현재가치 계산표

〈표 A-1〉 단일금액 1원의 미래가치 $F_n=(1+r)^n$ 기간이자율(r)

기간수 (n)	1%	2%	3%	4%	5%	6%	7%	8%	9%	10%
1	1.0100	1.0200	1.0300	1.0400	1.0500	1.0600	1.0700	1.0800	1.0900	1.1000
2	1.0201	1.0404	1.0609	1.0816	1.1025	1.1236	1.1449	1.1664	1.1881	1.2100
3	1.0303	1.0612	1.0927	1.1249	1.1576	1.1910	1.2250	1.2597	1.2950	1.3310
4	1.0406	1.0824	1.1255	1.1699	1.2155	1.2625	1.3108	1.3605	1.4116	1.4641
5	1.0510	1.1041	1.1593	1.2167	1.2763	1.3382	1.4026	1.4693	1.5386	1.6105
6	1.0615	1.1262	1.1941	1.2653	1.3401	1.4185	1.5007	1.5869	1.6771	1.7716
7	1.0721	1.1487	1.2299	1.3159	1.4071	1.5036	1.6058	1.7138	1.8280	1.9487
8	1.0829	1.1717	1.2668	1.3686	1.4775	1.5938	1.7182	1.8509	1.9926	2.1436
9	1.0937	1.1951	1.3048	1.4233	1.5513	1.6895	1.8385	1.9990	2.1719	2.3579
10	1.1046	1.2190	1.3439	1.4802	1.6289	1.7908	1.9672	2.1589	2.3674	2.5937
11	1.1157	1.2434	1.3842	1.5395	1.7103	1.8983	2.1049	2.3316	2.5804	2.8531
12	1.1268	1.2682	1.4258	1.6010	1.7959	2.0122	2.2522	2.5182	2.8127	3.1384
13	1.1381	1.2936	1.4685	1.6651	1.8856	2.1329	2.4098	2.7196	3.0658	3.4523
14	1.1495	1.3195	1.5126	1.7317	1.9799	2.2609	2.5785	2.9372	3.3417	3.7975
15	1.1610	1.3459	1.5580	1.8009	2.0789	2.3966	2.7590	3.1722	3.6425	4.1772
16	1.1726	1.3728	1.6047	1.8730	2.1829	2.5404	2.9522	3.4259	3.9703	4.5950
17	1.1843	1.4002	1.6528	1.9479	2.2920	2.6928	3.1588	3.7000	4.3276	5.0545
18	1.1961	1.4282	1.7024	2.0258	2.4066	2.8543	3.3799	3.9960	4.7171	5.5599
19	1.2081	1.4568	1.7535	2.1068	2.5270	3.0256	3.6165	4.3157	5.1417	6.1159
20	1.2202	1.4859	1.8061	2.1911	2.6533	3.2071	3.8697	4.6610	5.6044	6.7275
21	1.2324	1.5157	1.8603	2.2788	2.7860	3.3996	4.1406	5.0338	6.1088	7.4002
22	1.2447	1.5460	1.9161	2.3699	2.9253	3.6035	4.4304	5.4365	6.6586	8.1403
23	1.2572	1.5769	1.9736	2.4647	3.0715	3.8197	4.7405	5.8715	7.2579	8.9543
24	1.2697	1.6084	2.0328	2.5633	3.2251	4.0489	5.0724	6.3412	7.9111	9.8497
25	1.2824	1.6406	2.0938	2.6658	3.3864	4.2919	5.4274	6.8485	8.6231	10.835
26	1.2953	1.6734	2.1566	2.7725	3.5557	4.5494	5.8074	7.3964	9.3992	11.918
27	1.3082	1.7069	2.2213	2.8834	3.7335	4.8223	6.2139	7.9881	10.245	13.110
28	1.3213	1.7410	2.2879	2.9987	3.9201	5.1117	6.6488	8.6271	11.167	14.421
29	1.3345	1.7758	2.3566	3.1187	4.1161	5.4184	7.1143	9.3173	12.172	15.863
30	1.3478	1.8114	2.4273	3.2434	4.3219	5.7435	7.6123	10.063	13.268	17.449
35	1.4166	1.9999	2.8139	3.9461	5.5160	7.6861	10.676	14.785	20.414	28.102
40	1.4889	2.2080	3.2620	4.8010	7.0400	10.286	14.974	21.725	31.409	45.259
45	1.5648	2.4379	3.7816	5.8412	8.9850	13.765	21.002	31.920	48.327	72.891
50	1.6446	2.6916	4.3839	7.1067	11.467	18.420	29.457	46.902	74.358	117.39
60	1.8167	3.2810	5.8916	10.520	18.679	32.988	57.946	101.26	176.03	304.48

기간이자율(r)

기간수 (n)	11%	12%	13%	14%	15%	16%	17%	18%	19%	20%
1	1.1100	1.1200	1.1300	1.1400	1.1500	1.1600	1.1700	1.1800	1.1900	1.2000
2	1.2321	1.2544	1.2769	1.2996	1.3225	1.3456	1.3689	1.3924	1.4161	1.4400
3	1.3676	1.4094	1.4429	1.4815	1.5209	1.5609	1.6016	1.6430	1.6852	1.7280
4	1.5180	1.5735	1.6305	1.6890	1.7490	1.8106	1.8739	1.9388	2.0053	2.0736
5	1.6851	1.7623	1.8424	1.9254	2.0114	2.1003	2.1924	2.2878	2.3864	2.4883
6	1.8704	1.9738	2.0820	2.1950	2.3131	2.4364	2.5652	2.6996	2.8398	2.9860
7	2.0762	2.2107	2.3526	2.5023	2.6600	2.8262	3.0012	3.1855	3.3793	3.5832
8	2.3045	2.4760	2.6584	2.8526	3.0590	3.2784	3.5115	3.7589	4.0214	4.2998
9	2.5580	2.7731	3.0040	3.2519	3.5179	3.8030	4.1084	4.4355	4.7854	5.1598
10	2.8394	3.1058	3.3946	3.7072	4.0456	4.4114	4.8068	5.2338	5.6947	6.1917
11	3.1518	3.4785	3.8359	4.2262	4.6524	5.1173	5.6240	6.1759	6.7767	7.4301
12	3.4985	3.8960	4.3345	4.8179	5.3503	5.9360	6.5801	7.2876	8.0642	8.9161
13	3.8833	4.3635	4.8980	5.4924	6.1528	6.8858	7.6987	8.5994	9.5964	10.699
14	4.3104	4.8871	5.5348	6.2613	7.0757	7.9875	9.0075	10.147	11.420	12.839
15	4.7846	5.4736	6.2543	7.1379	8.1371	9.2655	10.539	11.974	13.589	15.407
16	5.3109	6.1304	7.0673	8.1372	9.3576	10.748	12.330	14.129	16.172	18.488
17	5.8951	6.8660	7.9861	9.2765	10.761	12.468	14.427	16.672	19.244	22.186
18	6.5436	7.6900	9.0243	10.575	12.375	14.463	16.879	19.673	22.901	22.623
19	7.2633	8.6128	10.197	12.056	14.232	16.777	19.748	23.214	27.252	31.948
20	8.0623	9.6463	11.523	13.743	16.367	19.461	23.106	27.393	32.429	38.338
21	8.9492	10.804	13.021	15.668	18.822	22.574	27.034	32.324	38.591	46.005
22	9.9336	12.100	14.714	17.861	21.645	26.186	31.629	38.142	45.923	55.206
23	11.026	13.552	16.626	20.362	24.891	30.376	37.006	45.008	54.648	66.247
24	12.239	15.179	18.788	23.212	28.625	35.236	43.297	53.109	65.032	79.497
25	13.586	17.000	21.231	26.462	32.919	40.874	50.658	62.669	77.388	95.396
26	15.080	19.040	23.991	30.167	37.857	47.414	59.270	73.949	92.092	114.48
27	16.738	21.325	27.109	34.390	34.535	55.000	69.345	87.260	109.56	137.37
28	18.580	23.884	30.634	39.204	50.066	63.800	81.134	102.97	130.41	164.84
29	20.624	26.750	34.617	44.693	57.575	74.009	94.927	121.50	155.19	197.81
30	22.892	29.960	39.116	50.950	66.212	85.850	111.06	143.37	184.67	237.38
35	38.575	52.800	72.068	98.100	133.18	180.31	243.56	327.99	440.70	590.67
40	65.001	93.051	132.78	188.88	267.86	378.72	533.86	750.38	1051.6	1469.8
45	109.53	163.99	244.64	363.68	538.77	795.44	1170.5	1716.7	2509.6	3657.3
50	184.56	289.00	450.74	700.23	1083.7	1670.7	2566.2	3927.4	5988.9	9100.4
60	524.06	897.60	1530.1	2595.9	4384.0	7370.2	12335.	20555.	34105.	56347.

〈표 A-2〉 단일금액 1원의 현재가치 $P_n = \frac{1}{(1+r)^n}$ 기간이자율(r)

기간수 (n)	1%	2%	3%	4%	5%	6%	7%	8%	9%	10%
1	.9901	.9704	.9709	.9615	.9524	.9434	.9346	.9259	.9174	.9091
2	.9803	.9612	.9426	.9246	.9070	.8900	.8734	.8573	.8417	.8264
3	.9706	.9423	.9151	.8890	.8638	.8396	.8163	.7938	.7722	.7513
4	.9610	.9238	.8885	.8548	.8227	.7921	.7629	.7350	.7084	.6830
5	.9515	.9057	.8626	.8219	.7835	.7473	.7130	.6806	.6499	.6209
6	.9420	.8880	.8375	.7903	.7462	.7050	.6663	.6302	.5963	.5645
7	.9327	.8706	.8131	.7599	.7107	.6651	.6227	.5835	.5470	.5132
8	.9235	.8535	.7894	.7307	.6768	.6274	.5820	.5403	.5019	.4665
9	.9143	.8368	.7664	.7026	.6446	.5919	.5439	.5002	.4604	.4241
10	.9053	.8203	.7441	.6756	.6139	.5584	.5083	.4632	.4224	.3855
11	.8963	.8043	.7224	.6496	.5847	.5268	.4751	.4289	.3875	.3505
12	.8874	.7885	.7014	.6246	.5568	.4970	.4440	.3971	.3555	.3186
13	.8787	.7730	.6810	.6006	.5303	.4688	.4150	.3677	.3262	.2897
14	.8700	.7579	.6611	.5775	.5051	.4423	.3878	.3405	.2992	.2633
15	.8613	.7430	.6419	.5553	.4810	.4173	.3624	.3152	.2745	.2394
16	.8528	.7284	.6232	.5339	.4581	.3936	.3387	.2919	.2519	.2176
17	.8444	.7142	.6052	.5134	.4363	.3714	.3166	.2703	.2311	.1978
18	.8360	.7002	.5874	.4936	.4155	.3503	.2959	.2502	.2120	.1799
19	.8277	.6864	.5703	.4746	.3957	.3305	.2765	.2317	.1945	.1635
20	.8195	.6730	.5537	.4564	.3769	.3118	.2584	.2145	.1784	.1486
21	.8114	.6598	.5375	.4388	.3589	.2942	.2415	.1987	.1637	.1351
22	.8034	.6468	.5219	.4220	.3418	.2775	.2257	.1839	.1502	.1228
23	.7954	.6324	.5067	.4057	.3256	.2618	.2109	.1703	.1378	.1117
24	.7876	.6217	.4919	.3901	.3101	.2470	.1971	.1577	.1264	.1015
25	.7798	.6095	.4776	.3751	.2953	.2330	.1842	.1460	.1160	.0923
26	.7720	.5976	.4637	.3604	.2812	.2198	.1722	.1352	.1064	.0839
27	.7644	.5859	.4502	.3468	.2678	.2074	.1609	.1252	.0976	.0763
28	.7568	.5744	.4371	.3335	.2551	.1956	.1504	.1159	.0895	.0693
29	.7493	.5631	.4243	.3207	.2429	.1846	.1406	.1073	.0822	.0630
30	.7419	.5521	.4120	.3083	.2314	.1741	.1314	.0994	.0754	.0573
35	.7059	.5000	.3554	.2534	.1813	.1301	.0937	.0676	.0490	.0356
40	.6717	.4529	.3066	.2083	.1420	.0972	.0668	.0460	.0318	.0221
45	.6391	.4102	.2644	.1712	.1113	.0727	.0476	.0313	.0207	.0137
50	.6080	.3715	.2281	.1407	.0872	.0543	.0339	.0213	.0134	.0085
60	.5504	.3048	.1697	.0951	.0535	.0303	.0173	.0099	.0057	.0033

기간이자율(r)

기간수 (n)	11%	12%	13%	14%	15%	16%	17%	18%	19%	20%
1	.9009	.8929	.8850	.8772	.8696	.8621	.8547	.8475	.8403	.8333
2	.8116	.7972	.7831	.7695	.7561	.7432	.7305	.7182	.7062	.6944
3	.7312	.7118	.6931	.6750	.6575	.6407	.6244	.6086	.5934	.5787
4	.6587	.6355	.6133	.5921	.5718	.5523	.5337	.5158	.4987	.4323
5	.5935	.5674	.5428	.5194	.4972	.4761	.4561	.4371	.4190	.4019
6	.5346	.5066	.4803	.4556	.4323	.4104	.3898	.3704	.3521	.3349
7	.4817	.4523	.4251	.3996	.3759	.3538	.3332	.3139	.2959	.2791
8	.4339	.4039	.3762	.3506	.3269	.3050	.2848	.2660	.2487	.2326
9	.3909	.3606	.3329	.3075	.2843	.2630	.2434	.2255	.2090	.1938
10	.3522	.3220	.2946	.2697	.2472	.2267	.2080	.1911	.1756	.1615
11	.3173	.2875	.2607	.2366	.2149	.1954	.1773	.1619	.1476	.1346
12	.2858	.2567	.2307	.2076	.1869	.1685	.1520	.1372	.1240	.1122
13	.2575	.2292	.2042	.1821	.1625	.1452	.1299	.1163	.1042	.0935
14	.2320	.2046	.1807	.1597	.1413	.1252	.1110	.0985	.0876	.0779
15	.2090	.1827	.1599	.1401	.1229	.1079	.0949	.0835	.0736	.0649
16	.1883	.1631	.1415	.1229	.1069	.0930	.0811	.0708	.0618	.0541
17	.1696	.1456	.1252	.1073	.0929	.0802	.0693	.0600	.0520	.0451
18	.1523	.1300	.1103	.0946	.0803	.0691	.0592	.0508	.0437	.0376
19	.1377	.1161	.0981	.0829	.0703	.0596	.0506	.0431	.0367	.0313
20	.1240	.1037	.0863	.0723	.0611	.0514	.0433	.0365	.0303	.0261
21	.1117	.0926	.0768	.0633	.0531	.0443	.0370	.0309	.0259	.0217
22	.1007	.0326	.0680	.0560	.0462	.0382	.0316	.0262	.0218	.0181
23	.0907	.0738	.0601	.0491	.0402	.0329	.0270	.0222	.0183	.0151
24	.0817	.0659	.0532	.0431	.0349	.0284	.0231	.0188	.0154	.0126
25	.0736	.0588	.0471	.0378	.0304	.0245	.0197	.0160	.0129	.0105
26	.0663	.0525	.0417	.0331	.0264	.0211	.0169	.0135	.0109	.0087
27	.0597	.0469	.0369	.0291	.0230	.0182	.0144	.0115	.0091	.0073
28	.0538	.0419	.0325	.0255	.0200	.0157	.0123	.0097	.0077	.0061
29	.0485	.0374	.0289	.0224	.0174	.0135	.0105	.0082	.0064	.0051
30	.0437	.0334	.0256	.0196	.0151	.0116	.0090	.0070	.0054	.0042
35	.0259	.0189	.0139	.0102	.0075	.0055	.0041	.0030	.0023	.0017
40	.0154	.0107	.0075	.0053	.0037	.0026	.0019	.0013	.0010	.0007
45	.0091	.0061	.0041	.0027	.0019	.0013	.0009	.0006	.0004	.0003
50	.0054	.0035	.0022	.0014	.0009	.0006	.0004	.0003	.0002	.0001
60	.0019	.0011	.0007	.0004	.0002	.0001	.00008	.00005	.00003	.00002

〈표 A-3〉 정상연금 1원의 미래가치 $FA_n = \sum_{t=1}^{n}(1+r)^{n-t} = \frac{(1+r)^n - 1}{r}$ 기간이자율(r)

기간수 (n)	1%	2%	3%	4%	5%	6%	7%	8%	9%	10%
1	1.0000	1.0000	1.0000	1.0000	1.0000	1.0000	1.0000	1.0000	1.0000	1.0000
2	2.0100	2.0200	2.0300	2.0400	2.0500	2.0600	2.0700	2.0800	2.0900	2.1000
3	3.0301	3.0604	3.0909	3.1216	3.1525	3.1836	3.2149	3.2464	3.2781	3.3100
4	4.0604	4.1216	4.1836	4.2465	4.3101	4.3746	4.4399	4.5061	4.5731	4.6410
5	5.1010	5.2040	5.3091	5.4163	5.5256	5.6371	5.7507	5.8666	5.9847	6.1051
6	6.1520	6.3081	6.4684	6.6330	6.8019	6.9753	7.1533	7.3359	7.5233	7.7156
7	7.2135	7.4343	7.6625	7.8983	8.1420	8.3938	8.6540	8.9228	9.2004	9.4872
8	8.2857	8.5830	8.8923	9.2142	9.5491	9.8975	10.260	10.637	11.028	11.436
9	9.3685	9.7546	10.159	10.583	11.027	11.491	11.978	12.488	13.021	13.579
10	10.462	10.950	11.464	12.006	12.578	13.181	13.816	14.487	15.193	15.937
11	11.567	12.169	12.808	13.486	14.207	14.972	15.784	16.645	17.560	18.531
12	12.683	13.412	14.192	15.026	15.917	16.870	17.888	18.977	20.141	21.384
13	13.809	14.680	15.618	16.627	17.713	18.882	20.141	21.495	22.953	24.523
14	14.947	15.974	17.086	18.292	19.599	21.015	22.550	24.215	26.019	27.975
15	16.097	17.293	18.599	20.024	21.579	23.276	25.129	27.152	29.361	31.772
16	17.258	18.639	20.157	21.825	25.657	25.673	27.888	30.324	33.003	35.950
17	18.430	20.012	21.762	23.698	25.840	28.213	30.840	33.750	36.974	40.545
18	19.615	21.412	23.414	25.645	28.132	30.906	33.999	37.450	41.301	45.599
19	20.811	22.841	25.117	27.671	30.539	33.760	37.379	41.446	46.018	51.159
20	22.019	24.297	26.870	29.778	33.066	36.786	40.995	45.762	51.160	57.275
21	23.239	25.783	28.676	31.969	35.719	39.993	44.865	50.423	56.765	64.002
22	24.472	27.299	30.537	34.248	38.505	43.392	49.006	55.457	62.873	71.403
23	25.716	28.845	32.453	36.618	41.430	46.996	53.436	60.893	69.532	79.543
24	26.973	30.422	34.426	39.083	44.502	50.816	58.177	66.765	76.790	88.497
25	28.243	32.030	36.459	41.646	47.727	54.865	63.249	73.106	84.701	98.347
26	29.526	33.671	38.553	44.312	51.113	59.156	68.676	79.954	93.324	109.18
27	30.821	35.344	40.710	47.084	54.669	63.706	74.484	87.351	102.72	121.10
28	32.129	37.051	42.931	49.968	58.403	68.528	80.698	95.339	112.97	134.21
29	33.450	38.792	45.219	52.966	62.323	73.640	87.347	103.97	124.14	148.63
30	34.785	40.568	47.575	56.085	66.439	79.058	94.461	113.28	136.31	164.49
35	41.660	49.994	60.462	73.652	90.320	111.43	138.24	172.32	215.71	271.02
40	48.886	60.402	75.401	95.026	120.80	154.76	199.64	269.06	337.88	442.59
45	56.481	71.893	92.720	121.03	159.70	212.74	285.75	386.51	525.86	718.90
50	64.463	84.579	112.80	152.67	209.35	290.34	406.53	573.77	815.08	1163.9
60	81.671	114.05	163.05	237.99	353.58	533.13	813.52	1253.2	1944.8	3034.8

기간이자율(r)

기간수 (n)	11%	12%	13%	14%	15%	16%	17%	18%	19%	20%
1	1.0000	1.0000	1.0000	1.0000	1.0000	1.0000	1.0000	1.0000	1.0000	1.0000
2	2.1100	2.1200	2.1300	2.1400	2.1500	2.1600	2.1700	2.1800	2.1900	2.2000
3	3.3421	3.3744	3.4069	3.4396	3.4725	3.5056	3.5389	3.5724	3.6061	3.6400
4	4.7097	4.7793	4.8498	4.9211	4.9934	5.0665	5.1405	5.2154	5.2913	5.3680
5	6.2278	6.3528	6.4803	6.6101	6.7424	6.8771	7.0144	7.1542	7.2966	7.4416
6	7.9130	8.1152	8.3230	8.5355	8.7537	8.9775	9.2068	9.4420	9.6830	9.9299
7	9.7830	10.089	10.405	10.730	11.067	11.414	11.772	12.142	12.523	12.916
8	11.859	12.300	12.757	13.233	13.727	14.240	14.773	15.327	15.902	16.499
9	14.163	14.776	15.416	16.085	16.786	17.519	18.285	19.086	19.923	20.799
10	16.722	17.549	18.419	19.337	20.304	21.321	22.393	23.521	24.709	25.959
11	19.561	20.655	21.814	23.045	24.349	25.733	27.199	28.755	30.404	32.150
12	22.713	24.133	25.650	27.271	29.002	30.850	32.823	34.931	37.180	39.581
13	26.211	28.029	29.984	32.089	34.352	36.786	39.404	42.219	45.244	48.497
14	30.095	32.393	34.883	37.581	40.505	43.672	47.103	50.818	54.841	59.196
15	34.405	37.280	40.418	43.842	47.580	51.660	56.110	60.965	66.261	72.035
16	39.199	42.753	46.672	50.980	55.717	60.925	66.649	72.939	79.850	87.442
17	44.501	48.884	53.739	59.118	65.075	71.673	78.979	87.068	96.022	105.93
18	50.396	55.750	61.725	68.394	75.836	84.141	93.406	103.74	115.26	128.12
19	56.939	63.440	70.749	78.969	88.212	98.603	110.29	123.41	138.16	154.74
20	64.203	70.052	80.947	91.025	102.44	115.38	130.03	146.63	165.42	186.69
21	72.265	81.699	92.469	104.77	118.81	134.84	153.14	174.02	197.85	225.03
22	81.214	92.503	105.49	120.44	137.63	157.41	180.17	206.34	236.44	271.03
23	91.148	104.60	120.20	138.30	159.28	183.60	211.80	244.49	282.36	326.24
24	102.17	118.16	136.83	158.66	184.17	213.98	248.81	289.49	337.01	392.48
25	114.41	133.33	155.62	181.87	212.79	249.21	292.10	342.60	402.04	471.98
26	127.99	150.33	176.85	208.33	245.71	290.09	342.76	405.27	497.43	567.38
27	143.08	169.37	200.84	238.50	283.57	337.50	402.03	479.22	571.52	681.85
28	159.82	190.70	227.95	272.89	327.10	392.50	471.38	566.48	681.11	819.22
29	178.39	214.58	258.58	312.09	377.17	456.30	552.51	669.45	811.52	984.07
30	199.02	241.33	293.19	356.79	434.75	530.31	647.44	790.95	966.71	1181.9
35	341.59	431.66	546.68	693.57	881.17	1120.7	1426.4	1816.7	2314.2	2948.3
40	581.83	767.09	1013.7	1342.0	1779.1	2360.8	3134.5	4163.2	5529.8	7343.9
45	986.64	1358.3	1874.2	2590.6	3585.1	4965.3	6879.2	9531.6	13203.	18281.
50	1668.7	2400.0	3459.5	4994.5	7217.7	10436.	15089.	21813.	31515.	45497.
60	4755.1	7471.6	11762.	18535.	29220.	46057.	72555.	114189.	179494.	281737.

〈표 A-4〉 정상연금 1원의 현재가치 $PA_n = \sum_{t=1}^{n} \frac{1}{(1+r)^t} = \frac{1-(1+r)^{-t}}{r}$ 기간이자율(r)

기간수 (n)	1%	2%	3%	4%	5%	6%	7%	8%	9%	10%
1	0.9901	0.9804	0.9616	0.9615	0.9524	0.9434	0.9346	0.9259	0.9174	0.9091
2	1.9704	1.9416	1.9165	1.8861	1.8594	1.8334	1.8080	1.7833	1.7591	1.7355
3	2.9410	2.8839	2.8286	2.7751	2.7232	2.6730	2.6243	2.5771	2.5313	2.4868
4	3.9020	3.8077	3.7171	3.6299	3.5460	3.4651	3.3872	3.3121	3.2397	3.1699
5	4.8534	4.7135	4.5797	4.4518	4.3295	4.2124	4.1002	3.9927	3.8897	3.7908
6	5.7955	5.6014	5.4172	5.2421	5.0757	4.9173	4.7665	4.6229	4.4859	4.3553
7	6.7282	6.4720	6.2303	6.0021	5.7864	5.5824	5.3893	5.2064	5.0330	4.8684
8	7.6517	7.3255	7.0197	6.7327	6.4632	6.2098	5.9713	5.7466	5.5348	5.3349
9	8.5660	8.1622	7.7861	7.4353	7.1078	6.8017	6.5152	6.2469	5.9952	5.7590
10	9.4713	8.9826	8.5302	8.1109	7.7217	7.3601	7.0236	6.7101	6.4177	6.1446
11	10.368	9.7868	9.2526	8.7605	8.3064	7.8869	7.4987	7.1390	6.8052	6.4951
12	11.255	10.575	9.9540	9.3851	8.8633	8.3838	7.9427	7.5361	7.1607	6.8137
13	12.134	11.348	10.635	9.9856	9.3936	8.8527	8.3577	7.9038	7.4869	7.1034
14	13.004	12.106	11.296	10.563	9.8986	9.2950	8.7455	8.2442	7.7862	7.3667
15	13.865	12.849	11.938	11.118	10.380	9.7122	9.1079	8.5595	8.0607	7.6061
16	14.718	13.578	12.561	11.652	10.838	10.106	9.4466	8.8514	8.3136	7.8237
17	15.562	14.292	13.166	12.166	11.274	10.477	9.7632	9.1216	8.5436	8.0216
18	16.398	14.992	13.756	12.659	11.690	10.828	10.059	9.3719	8.7556	8.2014
19	17.226	15.679	14.324	13.134	12.085	11.158	10.336	9.6036	8.9501	8.3649
20	18.046	16.351	14.877	13.590	12.462	11.470	10.594	9.8181	9.1285	8.5136
21	18.857	17.011	15.415	14.029	12.821	11.764	10.835	10.017	9.2922	8.6487
22	19.660	17.658	15.937	14.451	13.163	12.042	11.061	10.201	9.4424	8.7715
23	20.456	18.292	16.444	14.857	13.489	12.303	11.272	10.371	9.5802	8.8832
24	21.243	18.914	16.935	15.247	13.799	12.550	11.469	10.529	9.7066	8.9847
25	22.023	19.524	17.413	15.622	14.094	12.783	11.654	10.675	9.8266	9.0770
26	22.795	21.121	17.877	15.983	14.375	13.003	11.826	10.810	9.9290	9.1609
27	23.560	20.707	18.327	16.330	14.643	13.210	11.987	10.935	10.027	9.2372
28	24.316	21.281	18.764	16.663	14.898	13.406	12.137	11.051	10.116	9.3066
29	25.066	21.844	19.188	16.984	15.141	13.591	12.278	11.158	10.198	9.3696
30	25.808	22.397	19.600	17.292	15.373	13.765	12.409	11.258	10.274	9.4269
35	29.409	24.999	21.487	18.665	16.374	14.498	12.948	11.655	10.567	9.6442
40	32.835	27.356	23.115	19.793	17.159	15.046	13.332	11.925	10.757	9.7791
45	36.095	29.490	24.519	20.720	17.774	15.456	13.605	12.108	10.881	9.8628
50	39.196	31.424	25.730	21.482	18.256	15.762	13.801	12.233	10.962	9.9148
60	44.955	34.761	27.676	22.623	18.929	16.161	14.039	12.376	11.048	9.9671

기간이자율(r)

기간수 (n)	11%	12%	13%	14%	15%	16%	17%	18%	19%	20%
1	0.9009	0.8929	0.8850	0.8772	0.8696	0.8621	0.8547	0.8475	0.8403	0.8333
2	1.7125	1.6901	1.6681	1.6467	1.6257	1.6052	1.5852	1.5656	1.5465	1.5278
3	2.4437	2.4018	2.3612	2.3216	2.2832	2.2459	2.2096	2.1743	2.1399	2.1065
4	3.1024	3.0373	2.9745	2.9137	2.8550	2.7982	2.7432	2.6901	2.6386	2.5887
5	3.6959	3.6048	3.5172	3.4331	3.3522	3.2743	3.1993	3.1272	3.0576	2.9906
6	4.2305	4.1114	3.9975	3.8887	3.7845	3.6847	3.5892	3.4976	3.4098	3.3255
7	4.7122	4.5638	4.4226	4.2883	4.1604	4.0386	3.9224	3.8115	3.7057	3.6046
8	5.1461	4.9676	4.7988	4.6389	4.4873	4.3436	4.2072	4.0776	3.9544	3.8372
9	5.5370	5.3282	5.1317	4.9464	4.7716	4.6065	4.4506	4.3030	4.1633	4.0310
10	5.8892	5.6502	5.4262	5.2161	5.0188	4.8332	4.6586	4.4941	4.3389	4.1925
11	6.2065	5.9377	5.6869	5.4527	5.2337	5.0286	4.8364	4.6560	4.4865	4.3271
12	6.4924	6.1944	5.9176	5.6603	5.4206	5.1971	4.9884	4.7932	4.6105	4.4392
13	6.7499	6.4235	6.1218	5.8424	5.5831	5.3423	5.1183	4.9095	4.7147	4.5327
14	6.9819	6.6282	6.3025	6.0021	5.7245	5.4675	5.2293	5.0081	4.8023	4.6106
15	7.1909	6.8109	6.4624	6.1422	5.8474	5.5755	5.3242	5.0916	4.8759	4.6755
16	7.3792	6.9740	6.6039	6.2651	5.9542	5.6685	5.4053	5.1624	4.9377	4.7296
17	7.5488	7.1196	6.7291	6.3729	6.0472	5.7487	5.4746	5.2223	4.9897	4.7746
18	7.7016	7.2497	6.8399	6.4674	6.1280	5.8178	5.5339	5.2732	5.0333	4.8122
19	7.8393	7.3658	6.9380	6.5504	6.1982	5.8775	5.5845	5.3162	5.0700	4.8435
20	7.9633	7.4694	7.0248	6.6231	6.2593	5.9288	5.6278	5.3527	5.1009	4.8696
21	8.0751	7.5620	7.1015	6.6870	6.3125	5.9731	5.6648	5.3837	5.1263	4.8913
22	8.1757	7.6446	7.1695	6.7429	6.3587	6.0113	5.6964	5.4099	5.1486	4.9094
23	8.2664	7.7184	7.2297	6.7921	6.3988	6.0442	5.7234	5.4321	5.1668	4.9245
24	9.3481	7.7843	7.2829	6.8351	6.4338	0.0726	6.7465	5.4509	5.1822	4.9371
25	8.4217	7.8431	7.3300	6.8729	6.4641	6.0971	5.7662	5.4669	5.1951	4.9476
26	8.4881	7.8957	7.3717	6.9061	6.4906	6.1182	5.7831	5.4804	5.2060	4.9563
27	8.5478	7.9426	7.4086	6.9352	6.5135	6.1364	5.7975	5.4919	5.2151	4.9636
28	8.6016	7.9844	7.4412	6.9607	6.5335	6.1520	5.8099	5.5016	5.2223	4.9697
29	8.6501	8.0218	7.4701	6.9830	6.5509	6.1656	5.8024	5.5093	5.2292	4.9747
30	8.6938	8.0552	7.4957	7.0027	6.5660	6.1772	5.8294	5.5168	5.2347	4.9789
35	8.8552	8.1755	7.5856	7.0700	6.6166	6.2153	5.8582	5.5386	5.2512	4.9915
40	8.9511	8.2433	7.6344	7.1050	6.6418	6.2335	5.8713	5.5482	5.2582	4.9966
45	9.0079	8.2825	7.6609	7.1232	6.6543	6.2421	5.8773	5.5523	5.2611	4.9986
50	9.0417	8.3045	7.6572	7.1327	6.6605	6.2463	5.8801	5.5541	5.2623	4.9995
60	9.0736	8.3240	7.6873	7.1401	6.6651	6.2491	5.8819	5.5553	5.2630	4.9999

참고문헌

Reference

김영규, 감형규, 재무관리, 박영사(2008).

백원선, 이효익, 최관, 회계원리, 신영사, (2010).

손성규, 주인기, 회계원리, 법문사 (2010).

신현걸, 밀레니엄 회계원리, 탐진, (2009).

신현걸, 중급회계, 탐진, (2007).

이대선, 장지인, 나인철, 이창우, 회계정보의 이해, 율곡(1998).

최경수, 기업회계기준서 해설, 삼일인포마인(2009).

조성표, 심재강, 공학회계, 청람(2008).

한국기업평가(주), 신용평가의 이해와 활용, 새로운제안(주) (2009).

Bruce R. Barringer, R. Duane Ireland, *Entrepreneurship: Successfully Launching New Ventures,* Prentice Hall, 2009.

Charles T. Horngren, Srikant M. Datar, George Foster, *Cost accounting: a managerial emphasis*, Pearson Prentice Hall, 2006.

Clyde P. Stickney, Roman L. Weil, Katherine Schipper, Financial Accounting: An Introduction to *Concepts, Methods and Uses*, Cengage Learning, 2009.

Jack M. Kaplan, Anthony C. Warren, *Patterns of entrepreneurship*, Wiley, 2006.

Jerry J. Weygandt, Paul D. Kimmel, Donald E. Kieso, Financial Accounting: A Focus on Fundamentals, Wiley, 2008.

Krishna G. Palepu, PhD, Victor L. Bernard, PhD, CPA, Paul M. Healy, PhD, CPA, *Introduction to Business Analysis & Valution*, SOUTH-WESTERN College Publishing, 1997.

Robert F. Reilly & Robert P. Schweihs, *Valuing intangible assets*, McGraw hill, 1999.

Ross L. Watts, Jerold L. Zimmerman, *Positive accounting theory*, Prentice-Hall, 1986.

찾아보기

Index

한 권으로 마스터하는 실용회계

종합회계원리

지은이 황호찬·박원구
펴낸이 박문규
펴낸곳 경문사
펴낸날 2013년 12월 20일 1판 1쇄
등 록 1979년 11월 9일 제313-1979-23호
주 소 121-818, 서울특별시 마포구 와우산로 174
전 화 (02)332-2004 팩스 (02)336-5193
이메일 kyungmoon@kyungmoon.com

값 22,000원

ISBN 978-89-6105-747-9

★ 경문사 홈페이지에 오시면 즐거운 일이 생깁니다.
http://www.kyungmoon.com

한국과학기술출판협회 회원사